LETTRES D'AMÉRIQUE

New York, Argentine, Brésil 1940-1942

DU MÊME AUTEUR

Romans, nouvelles, théâtre

ADAM LUX, Publications de l'université de Rouen. AMOK, Stock.
AMOK OU LE FOU DE MALAISIE, LGF. L'AMOUR D'ERIKA EWALD, Belfond ; LGF.
BRÛLANT SECRET, Grasset, « Cahiers Rouges ».
LE CHANDELIER ENTERRÉ, Grasset, « Cahiers Rouges ». CLARISSA, Belfond ; Corps 16 ; LGF.
LA CONFUSION DES SENTIMENTS, Stocks ; LGF.
DESTRUCTION D'UN CŒUR, Belfond ; Corps 16 ; LGF.
IVRESSE DE LA MÉTAMORPHOSE, Belfond ; LGF.
LE JOUEUR D'ÉCHECS, Stocks ; LGF ; À vue d'œil.
LA PEUR, Grasset, « Cahiers Rouges ».
LA PITIÉ DANGEREUSE, Grasset, « Cahiers Rouges ».
PRINTEMPS AU PRATER, LGF.
LES PRODIGES DE LA VIE, LGF.
ROMANS ET NOUVELLES, vol. 1, LGF.
ROMANS, NOUVELLES, THÉÂTRE, vol. 2, LGF.
UN CAPRICE DE BONAPARTE, Grasset, « Cahiers Rouges ».
UN MARIAGE À LYON, Belfond ; LGF.
VINGT-QUATRE HEURES DE LA VIE D'UNE FEMME, Stock ; LGF.
LE VOYAGE DANS LE PASSÉ, Grasset.
UN SOUPÇON LÉGITIME, Grasset.
WONDRAK, Belfond ; LGF.

Essais, biographies et écrits autobiographiques

AMERIGO, Belfond ; Corps 16 ; LGF.
L'AMOUR INQUIET, *Correspondance 1912-1942 avec Friderike Zweig*, Des Femmes.
BALZAC, Albin Michel ; LGF.
LE BRÉSIL, TERRE D'AVENIR, Éditions de l'Aube.
LE COMBAT AVEC LE DÉMON, Belfond ; LGF.
CONSCIENCE CONTRE VIOLENCE. Castellion contre Calvin, Castor Astral.
CORRESPONDANCE 1897-1919, Grasset, 2000.
CORRESPONDANCE 1920-1931, Grasset, 2003.
CORRESPONDANCE 1931-1936 *avec Richard Strauss*, Flammarion.
CORRESPONDANCE *avec Émile et Marthe Verhaeren*, Labor.
CORRESPONDANCE *avec Sigmund Freud*, Rivages.
ÉMILE VERHAEREN, *sa vie, son œuvre*, Belfond ; LGF.
ÉRASME, Grasset, « Cahiers Rouges » ; LGF.
ESSAIS, LGF.
LES GRANDES VIES (Fouché, Marie-Antoinette, Marie Stuart, Magellan), coll. « Bibliothèque Grasset », Grasset.
LA GUÉRISON PAR L'ESPRIT, Belfond ; LGF.
HOMMES ET DESTINS, Belfond.
JOSEPH FOUCHÉ, Grasset.
JOURNAUX, Belfond ; LGF.
MAGELLAN, Grasset.
MARIE-ANTOINETTE, Grasset.
MARIE STUART, Grasset.
LE MONDE D'HIER, Belfond ; LGF.

STEFAN ET LOTTE ZWEIG

LETTRES D'AMÉRIQUE

New York, Argentine, Brésil 1940-1942

EDITION ÉTABLIE ET PRÉFACÉE PAR
DARIÉN J. DAVIS ET OLIVER MARSHALL

Traduit de l'anglais par
ADRIENNE BOUTANG et BAPTISTE TOUVEREY

BERNARD GRASSET
PARIS

L'édition originale de cet ouvrage a été publiée par Continuum, en 2010, sous le titre :

STEFAN AND LOTTE ZWEIG'S
SOUTH AMERICAN LETTERS
New York, Argentina and Brazil 1940-1942
Edited by Darién J. Davis and Oliver Marshall.

Photos de la jaquette :
Portrait de Lotte et Stefan Zweig : DR.
Paquebot : © Keystone-France.

ISBN 978-2-246-78743-3

No mar, tanta tormenta e tanto damno ;
Tantas Vezes a morte aperecibida!
Na terra, tanta guerra, tanta engano,
Tanta necessidade aborrecida!
Onde pode acolher-se um fraco humano?!
Onde terá degura a curta vida,
Que não se arme e se indigne o céu sereno
Contra um bicho da terra tão pequeno?!

Luís de Camões

Sur mer, tant de tempêtes et de maux ;
Une mort ourdie tant de fois !
Sur terre, tant de guerres, de ruse
Tant d'épreuves abhorrées !
Où l'homme, si faible, peut-il se réfugier ?
Sa brève existence ne peut-elle trouver la paix,
Sans qu'un Ciel serein ne s'arme, indigné,
Contre un si petit ver de terre ?

Pour le nouvel an 1941, Stefan Zweig envoya à sa famille et ses amis une carte postale reproduisant la strophe 106 du chant I des *Lusiades*, le poème épique de Camões, en portugais avec sa traduction en allemand.

Abréviations

HA Hannah Altmann
LA Lotte Altmann
MA Manfred Altmann
HA&MA Hannah Altmann et Manfred Altmann
FZ Friderike Zweig
LZ Lotte Zweig
SZ Stefan Zweig

[–?] Illisible
[...] Passages coupés, qui concernent notamment Eva Altmann

Introduction

Le suicide de l'écrivain de renommée internationale Stefan Zweig, dans sa villégiature de montagne de Petrópolis, au Brésil, le 22 février 1942, choqua et dérouta ses amis, sa famille et ses admirateurs du monde entier. « Lui qui aimait tellement la vie... », se lamentait Klaus Mann, le fils de l'écrivain allemand Thomas Mann. « Il avait l'air si fort, si solide », lui répondait comme en écho le dramaturge français Romain Rolland. Le poète Jules Romains ressentit une tristesse et des remords profonds quand il apprit la nouvelle dans son exil mexicain. D'autres écrivains, Emil Ludwig, Paul Stefan, Heinrich Mann, Berthold Viertel et Thomas Mann laissèrent éclater leur colère et leur déception[1]. Pour tenter de donner un sens à ce suicide, le peintre belge Frans Masereel déclara que malgré sa mort, l'œuvre de Stefan Zweig survivrait, et qu'en elle nous trouverions des « raisons d'aimer la vie »[2].

Les informations et les commentaires se sont presque exclusivement concentrés sur l'écrivain, alors âgé de soixante et un ans. Au mieux on mentionnait en passant que cette grande figure de la littérature n'était pas morte seule : à son côté, l'enlaçant de son bras gauche, il y avait son épouse de trente-quatre ans, Charlotte Elisabeth Altmann – ou « Lotte », comme on la surnommait[3]. Bien que Lotte ait vécu et voyagé

1. Voir les réactions dans *Aufbau* (un journal destiné aux Juifs germanophones, fondé à New York en 1934). Une édition spéciale fut consacrée à Zweig : « In memoriam », *Aufbau*, 27 février 1942.

2. Thomas Mann, « Nachruf » (« Oraison funèbre »), *Aufbau*, 27 février 1942.

3. Dans certains documents officiels, notamment son passeport allemand, elle utilise le nom de « Lieselotte ».

avec Stefan en Europe, en Amérique du Nord et du Sud, étonnamment peu de choses ont été révélées sur elle, ou sur leur relation et leur vie à deux en exil. Universitaires, biographes et journalistes ont eu tendance à la négliger, ne voyant en elle qu'une jeune épouse effacée, intimidée par son illustre mari et trop faible pour avoir une quelconque influence sur son attitude, ses actions ou son travail. Certains biographes, dont l'ancienne épouse de Stefan Zweig, Friderike Zweig, ont même suggéré que ce qu'ils appelaient son « silence » avait contribué à la mort de l'écrivain. Thomas Mann exprima de la colère à l'encontre de Stefan Zweig et se montra critique envers Lotte :

> [...] Et Stefan Zweig ? Il n'a pas pu se tuer par chagrin, encore moins par désespoir. Le mot qu'il a laissé n'est pas très satisfaisant. Que peut-il bien entendre par cette vie qu'il trouve si difficile à reconstruire ? Le beau sexe doit y être pour quelque chose, un scandale en perspective ? [...][1]

L'historiographie a été d'une injustice certes compréhensible, mais néanmoins significative[2]. Presque tous les biographes de Stefan Zweig ont, à tort, décrit Lotte comme une

1. Thomas Mann à Erika Mann, le 24 février 1942, cité in Klemens Renolder, « Stefan Zweig and Austria », in *The Cultural Exodus From Austria*, ed. par Friedrich Stadler et Peter Weibel (Vienne, Löcker, 1993), p. 241. Mann fait référence au mot laissé par Zweig avant son suicide, dans lequel il parle de la difficulté à reconstruire sa vie.

2. La vie de Zweig a été traitée de fond en comble par les biographes. Citons *Stefan Zweig : A Critical Biography* d'Elizabeth Allday (Chicago, J. Phillip O'Hara, 1972), *European of Yesterday : A Biography of Stefan Zweig* de Donald A. Prater (Oxford, Oxford University Press, 1972) [*Stefan Zweig*, Table ronde, 1988], *Morte no paraíso : A tragédia de Stefan Zweig* d'Alberto Dines (Rio de Janeiro : Nova Fronteira, 1981 et Rocco, 2004), *Stefan Zweig* de Hartmut Muüller (Hamburg, Rowohlt, 1988), *Stefan Zweig. L'ami blessé* de Dominique Bona (Paris, Plon, 1996), *Stefan Zweig. Le voyageur et ses mondes* de Serge Niémetz (Paris, Belmond, 1996), *Stefan Zweig, Der Fliegende Salzburger* de Gert Kerschbaumer (Salzburg, Residenz, 2003) et *Stefan Zweig, drei Leben — Eine Biographie* d'Oliver Matuschek (Francfort, S. Fischer, 2006). Quant à Lotte Zweig, aucune biographie explorant sa vie, et aucun volume de sa correspondance n'a été publié.

« femme silencieuse », ce qui est dû en grande partie à la rareté des traces écrites la concernant[1]. Oliver Matuschek a publié des informations, qui, quoique succinctes, ont été utiles pour comprendre le milieu d'origine de Lotte, et Lotte elle-même. La vie de Lotte Zweig a fait les frais de l'interprétation traditionnelle du rôle assigné aux femmes : en l'absence de sources, les biographes l'ont reléguée dans l'unique fonction de secrétaire et d'observatrice docile, méconnaissant son importance au sein de leur couple, et ils ont ignoré, ou minimisé, ses apports sur le plan professionnel. Comme le montrent les lettres de ce recueil, elle était loin d'être silencieuse et n'avait pas peur d'affirmer son point de vue. Si sa conception de la vie était souvent la même que celle de son mari, on ne saurait réduire ses opinions à celles de Zweig. Bien qu'elle fût beaucoup plus jeune que Stefan Zweig et issue d'une famille moins aisée, Lotte venait d'un milieu prospère, qui partageait les mêmes valeurs culturelles. Comme son époux, elle était polyglotte, capable d'écrire et de converser en anglais, en français et en allemand, elle comprenait le yiddish et, en Amérique du Sud, elle apprit le portugais et l'espagnol. Mais, plus fondamentalement, ses lettres révèlent une voix forte et autonome : elles permettent de se faire une meilleure idée de la santé mentale et physique de leur auteure et placent les Zweig dans une lumière nouvelle.

Afin de mieux comprendre les deux Zweig, il est utile de regarder Lotte et Stefan comme des compagnons d'exil et de voyage, dépouillés de leur nationalité et de tout lien à leur patrie. Leur situation ambivalente, tant physique que mentale, faisait d'eux un bon exemple de ces « couples

1. L'expression vient de *La Femme silencieuse* (*Die schweigsame Frau*), opéra en trois actes de Richard Strauss, avec un livret de Stefan Zweig. Voir Prater, *European of Yesterday*, *op. cit.*, p. 226, où il est question de Lotte Zweig comme d'une « femme silencieuse » (« silent woman »). Dans *Morte no paraíso* (2004), *op. cit.*, p. 225, Dines parle de Lotte Zweig comme d' « uma silenciosa mulher ». Le même adjectif est employé en français par Niémetz, *Stefan Zweig*, *op. cit.*, p. 555.

liminaux », décrits par l'anthropologue Victor Turner : « jamais ici ou là, se dérobant aux positions assignées par les lois, les coutumes, les convenances, les cérémonies »[1]. Cet espace, construit dans un temps de guerre et de chaos, n'en restait pas moins plutôt privilégié : les Zweig purent choisir leur lieu d'exil et continuer à voyager, leur sécurité financière étant assurée par les revenus de Stefan, qui touchait des droits d'auteur substantiels et était rémunéré pour ses conférences, et la possession d'un passeport autrichien et, plus tard d'un passeport britannique, leur garantissant une relative liberté.

Zweig et sa renommée littéraire

Stefan Zweig naquit à Vienne le 18 novembre 1881 dans une famille juive autrichienne aisée, cosmopolite et sécularisée. Outre son allemand natal, il apprit l'italien, le français et l'anglais et il reçut une éducation privilégiée à Vienne, à une époque où, sous ses apparences polies, régnait dans la capitale austro-hongroise un antisémitisme endémique. Il décida de ne pas entrer dans l'entreprise de textile familiale pour se consacrer à l'écriture. Pendant la Première Guerre mondiale il adopta une position pacifiste, émigrant en Suisse et pressant ses camarades de l'intelligentsia européenne de s'opposer au conflit. Au même moment, il fuyait tout groupe organisé parce qu'à ses yeux, la vraie liberté était une impulsion spirituelle qui ne pouvait qu'être informelle. Ce qui est sûr, c'est que dans ses ouvrages, plutôt que de traiter de politique, Zweig préférait explorer les tendances et les sensibilités psychologiques, ce en quoi il fut influencé de façon

1. Victor Turner, *The Ritual Process, Structure and Anti-Structure* (Chicago, Aldine Publishing Co., 1969), p. 95.)[*Le Phénomène rituel. Structure et contre-structure*, PUF, 1990]

non négligeable par son ami Sigmund Freud, viennois comme lui. Cette vision singulière explique que ses écrits aient suscité un engouement si universel.

Au cours des années 1920 et 1930, Stefan Zweig devint l'auteur de langue allemande le plus traduit au monde et l'une des figures littéraires les plus respectées du XXe siècle, recevant des éloges de ses contemporains, en Europe comme aux Amériques. Ses ouvrages de fiction, ses essais, biographiques ou non, écrits dans une prose extrêmement claire et élégante, ont été traduits en anglais, français, portugais, espagnol, chinois et dans de nombreuses autres langues. Parmi ses plus célèbres nouvelles, citons *Lettre d'une inconnue* (publié en 1922), récit obsédant d'une femme détruite par l'amour. Dans l'entre-deux-guerres il publia beaucoup d'autres nouvelles superbes et mémorables, comme *Amok* (1922), récit d'une obsession qui débouche sur un suicide, et *Vingt-quatre heures de la vie d'une femme* (1927) que Freud décrivait comme « un petit chef-d'œuvre », ou encore le roman *La Pitié dangereuse* (1938), qui explore la culpabilité et le chantage affectif. La réputation de Zweig à l'étranger repose cependant pour l'essentiel sur ses biographies de figures historiques ou littéraires. *The New York Evening Post*, par exemple, déclara que son « style, vif et limpide, tout de nerf et de muscle »[1], allait changer l'idée que les Américains se faisaient des auteurs allemands, jugés difficiles à lire. Dans un compte rendu, publié en 1935, de la biographie de Zweig *Marie Stuart*, le magazine littéraire *Books* écrivit que son impartialité était « si peu commune qu'elle en était presque unique », tandis que l'*Atlantic Bookshelf* affirma que son écriture possédait une « dimension poétique », ainsi qu'un « ton énergique, puissant et enthousiasmant »[2]. De tels éloges auraient tout aussi bien pu s'appliquer à ses autres ouvrages consacrés à des sujets aussi variés que Balzac, Dickens et Dostoïevski (1920), Nietzsche

1. *New York Evening Post* (10 novembre 1928).
2. *Atlantic Bookshelf*, CLVI (octobre 1935), p. 10.

(1925), Casanova, Stendhal et Tolstoï (1928), Freud (1932), Marie-Antoinette (1932) ou Magellan (1938)[1].

L'ambivalence politique

Anticipant la domination nazie sur l'Europe, Stefan Zweig quitta l'Autriche en octobre 1933, cinq ans avant l'*Anschluss*. Il choisit l'Angleterre comme lieu de cet exil volontaire parce que ce pays lui offrait un degré d'anonymat dont il n'aurait pas pu bénéficier ailleurs en Europe, où il était une célébrité. A Londres, écrit son biographe Donald Prater, il pouvait espérer jouir d'« indifférence et d'isolement »[2].

Le refus global de Zweig, en Autriche comme ailleurs, d'adhérer à des organisations politiques opposées au nazisme, et même de signer des pétitions lui attira de vives critiques pendant son exil et après sa mort. Deux reproches récurrents étaient adressés à Zweig : sa posture pacifique était naïve et il ne mettait pas sa célébrité au service de la cause antinazie. Certaines critiques allèrent plus loin. En 1943, dans son compte rendu du *Monde d'hier*, les Mémoires de Zweig, la théoricienne juive allemande Hannah Arendt se livra à une dissection impitoyable de sa personne, l'accusant d'être déconnecté de l'existence des Juifs ordinaires et le qualifiant d' « homme de lettres juif et bourgeois, qui ne s'était jamais préoccupé de la situation de son propre peuple ». Pour Arendt, Zweig était méprisable parce qu'il s'était tenu délibérément à distance des luttes qui se déroulaient autour de lui[3]. La croyance de Zweig en ce qu'il appelait « l'unification

1. *Books* (25 août 1935), p. 3.
2. Donald A. Prater, « Stefan Zweig and England », in *German Life and Letters*, vol. 16, première édition (octobre 1962), pp. 4-5.
3. « Stefan Zweig : Jews in the World of Yesterday », in Hannah Arendt, *The Jewish Writings*, édité par Jerome Kohn et Ron H. Feldman (New York, Schocken Books, 2007))[*Ecrits juifs*, Fayard, 2011], pp. 317-28; publié à l'origine en allemand « Stefan Zweig, Juden in der Welt von gestern », in *Sechs Essays* (Heidel-

intellectuelle de l'Europe »[1] fut peut-être prématurée, mais cet idéal, exprimé pendant une période si sombre, annonçait le mouvement qui a abouti à la création de l'Union européenne. En ce qui concerne l'engagement politique, il lui est arrivé de rejoindre des groupes. Il fut longtemps membre du PEN, l'organisation internationale des écrivains, qui radicalisa sa ligne politique au cours des années 1930, et en 1938, à Londres, il devint un des membres fondateurs du *Freier Deutscher Kulturbund* (l'Union allemande libre pour la culture), qui réunissait des personnalités venues d'horizons politiques divers. Malgré son horreur des rassemblements politiques, en exil, il accepta quelquefois de participer à des actions en faveur de confrères écrivains.

Dans un mot envoyé en 1939 à son ami H. G. Wells, où il mentionnait ses espoirs de se voir bientôt accorder la nationalité britannique – et avec elle, un passeport britannique –, Zweig expliqua qu'il se sentait tenu de prendre publiquement position contre le fascisme :

> J'espère ne pas sembler présomptueux en constatant le fait purement statistique que, de tous les écrivains de langue allemande, pas un n'a aujourd'hui un public plus large que moi et que très peu pourraient avoir une aussi grande influence dans les pays neutres de part et d'autre de l'océan. Rien que ces – cruciales – dernières semaines, j'ai reçu des invitations très importantes à des conférences et des émissions de radio aux Etats-Unis et dans différents pays d'Europe [qui] pourraient servir la cause de la démocratie. Mais j'ai les mains liées tant que je suis étiqueté comme « étranger ennemi » et rien

---

berg, Schneider, 1948), pp. 112-27, basé sur une version anglaise antérieure parue sous le titre « Portrait of a period », *Menorah Journal* 31 (1943), pp. 307-14.

1. Voir Stefan Zweig, *The World of Yesterday* [*Le Monde d'hier. Souvenirs d'un Européen*, Belfond, 1999] (Lincoln, University of Nebraska Press, 1964), pp. 326-28. La lettre ouverte écrite par Stefan Zweig avant son suicide (sa « Declaração », datée du 22 février 1942) pleure la destruction de l'Europe, qu'il appelle sa « patrie spirituelle ». L'original de ce document, qui a été énormément reproduit, se trouve au département des manuscrits et des archives de la Bibliothèque nationale d'Israël, à Jérusalem.

n'est plus douloureux que d'être impuissant à un moment où la contribution de chacun est un devoir moral[1].

Deux existences se croisent à Londres

C'est à Londres, en 1934, que Stefan Zweig et Lotte Altmann se rencontrèrent. Malgré leur différence d'âge et de statut professionnel, leurs origines sociales n'étaient pas aussi éloignées que certains biographes ont pu le prétendre. Et si Stefan Zweig introduisit Lotte auprès de beaucoup d'écrivains et d'artistes célèbres, pour sa part, Lotte introduisit Stefan dans le cercle animé de notables et d'intellectuels qui gravitait autour de sa famille.

Lotte Altmann était née le 5 mai 1908 au sein d'une famille bourgeoise de marchands, dans la ville industrielle de Kattowitz, dans la province prussienne de Silésie. Bien que son grand-père fût rabbin à Francfort et sa mère très croyante, ni Lotte ni ses trois frères aînés n'étaient pratiquants.

En 1922, quatre ans après la fin de la Première Guerre mondiale, la Haute-Silésie passa aux mains de la Pologne qui venait de recouvrer son indépendance. Les habitants de cette région peuplée d'ethnies diverses, dont ceux de Kattowitz (devenue Katowice), eurent le choix entre rester chez eux et adopter la citoyenneté polonaise ou conserver la nationalité allemande et partir s'installer dans ce qui restait de l'Allemagne. C'est ainsi que les Altmann, comme beaucoup d'autres familles, furent amenés à se disperser : les frères de Lotte, Hans et Richard, restèrent à Katowice pour s'occuper de l'entreprise familiale qui vendait des biens électriques et industriels et était bien établie ; Lotte, son frère Manfred et leurs parents, décidèrent d'émigrer à Francfort. Manfred Altmann avait étudié la médecine à Francfort et Berlin. Lotte, pour sa part, fut inscrite à la Muterschule, prestigieux lycée

1. SZ à H. G. Wells, 18 novembre 1939, HO282/4, National Archives (Londres).

de Francfort réputé pour ses cours de langue et de sciences, mais les péripéties du déménagement de Katowice ainsi que des ennuis de santé retardèrent la fin de sa scolarité. En 1929, elle s'inscrivit à l'Université de Francfort, dans l'intention, semble-t-il, de devenir bibliothécaire. À Francfort, de même qu'à Berlin et à Kiel pendant une brève période, Lotte étudia l'anglais, le français et l'économie[1].

En janvier 1933 l'arrivée au pouvoir des nazis en Allemagne marqua le début des mesures antijuives. En avril, le nouveau gouvernement promulgua la loi sur la restauration de la fonction publique, qui excluait les Juifs de tout emploi au service de l'Etat, notamment des écoles, des universités et des hôpitaux[2]. Un mois plus tard, Manfred Altmann quitta l'Allemagne sous l'effet des restrictions contre les médecins juifs travaillant pour l'Etat et à la suite de lettres de menaces anonymes, lui reprochant d'avoir soigné un patient qui avait été passé à tabac par la Gestapo. Il était logique que Manfred choisisse l'Angleterre, lui qui, comme ses frères et sœurs, parlait anglais et s'était déjà rendu dans la capitale britannique, où il avait de la famille, des gens bien établis. La même année, l'épouse de Manfred, Hannah, et leur jeune enfant Eva le rejoignirent à Londres où il avait ouvert un cabinet médical. La purge opérée par les Nazis parmi les enseignants et les étudiants juifs dans toute l'Allemagne fit que Lotte fut soumise, le 16 mai, par les autorités de l'Université de Francfort, à un questionnaire visant à évaluer son statut « non-aryen ». Quatre semaines plus tard, elle était officiellement expulsée de l'université[3]. En 1934, elle fit le voyage en Angleterre, passant une courte période, au Whittingham College dans le Sussex, pour améliorer son anglais, avant de s'installer avec son frère et la famille de ce dernier à Londres. Malgré de nombreux allers-retours qui la firent

1. Universitätsarchiv Frankfurt am Main Abt. 604, Nr.451, Bl.15.

2. Jean-Michel Palmier, *Weimar in Exile : Exile in Europe, Exile in America* (Londres, Verso, 2006), pp. 11-14 [*Weimar en exil*, Payot, 1990].

3. Universitätsarchiv Frankfurt am Main Abt. 604, Nr.451, Bl.15.

quitter la Grande-Bretagne à plusieurs reprises, elle fit de la maison de son frère son point de chute jusqu'en 1935[1]. D'autres membres de la famille Altmann, notamment Therese, la mère de Manfred et Lotte, une de leurs tantes et leur frère Hans les rejoignirent par la suite[2].

La trajectoire professionnelle de Lotte Altmann est plus difficile à déterminer. En Grande-Bretagne, son statut d'immigrante lui interdit au départ l'exercice de tout travail légal. Quand elle arriva à Douvres depuis Calais le 14 mai 1934, l'officier d'immigration constata qu'elle se montrait « très indécise quant à la durée probable de son séjour », mais il lui permit néanmoins d'entrer dans le pays pour une durée maximum de trois mois à la condition qu'elle n'accepterait « aucun emploi, rémunéré ou non »[3]. Elle demanda et obtint plusieurs prolongations de séjour[4]. En 1934, Stefan Zweig l'engagea comme secrétaire et assistante bien que – officiellement du moins – elle ne pût être employée au départ que lorsqu'ils voyageaient à l'étranger ensemble. Le 20 février 1936, après avoir élu domicile à Londres, Zweig obtint du ministère du Travail la permission d'embaucher Altmann et de la faire travailler même sur le sol anglais[5].

La plupart des biographes prennent pour argent comptant la déclaration de Friderike Zweig (la première épouse de Stefan Zweig) affirmant que c'est elle qui se chargea du recrutement de Lotte Altmann[6]. Friderike Zweig prétend avoir recruté Lotte en 1933 par l'intermédiaire de la Woburn

1. Lieselotte Altmann, demande de naturalisation, 14 juillet 1938, HO282/4, National Archives (Londres).

2. L'autre frère de Lotte Altmann, Richard, avait quitté l'Europe à la fin des années 1920 et s'était installé en Egypte.

3. Lieselotte Altmann, demande de naturalisation : carte de séjour provisoire 14 mai 1934, HO282/4, National Archives (Londres).

4. Lieselotte Altmann, demande de naturalisation : carte de séjour provisoire 14 mai 1934, HO282/4, National Archives (Londres).

5. Otto M. Schiff à R. E. Gomme (ministère du Travail), 19 février 1936, HO282/4, National Archives (Londres).

6. Friderike Zweig, *Stefan Zweig* (Londres, W.H. Allen, 1946), pp. 225-26. Voir Dines, *Morte no paraíso* (2004), *op. cit.*, p. 235 ; Matuschek, *Stefan Zweig*, *op. cit.*, p. 274 ; Prater, *Stefan Zweig* (1972), *op. cit.*, pp. 225-26.

House, le siège londonien de plusieurs organisations anglo-juives d'assistance aux réfugiés juifs. Cela semble néanmoins peu plausible étant donné que Friderike Zweig retourna en Autriche en mars 1934, et que, de son côté, Lotte n'émigra pas en Angleterre avant le mois de mai de cette même année[1]. Il est plus vraisemblable que c'est le journaliste viennois Peter Smollett et sa femme Lotte, des amis communs de Stefan Zweig et de la famille Altmann, qui les ont présentés[2]. Une autre possibilité serait qu'ils se soient rencontrés par l'intermédiaire d'Otto M. Schiff, banquier londonien et fondateur du Jewish Refugees Committee (Comité des réfugiés juifs), organisme basé à la Woburn House qui aidait les réfugiés juifs allemands à entrer en Grande-Bretagne, à s'y loger et à subvenir à leurs besoins, à se former et à émigrer ailleurs[3]. A en croire une lettre de Schiff au ministère du Travail, Stefan Zweig lui avait demandé de lui recommander « une secrétaire maîtrisant parfaitement l'allemand, connaissant bien l'anglais et possédant aussi quelques notions du travail littéraire ». Schiff a dit lui avoir suggéré d'engager Lotte Altmann[4].

Lotte joua un rôle crucial dans la genèse de la biographie que Zweig consacra à Marie Stuart, non seulement comme dactylographe et assistante mais également comme compagne de voyage, car elle lui insuffla une énergie nouvelle, ainsi qu'il le confia à son ami Joseph Roth[5]. Alberto Dines est allé jusqu'à suggérer que beaucoup des descriptions que Zweig

---

1. Friderike Zweig, *Stefan Zweig*, *op. cit.*, pp. 225-26 ; Prater, « Stefan Zweig and England », *op. cit.*, p. 6; Lieselotte Altmann, demande de naturalisation, carte de séjour provisoire, 14 mai 1934, HO282/4, National Archives (Londres).

2. Klemens Renoldner, Hildemar Holl et Peter Karlhuber, ed., *Stefan Zweig, Bilder, Texte, Dokumente* (Salzbourg, Residenz, 1993), p. 149.

3. Vivian D. Lipman, « Anglo-Jewish attitudes to the refugees from central Europe », in *Second Chance : Two Centuries of German-speaking Jews in the United Kingdom*, ed. par Werner Eugen Mosse *et al.* (Tübingen, J.C.B. Mohr, 1991), p. 520.

4. Otto M. Schiff à R. E. Gomme (Ministry of Labor), 19 février 1936, HO282/4, National Archives (Londres).

5. Joseph Roth, *Briefe, 1911-1939* (Cologne, Kiepenheuer & Witsch, 1970), p. 334.

fait de Marie Stuart auraient pu facilement s'appliquer à Lotte[1]. Stefan Zweig était captivé par son sujet d'étude, qui était certes jeune, inexpérimentée et immature, mais également cultivée et généreuse. Tandis qu'il travaillait à *Marie Stuart* à Londres avec Lotte, sa femme, Friderike, était restée en Autriche. Ecrivain et journaliste autrichienne, elle était déjà mère de deux filles, Alix Elisabeth et Susanne Benediktine, quand elle avait épousé Stefan en 1920. Comme beaucoup de Juifs autrichiens, ses filles, ses beaux-fils et elle restèrent en Autriche jusqu'à l'*Anschluss* de 1938, après quoi ils fuirent en France, au Portugal et enfin aux Etats-Unis.

En janvier 1935, Stefan Zweig embarqua pour son premier voyage sur le continent américain depuis qu'il avait quitté l'Autriche. Ayant perdu la stabilité que lui procurait sa patrie, le « Salzbourgeois volant » (comme le surnommait Hermann Hesse) errait à travers le monde[2]. Bien que Zweig ait compris qu'il ne retournerait peut-être jamais en Autriche, ce n'était pas un émigré comme les autres, et il est certain qu'il ne se considérait pas comme un réfugié. Dès 1935, il avait déclaré n'avoir aucun talent pour l'émigration, sur quoi son ami, le romancier et dramaturge Franz Theodor Csokor, l'avait conjuré de ne pas quitter « le pays qui [l']avait nourri »[3].

Zweig ne fut pas séduit par New York, la cité des immigrants. Il trouva le lieu insupportable, bien que financièrement intéressant, et bouillonnant d'optimisme. Il y signa des autographes, y donna des interviews et des conférences et en visita les principales attractions touristiques. Il y appréciait ce qu'il appelait « le mélange des peuples et des cultures » mais se

1. Voir Dines, *Morte no paraíso* (2004), *op. cit.*, p. 236.

2. Dominique Bona, *Stefan Zweig: Uma biografia* (Rio de Janeiro, Editora Record, 1999), p. 275.

3. Août 1934, cité in Donald A. Prater, *Stefan Zweig : Das Leben eines Ungeduldigen* (Munich et Vienne, Carl Hanser, 1981), p. 312. Citation originale allemande : « Du bist kein Emigrant, mach Dich nicht freiwillig dazu! Verlaß den Acker nicht, aus dem Dir alles gewachsen ist. » A la suite de l'*Anschluss* en 1938, Csokor lui-même fuit l'Autriche, d'abord pour la Pologne, puis pour la Roumanie et finalement la Yougoslavie, où il fut arrêté et interné jusqu'en 1945.

plaignait du manque de cafés et des affreuses interviews qu'il se sentait obligé d'endurer[1]. Lorsque Zweig retourna en Europe au début de l'année 1935, il n'avait aucune intention de revenir à New York, en dépit de cette foi dans la vie et dans le progrès qu'il avait perçue chez les Américains et à laquelle il était sensible[2].

A la même époque, en 1934, Zweig retourna brièvement en Autriche s'occuper des derniers arrangements pour la vente de sa maison de Salzbourg et rendre visite à sa mère, à Vienne. A son retour en Angleterre, il déménagea dans un appartement au 49 Hallam Street, dans le centre de Londres, faisant par là officiellement de la Grande-Bretagne son lieu de résidence permanent. Il semblait satisfait de ce nouvel arrangement et de sa vie en Angleterre. Dans une lettre à Friderike, qui, elle, était restée en Autriche, il raconte que beaucoup de ses amis et associés (notamment les écrivains autrichiens Paul Frischauer et Fritz Kortner) se trouvent près de lui et que l'atmosphère londonienne est « tranquille et agréable »[3]. Moins d'un an plus tard, il devait pourtant repartir en voyage, en Amérique du Sud cette fois.

La tournée sud-américaine de 1936

En août 1936, Stefan Zweig se rendit en Amérique du Sud où la section argentine du PEN, ainsi que le gouvernement brésilien, l'avaient invité. Ses ouvrages connaissaient une diffusion croissante à la fois en portugais et en espagnol et il entretenait d'excellentes relations avec ses traducteurs et ses éditeurs au Brésil et en Argentine, les deux plus importants marchés littéraires d'Amérique du Sud. Il arriva à Rio de

1. Niémetz, *Stefan Zweig*, *op. cit.*, p. 568.
2. Bona, *Stefan Zweig*, *op. cit.*, p. 273.
3. Stefan Zweig, *Briefe* 1932–1942 Vol. IV, ed. par Knut Beck et Jeffrey B. Berlin (Francfort, S. Fischer, 2005), pp. 143-46 [*Correspondance 1932-1942*, Grasset, 2008].

Janeiro le 21 août et fut accueilli par Marcelo Soares, le ministre brésilien des Affaires étrangères, venu l'attendre sur le quai. Ce n'était qu'un avant-goût de l'hospitalité brésilienne. Conduit à travers la ville dans une limousine et escorté par son hôte et guide, le charmant aristocrate Jaime (Jimmy) Charmont, Zweig s'y sentit immédiatement comme chez lui, appréciant à l'évidence d'être traité comme un invité de marque. Le 26 août il écrivit à Friderike que le Brésil « ... est merveilleux du matin jusqu'à la nuit. La beauté, les couleurs, la magnificence de cette ville est inimaginable... ». Il évoqua aussi les rapports entre races au Brésil, affirmant qu' « il n'y a pas de problèmes raciaux, les Noirs, les Blancs et les Indiens, les quarterons, les octavons et les splendides mulâtres et créoles, les Juifs et les chrétiens cohabitent en paix[1]... ». Il allait conserver cette opinion jusqu'à sa mort et exprimer des idées similaires dans son essai impressionniste de 1936 « Kleine Reise nach Brasilien » et dans son récit de voyage de 1941, *Brésil, terre d'avenir* [2].

Les journées de Zweig étaient remplies par les interviews, les conférences, les dédicaces et une foule d'événements sociaux et littéraires, notamment ceux organisés par le ministère des Affaires étrangères, l'Académie brésilienne des lettres, l'Institut national de musique et le Jockey Club. Au milieu de toutes ces activités, Zweig trouva encore le temps de coucher par écrit ses observations sur le Brésil et de correspondre avec ses amis d'Europe. Il était impressionné par son succès et l'admiration qu'il suscitait au Brésil, jusque chez le président du pays, Getúlio Vargas et sa fille et

1. SZ à FZ, 26 août 1936, Stefan Zweig/Friderike Zweig, « Wenn einen Augenblick die Wolken weichen », *Briefwechsel 1912-1942*, ed. par Jeffrey B. Berlin et Gert Kerschbaumer (Francfort, S. Fischer, 2006), p. 307.

2. Stefan Zweig, « Kleine Reise nach Brasilien », in *Länder, Städte, Landschaften* (Francfort, Fischer Tagebuch, 1981), pp. 153–84 [*Pays, villes, paysages*, Belfond, 1998]. L'essai fut publié à l'origine à Budapest dans le magazine germanophone *Pester Lloyd* du 17 octobre au 8 novembre 1936 puis dans le recueil de Zweig, *Begegnungen mit Menschen, Büchern, Städten* (Vienne, Reichner, 1937) [*Souvenirs et rencontres*, Grasset, 1951].

confidente Alzira[1]. A l'opposé de la haine ethnique et religieuse qui était en train de submerger l'Europe, le Brésil, écrivait-il, était un « pays fait pour lui », un lieu où, croyait-il, les réfugiés juifs étaient « extrêmement heureux »[2].

Le plus important contact littéraire de Zweig au Brésil fut sans aucun doute son éditeur, le jeune Abrahão Koogan. Koogan avait quitté l'Ukraine pour le Brésil avec ses parents en 1920 et au début des années 1930 il y avait acquis, avec son beau-frère, Editora Guanabara. Cette maison d'édition allait par la suite traduire de nombreux écrivains de langue allemande, notamment Sigmund Freud et Stefan Zweig. Koogan et Zweig correspondirent en français et en allemand, d'abord avec toute la solennité d'un écrivain et de son éditeur, puis, malgré les trente ans de différence d'âge, comme deux amis. L'intervention de Koogan, cruciale, permit à Zweig d'obtenir une invitation officielle du gouvernement brésilien. Il fit aussi souvent office d'hôte et d'interprète, pendant son séjour, et c'est lui qui l'introduisit dans les cercles intellectuels brésiliens[3].

A la fin du mois d'août 1936, Stefan Zweig se rendit pour la première fois à Petrópolis, petite ville dans les montagnes près de Rio, qui lui rappelait les villégiatures européennes qu'il aimait tant. Le paysage et l'atmosphère lui évoquaient Semmering, une région montagneuse au sud-ouest de Vienne et il apprécia le climat plus frais qui y régnait. Au milieu du XIXe siècle, Petrópolis était devenue la capitale d'été officieuse du Brésil : l'empereur et la famille royale y avaient leur résidence. La ville connut aussi une vague d'immigration allemande, qui laissa des traces durables dans l'architecture, les boulangeries, et les généalogies jusqu'au milieu du

1. SZ à FZ, 21 août 1936, Stefan Zweig/Friderike Zweig, « Wenn einen Augenblick die Wolken weichen », *op. cit.*, p. 306.

2. SZ à FZ, 26 août 1936, Stefan Zweig/Friderike Zweig, « Wenn einen Augenblick die Wolken weichen », *op. cit.*, p. 307. SZ à FZ, 21 août 1936, Stefan Zweig/Friderike Zweig, « Wenn einen Augenblick die Wolken weichen », *op. cit.*, p. 306.

3. Plus tard Koogan fit don de sa correspondance avec Stefan Zweig à la Bibliothèque nationale de Rio de Janeiro.

XXe siècle. Le pouvoir y résidait pendant les mois d'été, entraînant à sa suite les aristocrates brésiliens, les membres du gouvernement, les diplomates étrangers et les hommes d'affaires, qui emplissaient la ville et ses résidences de luxe, ses villas, ses maisons et ses pensions – le type de logement reflétant la richesse et le niveau social de ses occupants. La fin de la monarchie et l'instauration d'une république, en 1889, ne firent pas perdre à Petrópolis l'influence sociale et politique qu'elle avait pendant l'été. Celle-ci ne déclina qu'avec l'inauguration, en 1960, de la nouvelle capitale fédérale Brasilia et le transfert du pouvoir loin de Rio.

D'après tous les témoignages, Zweig fut impressionné par le Brésil, même si la principale raison de son voyage en Amérique du Sud était la convention du PEN, à Buenos Aires, à laquelle il devait assister. Au début du mois de septembre 1936, il quitta le port de Santos, dans l'Etat de São Paulo, à bord du navire britannique, le *Highland Brigade*, et arriva à Buenos Aires quelques jours plus tard. Après le Brésil, Zweig fut déçu par l'Argentine, malgré l'accueil chaleureux qu'il y reçut. Il écrivit à Friderike que « l'air n'y [était] pas aussi bon qu'à Rio » et lui expliqua que la conférence était « ennuyeuse »[1]. Malgré cela, il revit à la convention beaucoup de ses vieux amis et camarades écrivains, notamment Jules Romains, qui fut élu président du PEN, le poète et romancier français Georges Duhamel, le biographe allemand Emil Ludwig et le poète et romancier allemand Paul Zech, qui avait émigré en Argentine en 1933. Zweig profita de son séjour à Buenos Aires pour rencontrer son agent littéraire, traducteur et ami, l'Argentin Alfredo Cahn, qui avait organisé pour lui des rencontres et des conférences. A l'issue de la convention, Zweig choisit de ne pas rester en Argentine et de retourner en Europe.

De retour à Londres, il continua à fréquenter Lotte Altmann et ils commencèrent à apparaître ensemble en public. Au

1. SZ à FZ, Buenos Aires, 12 septembre 1936, Stefan Zweig/Friderike Zweig, *op. cit.*, pp. 309-10.

début du mois de février 1937, Lotte accompagna Zweig à Naples et Milan, où elle travailla sur l'ouvrage qu'il écrivait sur l'explorateur portugais Ferdinand Magellan. A la fin de l'année, Friderike et Stefan Zweig se séparèrent définitivement : il retourna à Salzbourg vendre sa maison, et Friderike et ses filles s'installèrent à Vienne. Stefan quitta alors l'Autriche pour ce qui allait s'avérer la dernière fois – bien que son divorce ne fût pas officialisé avant l'année suivante. A la fin du mois de janvier, Zweig et Lotte se rendirent dans la station balnéaire d'Estoril, près de Lisbonne ; ils s'y détendirent et y nouèrent discrètement des contacts qui allaient se révéler utiles par la suite pour aider, entre autres, Friderike. Lorsqu'ils revinrent à Londres, une série d'événements allait bouleverser complètement leur vie et détacher pour toujours Stefan Zweig de l'Autriche.

En mars 1938, l'Allemagne annexa l'Autriche, ce qui rendit le passeport de Zweig caduc. A la suite de l'*Anschluss*, le gouvernement allemand lança une série de réformes destinées à dépouiller de leurs droits les personnes d'origine juive. La mère de Stefan mourut cette même année et son frère, qui était parti s'installer en Tchécoslovaquie en 1919 pour se rapprocher de l'entreprise familiale, émigra aux Etats-Unis et s'établit à New York. Le monde européen de Stefan Zweig était en train d'être décimé et les biens de son principal éditeur viennois, Herbert Reichner, furent confisqués : avec eux disparut sa principale source de droits d'auteur en Europe. Stefan Zweig se retrouvait apatride tandis que Lotte Altmann, bien que détentrice d'un passeport allemand, ne pouvait pas retourner en Allemagne. A la fin de 1938, ils demandèrent l'un et l'autre la nationalité britannique, chacun apportant les preuves qu'ils remplissaient les conditions pour séjourner au Royaume-Uni[1].

1. Les demandeurs devaient prouver qu'ils avaient résidé au Royaume-Uni ou sur l'un de ses territoires pendant toute l'année précédant la date de demande et un total de quatre ans lors des huit dernières années. Lotte Altmann fit sa demande le 14 juin 1938 et Zweig fit la sienne le 13 décembre 1938 ; voir HO282/4, National Archives (Londres).

Au milieu de toutes ces turbulences et incertitudes, Zweig décida de se rendre en Amérique du Nord pour faire la promotion de son œuvre, muni d'un certificat d'identité accordé par le Département de l'Intérieur britannique lui permettant de voyager sans passeport[1]. Le 17 décembre 1938 il embarqua à bord du *Normandie* à destination de New York. Une fois là-bas il se lança dans une folle tournée dans une trentaine de villes à travers les Etats-Unis et le Canada, donnant des conférences et accordant des séances de dédicaces. Il retourna à Londres le 3 mars 1939 douze jours seulement avant que l'Allemagne n'envahisse la Tchécoslovaquie.

Le refuge de Bath

Cherchant une retraite, loin de la frénésie de Londres, Altmann et Zweig passèrent l'été 1939 à Bath, ville du Somerset, qui avait longtemps constitué un refuge pour les écrivains anglais. Cette station thermale élégante et vallonnée rappelait à Zweig sa résidence du Kapuzinerberg, à Salzbourg. Là-bas, il se remit à écrire avec Lotte pour l'assister.

Bath allait prendre une place particulière dans l'existence de Stefan Zweig et Lotte Altmann, qui, plus tard, dans leurs lettres des Amériques, devaient évoquer avec nostalgie la maison qu'ils avaient là-bas. A l'été 1939, le divorce avec Friderike avait été prononcé et le 6 septembre 1939, quelques jours seulement après que la Grande-Bretagne eut déclaré la guerre à l'Allemagne, Stefan Zweig et Lotte Altmann se marièrent, lors d'une cérémonie civile à la mairie de Bath. Y assistèrent l'ami et avocat de Stefan Arthur Ingram, le frère de Lotte Manfred et sa belle-sœur Hannah[2].

---

1. Stefan Zweig à H.M. Inspecteur chef, antenne de l'Immigration, Département de l'Intérieur, HO282/4, National Archives (Londres).

2. Certificat de mariage entre Stefan Zweig et Lotte Altmann, HO282/4, National Archives (Londres).

A Bath, Stefan Zweig acquit par la suite Rosemount, une imposante bâtisse prévictorienne, et la décora avec des meubles et des tableaux qu'il s'était fait envoyer de son ancienne résidence de Salzbourg. La création d'un nouveau foyer en Angleterre reflétait le désir du couple, désormais marié, de se construire un refuge. Dans une lettre au banquier Siegmund Warburg que Stefan Zweig écrivit le jour de ses noces, son sentiment d'urgence et son désir de paix intérieure sont palpables :

> Je désire t'annoncer tout d'abord que j'ai épousé aujourd'hui ici, à Bath, Lotte Altmann. Je comptais attendre ma naturalisation pour le faire, mais je ne sais plus si elle arrivera un jour [...] Je souhaite m'installer ici et je suis sur le point d'acheter une vieille maison, modeste, avec un merveilleux jardin de plus d'un demi-hectare [...] et qui plus est – une tranquillité et à saine distance de ce monde de fous [...] Ainsi, mon cher ami, équipons-nous au mieux face aux épreuves qui nous attendent [...][1]

Pendant quelques mois, Lotte et Stefan s'installèrent dans une routine axée autour du travail d'écriture de ce dernier, qui se consacrait alors pour l'essentiel à son ouvrage sur Balzac. Mais la maison était aussi un refuge pour les amis de Londres et, en particulier, pour les nombreux membres de la famille Altmann. Eva, la fille de Manfred et de Hannah, Martha, la sœur de Hannah et Ursula, sa nièce, vinrent vivre avec eux, et les enfants fréquentèrent l'école locale. Après leur naturalisation en 1938, qui leur permirent de voyager librement de Londres à Bath, Hannah et Manfred vinrent régulièrement à Rosemount, approfondissant avec Stefan Zweig une amitié qui avait commencé à Londres et forgeant avec lui un lien particulier qui est perceptible dans les lettres qu'il allait leur écrire plus tard.

1. SZ à Siegmund Warburg, 6 septembre 1939, *Briefe 1932-1942*, *op. cit.*, p. 258.

Le retour en Amérique

Le 23 août 1939, l'Allemagne et l'Union soviétique signèrent un traité de non-agression par lequel ils s'engageaient à rester neutres si l'un ou l'autre pays était attaqué. Deux jours plus tard, la Pologne et la Grande-Bretagne signaient un pacte de défense commune, se garantissant ainsi mutuellement assistance si l'un des deux pays venait à être attaqué. L'Allemagne lança une offensive contre la Pologne moins d'une semaine plus tard et le 3 septembre la Grande-Bretagne y répondit en lui déclarant la guerre. En avril 1940, l'Allemagne envahit le Danemark et la Norvège et, dans les mois qui suivirent, des offensives furent lancées contre la France, la Belgique, le Luxembourg et les Pays-Bas. Fin mai, les troupes britanniques étaient évacuées de Dunkerque et l'Angleterre se retrouvait seule en Europe face à l'Allemagne.

C'est dans ce contexte que les Zweig envisagèrent de quitter l'Europe. Stefan écrivit à son ami Max Hermann-Neiße, un confrère écrivain en exil en Angleterre, qu'il avait prévu un long voyage en Amérique du Sud et qu'ils n'allaient « pas se voir pendant longtemps »[1]. En mars 1940, peu après que sa naturalisation eut été approuvée, Stefan Zweig reçut un passeport britannique. Comme Lotte était désormais mariée à un sujet britannique, elle put acquérir la nouvelle nationalité de son époux simplement en signant une déclaration où elle affirmait vouloir devenir britannique. Leurs passeports en main, les Zweig étaient en mesure de voyager. Aussi Stefan accepta-t-il volontiers une nouvelle invitation à se rendre avec Lotte en Amérique du Sud via New York[2]. Dans le même temps, il restait impliqué dans ses propres projets littéraires, s'exprimait sur la situation critique des écrivains européens et aidait financièrement ses amis[3]. Tout

1. Stefan Zweig, Briefe 1932–1942, *op. cit.*, p. 276.

2. Herbert Smith & Co. à Mme Lotte Zweig, 21 février 1940, HO282/4, National Archives (Londres).

3. Voir le témoignage de Hermann Zesten in *Stefan Zweig Bilder Texte Dokumente*, *op. cit.*, p. 168.

au long de ces voyages, il fit pression sur ses nombreux contacts pour obtenir des visas et organiser l'émigration de toute une série d'amis et de confrères allemands et autrichiens. Bien que ses protestations antinazies fussent rarement tonitruantes, il adhéra au Freier Deutscher Kulturbund (l'union allemande libre pour la culture), aida le National Council for Civil Liberties (conseil national pour les libertés civiles) et maintint son soutien au PEN, l'organisation internationale des écrivains[1].

Lotte et Stefan arrivèrent à New York le 30 juin 1940. Une fois là-bas ils arrangèrent la venue d'Eva Altmann que ses parents, Hannah et Manfred, avaient, non sans mal, décidé d'envoyer en sécurité aux Etats-Unis. A New York, Stefan Zweig prépara aussi son périple en Amérique du Sud et mit au point son programme de recherche et de visites pour le livre qu'il prévoyait d'écrire sur le Brésil ; il envisageait aussi de revoir Abrahão Koogan, ainsi que d'autres amis ou connaissances[2].

Après un mois à New York, les Zweig embarquèrent pour l'Amérique du Sud sur l'*Argentina*, et ils arrivèrent à Rio de Janeiro le 21 août 1940. Les lettres reproduites ici commencent le 14 août 1940, la première ayant été écrite à bord du paquebot. Dans sa première lettre adressée à Hannah et Manfred Altmann, à Londres, Zweig avoue avec soulagement : « nous sommes ravis de quitter New York parce que nous ne supportions plus leurs "sacrées nouvelles" en des temps comme les nôtres. » La lettre que Lotte écrivit sur le bateau nous renseigne aussi sur la vie frénétique qu'elle mena à New York en raison de sa collaboration avec le réalisateur Berthold Viertel. Les Zweig étaient absorbés par leur travail sur le scénario de *Das Gestohlenen Jahr* pour Viertel[3], qui, après s'être fait un nom dans le théâtre, avait tenté sa chance

1. Franz Werfel, « Stefan Zweigs Tod », in Hans Arens (ed) *Stefan Zweig : Sein Leben-Sein Werk* (Esslingen, Bechtle, 1949), p. 185. Voir aussi Fred Uhlman, *The Making of an Englishman* (Londres, Gollancz, 1960).

2. SZ à Abrahão Koogan, 22 juillet 1940, *Briefe 1932-1942*, *op. cit.*, p. 278.

3. Le film fut finalement produit et projeté pour la première fois en 1950.

à Hollywood et allait plus tard travailler sur presque tous les films de Greta Garbo. Par ailleurs Lotte continua à parler, dans ses lettres, de la sécurité et du bien-être de sa famille et en particulier de sa nièce Eva.

Lotte et Stefan se rendirent à deux reprises ensemble en Amérique du Sud, la première fois d'août 1940 à mars 1941 et la seconde d'août 1941 à février 1942. Ils retournèrent aux Etats-Unis entre ces deux voyages, séjournant à New York ou dans ses environs. Le Brésil était à la fois un sanctuaire loin des pressions de la guerre et un endroit auquel Stefan Zweig vouait une réelle admiration. Mais le Brésil était aussi un fardeau pour les Zweig précisément parce qu'il était éloigné de tout ce qui leur était familier et les tenait physiquement à distance de leur famille et de leurs amis, très dispersés. Dans leurs descriptions du pays et de ses habitants, Lotte et Stefan oscillent entre des manifestations d'admiration et de gratitude pour les personnes qu'ils rencontrent et des plaintes sur la difficulté à s'adapter à un environnement si étranger. A certains moments leurs commentaires paraissent triviaux, typiques de voyageurs engoncés dans leurs habitudes – la langue, les coutumes, le temps, la nourriture et les domestiques leur conviennent rarement. Mais ces commentaires révèlent aussi des angoisses et préoccupations profondes quant à leur capacité d'adaptation, et leur méconnaissance des dynamiques politiques et culturelles, ainsi qu'une vision pessimiste de l'avenir, mêlée d'un instinct de survie. On doit tenir compte de ces conflits intérieurs non seulement pour saisir la signification de leur correspondance avec leur famille restée en Angleterre mais aussi pour comprendre la relation complexe – faite à la fois d'attachement et de frustration – qu'ils entretinrent avec le Brésil.

Brésil, terre d'avenir

Toute étude sur la relation de Lotte et Stefan Zweig au Brésil se doit de prendre en compte le récit de voyage *Brasilien : ein Land der Zukunft* (Stockholm, 1941). Les Zweig aimaient profondément le Brésil. Pourtant, dans cet ouvrage, Stefan en livre une vision essentiellement impressionniste, à l'opposé du travail très fouillé de ses autobiographies. Il s'y révèle déchiré entre ses espoirs pour l'avenir et sa nostalgie du passé. Depuis sa jeunesse, il n'avait cessé de voyager et, bien qu'il ait consigné ses impressions dans beaucoup de lettres et d'articles, il n'avait jamais écrit de livre sur la France, l'Angleterre, l'Inde, les Etats-Unis, l'Argentine – ou quelque endroit que ce soit[1].

Le titre de l'ouvrage lui-même mérite quelque attention. Bien que le Brésil soit présenté dans l'original allemand comme « *une* terre d'avenir », la traduction portugaise, *Brasil : País do Futuro* (Rio de Janeiro, 1941) et la première traduction anglaise, *Brazil : Land of the Future* (New York, 1941 et Londres, 1942) suppriment l'article. Ainsi les titres anglais et portugais transforment-ils le livre en célébration d'un pays exceptionnel puisqu'ils impliquent qu'il s'agit de *la* terre de l'avenir. Zweig, qui était à New York au moment où James Stern (sous le pseudonyme d'Andrew St. James) travaillait sur la version anglaise, relisait les traductions de ses ouvrages chaque fois que c'était possible. En outre, comme, avec son ami et éditeur new-yorkais Benjamin Huebsch, il réfléchissait avec un grand soin aux titres de ses livres, il est peu probable que l'omission de l'article fût une simple étourderie de sa part ou une décision prise par le traducteur et l'éditeur[2]. Il fallut attendre 2000 pour que

1. Dans un entretien accordé au quotidien *La Nación* de Buenos Aires (27 octobre 1940), Stefan Zweig déclarait que, après le Brésil, il préparait une série d'études spécifiques sur d'autres pays sud-américains (l'Argentine, le Chili, le Venezuela et d'autres encore).

2. SZ à HA&MA, New York, 31 mars 1941; SZ à Ben Huebsch, Ossining, fin juillet 1941, *Briefe 1932-1942*, *op. cit.*, p. 310.

Lowel A. Bangerter ajoute l'article à sa traduction anglaise *Brazil : A land of the Future* (Riverside, CA)[1].

Il ne fait pas de doute que l'ouvrage de Zweig était destiné à jeter une lumière positive sur un pays qui représentait pour lui un modèle de coexistence pacifique, en particulier entre races, à un moment où l'Europe était déchirée par les haines ethniques et religieuses. Zweig exprima d'abord ses idées positives et souvent naïves sur le Brésil dans un essai publié en 1936, sur fond de montée en puissance du nazisme[2]. Dans l'introduction de *Brésil, terre d'avenir*, Zweig explique qu'il souhaitait retourner au Brésil en 1937 mais dut, à contre-cœur, repousser le voyage, à cause de la Guerre d'Espagne, puis de l'*Anschluss*, de l'occupation de la Tchécoslovaquie et de la Pologne et, pour finir, de « la guerre de tous contre tous dans notre Europe suicidaire »[3]. Face à ces événements, Zweig exprima son désir croissant de s'échapper « pour un temps d'un monde se détruisant lui-même pour en rejoindre un autre, engagé dans le progrès, et se développant de manière créative et pacifique »[4].

Bien que Zweig présente son livre sur le Brésil comme un récit de voyage, il explique que ce qui l'intéresse, c'est cette question : « que faire pour que les êtres humains parviennent à cohabiter pacifiquement, malgré les différences de race, de couleur, de religion et de croyance ? »[5] Etant donné ses luttes intérieures et la souffrance causée par cet exil loin du pays et du continent idéalisés de sa jeunesse, Zweig, lorsqu'il écrit sur le Brésil, identifie ce que son traducteur Lowell A. Bangerter décrit comme une « utopie spirituelle », qui transparaît

1. Stefan Zweig, *Brazil : A Land of the Future* (Riverside, Californie, Ariadne Press, 2000) [*Le Brésil, terre d'avenir*, Editions de l'Aube, 1994].
2. Stefan Zweig, « Kleine Reise nach Brasilien », in *Länder, Städte, Landschaften* (Francfort, Fischer Tagebuch, 1981), pp. 153-84.
3. Stefan Zweig, *Brazil : Land of the Future* (Londres, Cassell and Company, 1942), p. 4.
4. Zweig, *Brazil : Land of the Future, op. cit.*, p. 4.
5. Zweig, *Brazil : Land of the Future, op. cit.*, pp. 6-7.

dans ses descriptions idylliques du peuple brésilien et, en particulier, des descendants d'Africains[1].

Alors que *Brésil, terre d'avenir* exprimait l'aspiration à un avenir idyllique, *Le Monde d'hier*, publié la même année, est une autobiographie nostalgique qui ressuscite la Vienne de sa jeunesse[2]. Les deux livres illustrent l'insatisfaction de Zweig quant à sa situation présente. Dans *Brésil, terre d'avenir*, il se refuse néanmoins à tirer ce qu'il appelle « des conclusions définitives », à faire « des prévisions et des prophéties sur l'avenir du pays »[3]. De plus, il affirme que « les événements des dernières années ont considérablement changé nos opinions sur la signification des termes de « civilisation » et de « culture » » et met en garde contre la tentation de les confondre avec l' « organisation » et le « confort »[4]. Le Brésil de Zweig, basé sur des tournées et des présentations officielles (avec ou sans Lotte), ainsi que sur sa quête d'une paix intérieure, est un pays mythique, une terre qui représente pour lui « la civilisation et la paix à venir pour notre monde détruit par la haine et la folie »[5]. Les opinions qu'il exprime dans sa correspondance privée ne sont pas moins catégoriques. Dans une lettre écrite en 1940 au cinéaste Berthold Viertel, Zweig pressent que le Brésil « sera un modèle pour le monde »[6]. À son beau-frère Manfred Altmann et à sa belle-sœur Hannah, il fait régulièrement part d'idées similaires.

Le fait de voyager avec sa jeune épouse a sûrement eu une incidence sur son choix de destination et sur la manière dont il y fut reçu. Pourtant nulle part dans son livre sur le Brésil il n'est fait mention du rôle de Lotte, qui fut pourtant non seulement sa compagne de voyage, mais aussi sa dactylo et

1. Zweig, *Brazil : A Land of the Future*, *op. cit.*, pp. 255-59.
2. D'abord paru à Stockholm en 1942 en allemand *Die Welt von Gestern*. Une traduction anglaise fut publiée en 1943.
3. Zweig, *Brazil : Land of the Future*, *op. cit.*, p. 6.
4. Zweig, *Brazil : Land of the Future*, *op. cit.*, p. 11.
5. Zweig, *Brazil : Land of the Future*, *op. cit.*, p. 13.
6. SZ à Berthold Viertel, 11 octobre 1940, in Zweig, *Briefe an Freunde*, *op. cit.*, p. 289.

sa traductrice, et avec laquelle il discuta de ses impressions, les clarifia et les corrigea[1]. Cela est valable pour la plupart des ouvrages de Stefan Zweig : il est rare qu'on y trouve des remerciements. Mais dans l'épigraphe à l'édition allemande de son récit, Zweig laisse entendre que l'idée du Brésil comme « terre d'avenir » ne vient pas de lui ; il cite la description que le diplomate autrichien Anton von Prokesch-Otsen faisait de ce pays dès 1868 :

> Un lieu neuf, un port magnifique, l'Europe usée à distance, un horizon politique neuf, une terre d'avenir et un passé presque inconnu qui invite le savant à s'y plonger, un décor naturel splendide, et le contact avec des idées neuves et exotiques[2].

Contrairement à ces publications qu'elle a aidé à prendre forme, mais où sa voix ne se fait pas entendre, et où il n'est même pas fait mention d'elle, dans ces lettres à sa famille restée à Londres, écrites au Brésil et en Argentine et que nous publions ici, la personnalité vive et ardente de Lotte Zweig apparaît clairement, tout comme les peurs et les angoisses du couple face aux défis d'une nouvelle existence loin de l'Europe.

Les lettres d'Amérique du Sud

Hormis quelques-unes envoyées à Friderike Zweig par Stefan ou Lotte, peu de ces lettres du Brésil et de l'Argentine

1. Voir LZ à HA&MA, Rio de Janeiro, 23 octobre 1940. Lotte évoque ses responsabilités en voyage : « Au milieu de tout ça, Stefan dicte une conférence en anglais, autrement dit moi je la traduis et lui il va la corriger, et une autre conférence pour les réfugiés de guerre de Buenos Aires, et il y a les corrections à apporter pour les autres conférences en français qu'il va devoir faire, et à un moment il va falloir que je fasse les valises – et avec soin, car nous partons en avion, et je dois choisir ce que nous emportons. »

2. Cité in Zweig, *Brazil : A Land of the Future*, *op. cit.*, page d'ouverture.

ont été publiées – on en ignore même souvent l'existence[1]. Ce volume rassemble à la fois toutes celles de Lotte Zweig connues à ce jour et la plus grande partie de celles de Stefan Zweig. Elles ont été écrites aux membres de la famille Altmann, presque toutes à Manfred et Hannah, frère et belle-sœur de Lotte, généralement à raison d'une à deux par semaine. Dans beaucoup de ces lettres, Zweig exprime sa gratitude envers les Altmann qui s'occupent de ses affaires en Angleterre – en particulier de sa maison de Bath, mais aussi des négociations avec son éditeur londonien, et de ses finances. Mais au-delà de ces questions pratiques, elles révèlent une affection sincère pour son beau-frère et sa belle-sœur qui va bien plus loin que la simple gratitude. Grâce à sa jeune épouse, Stefan Zweig avait trouvé une nouvelle famille.

En dépit du fait que les Zweig s'adressaient à la famille germanophone de Lotte, ils rédigèrent toutes leurs lettres d'Amérique du Sud en anglais. Après le début de la guerre, le courrier qui arrivait en Grande-Bretagne était soumis à la censure et les Zweig savaient que des lettres rédigées en allemand mettraient sans doute plus de temps à arriver à leurs destinataires. Si leurs lettres n'échappèrent pas aux inspections aléatoires de routine pratiquées par le service de censure postale du Département de l'Intérieur, il semble peu probable qu'elles aient fait l'objet d'une attention particulière. Si elle avait été écrite en allemand, cette correspondance aurait certainement été placée sur la « liste de surveillance » du service et les lettres auraient mis plus de temps à arriver[2].

---

1. Nous avons cité ces lettres, rarement publiées, dans cette introduction. Elles viennent de Stefan Zweig, *Briefe 1932–1942*, *op. cit.*, et Stefan Zweig/Friderike Zweig, « Wenn einen Augenblick die Wolken weichen », *Briefwechsel 1912-1942*, *op. cit.*

2. Pendant la guerre, tout le courrier étranger à destination de la Grande-Bretagne ou envoyé à l'étranger depuis la Grande-Bretagne transitait par les dépôts du Département de la censure postale et télégraphique à Liverpool et Londres ; en 1940, les censeurs sélectionnaient au hasard 20 % des lettres arrivant d'Amérique du Sud pour les inspecter tandis qu'en 1941 c'était 50 %. Voir

Outre qu'ils traversaient d'innombrables frontières géographiques, Stefan et Lotte Zweig traversaient sans arrêt des frontières linguistiques. Ils parlaient tous deux couramment l'anglais, cependant beaucoup de leurs lettres (notamment celles de Stefan) contiennent des petites fautes d'orthographe ou de grammaire. Il est important d'insister sur le fait que les Zweig et les Altmann étaient polyglottes, et leurs lettres contiennent souvent des mots ou des phrases en allemand, en français et (quelquefois) en yiddish – illustrations de ce que les linguistes appellent l'« alternance de code linguistique », phénomène typique de la communication entre des individus maîtrisant plusieurs langues. Le langage constituant un outil évolutif de communication et d'organisation de la connaissance, il n'est pas surprenant que les Zweig, dans ces lettres d'Amérique du Sud, introduisent aussi des termes provenant du portugais et de l'espagnol, les langues qu'ils ont apprises le plus récemment.

Le caractère intime de cette correspondance enrichit grandement la connaissance que nous pouvons avoir de Stefan et de Lotte Zweig – en particulier de leurs tentatives angoissées pour assurer des lieux d'asile à leurs amis et confrères cherchant à fuir l'Europe, de ses sautes d'humeur à lui, de son asthme à elle, des frustrations et du sentiment de vide causés par l'exil, de l'angoisse de l'incertitude, et des défis que cela représentait de voyager, écrire et travailler ensemble. De vingt-sept ans sa cadette, Lotte a une voix bien à elle, par laquelle elle exprime sa propre condition physique et mentale, et qui éclaire sa relation à son mari. Parfois optimistes, de plus en plus mélancoliques, mais aussi souvent pleines d'esprit et révélant un sens de l'humour mordant, les lettres de Stefan et Lotte Zweig dépeignent fidèlement l'humeur fluctuante du couple pendant ses dernières années. De la tournée en Argentine et au Brésil en 1940-41, au cours

---

History of the Postal and Telegraph Censorship Department 1938-1946, Volume 1 (Londres, Civil Censorship Study Group, 1996 ; d'abord publié par le Département de l'Intérieur, Londres, 1952).

de laquelle on les fête comme des célébrités, à l'isolement qu'ils s'imposent à Petrópolis en 1941-42, ces lettres constituent la chronique d'un déclin progressif.

Stefan Zweig avait toujours été un épistolier invétéré, ayant pour correspondants des figures intellectuelles, littéraires et artistiques européennes de premier plan, qui étaient également ses amis[1]. Lotte Zweig aussi entretenait sa propre correspondance, écrivant, à côté de son mari ou dans des lettres à part, à ses amis et sa famille en Angleterre et aux Etats-Unis. Par exemple, la correspondance suivie entre Stefan et Friderike, son ex-femme, contient parfois des lettres ou un mot de Lotte[2].

Les Zweig écrivaient séparément au frère et à la belle-sœur de Lotte, mais postaient leurs lettres ensemble, même s'il arrivait qu'une lettre fût envoyée juste par Lotte ou Stefan. Lotte écrit un jour – non sans une dose de sincérité ironique – que « pour une fois, [elle a] besoin d'écrire une lettre que Stefan ne "censure" pas avant qu'[elle] ne l'envoie »[3]. Dans ces lettres, Lotte et Stefan parlent de la culpabilité qu'ils éprouvent d'avoir quitté l'Europe et de jouir de la liberté dans un pays qu'ils adorent tous les deux ; ils décrivent leurs tentatives d'obtenir des visas pour leurs collègues désespérant de fuir en Amérique latine, leurs soucis financiers et de santé de plus en plus graves, et leur frustration d'être séparés de leurs amis, des membres de leur famille et des bibliothèques. La vie de tous les jours est magnifiquement décrite : ils ont du mal à apprendre le portugais ; ils se font une image

1. Beaucoup de ces lettres ont été publiées ; voir, par exemple : Stefan Zweig, *Briefwechsel* (Francfort, S. Fischer, 1987) et *Stefan Zweig : Triumph und Tragik : Aufsätze, Tagebuchnotizen and Briefe* (Francfort, Fischer Taschenbuch, 1992). Les lettres de Zweig ont également été publiées dans les travaux de beaucoup d'autres intellectuels, notamment Sigmund Freud, Rainer Maria Rilke et Arthur Schnitzler.

2. Voir les lettres de Lotte Zweig à Friderike Zweig incluses dans la correspondance entre Stefan et Friderike Zweig in Stefan Zweig/Friderike Zweig, « Wenn einen Augenblick », *op. cit.*

3. LZ à HA, Ossining, 21 juillet 1941.

idéalisée du couple formé par le cuisinier et la bonne noirs ; ils attendent le passage du postier et sont déçus quand ils ne reçoivent pas de lettres ; on découvre encore d'autres aspects de leur existence quotidienne au Brésil, comme l'introduction dans leur maisonnée de Plucky, leur chien adoré.

Cinq problèmes ou thèmes généraux nous aident à mettre ces lettres en perspective : le statut de célébrités de Stefan et Lotte Zweig au Brésil et en Argentine et la manière dont ils se soutiennent mutuellement ; leur anxiété concernant leur sécurité financière, leurs inquiétudes quant à l'interruption du paiement de la plupart des droits d'auteur et leur enthousiasme à propos de la rétribution des conférences ; une préoccupation sincère pour le sort de leur famille et de leurs amis en Europe ou ailleurs en temps de guerre ; leur naïveté, ou leur manque d'intérêt à l'égard de la situation politique en Amérique du Sud et leur tendance à généraliser ; enfin, leur isolement, à certains moments leur désespoir, et leur mauvais état de santé, tant physique que mental.

Les Zweig, célébrités en Amérique du Sud

En Amérique du Sud, les Zweig furent fêtés comme des célébrités non seulement parce qu'une classe moyenne restreinte, mais en pleine expansion, lisait l'œuvre de Stefan, mais aussi parce que ces deux voyageurs manifestaient un intérêt profond pour ce continent, à une époque où Brésiliens et Argentins étaient encore avides de l'approbation des Européens. En 1936, Stefan Zweig avait été surpris et même bouleversé par les marques d'attention qu'il avait reçues lors de sa visite en Amérique du Sud. Ces marques d'attention furent réitérées en 1940, cette fois autant envers Lotte qu'envers lui. A bord du navire pour Rio de Janeiro, il raconte que leur séjour s'annonce bien rempli, que ses « amis [leur] réservent le meilleur des accueils et [qu'il reçoit] des invitations pour des conférences en Uruguay, en Argentine, au Chili, au Venezuela »[1].

Bien que Stefan s'attendît à ce que ses amis et la presse brésilienne lui accordassent une grande attention, il fut amusé et surpris par la fascination du public pour Lotte. Le 23 août 1940, il écrit : « hélas, j'ai bien peur que Lotte n'y perde sa modestie, elle passe son temps avec des ambassadeurs, des ministres, elle a sa photo dans tous les journaux »[2]. Deux semaines plus tard il plaisante encore en notant que « Lotte se comporte en grande dame ici et préside des réunions, se fait prendre en photo et apparaît dans les journaux dans toute sa splendeur »[3]. Et le 29 septembre, du même ton enjoué :

> Si cela ne tenait qu'à Lotte, nous ne quitterions jamais le Brésil, elle a beaucoup changé et m'importune sans arrêt avec son exaltation et ses exclamations. N'est-ce pas extraordinaire, etc. ? Et dire que je ne l'ai épousée que parce qu'à l'époque elle était si discrète[4].

De fait, au grand amusement de Stefan, sa femme reçoit des bouquets de fleurs, certains d'admirateurs anonymes, et les photographes semblent souvent au moins aussi intéressés par elle que par lui. Même si, au début, ils apprécient l'attention qu'on leur témoigne, le 19 octobre 1940, Lotte exprime du soulagement : « Heureusement les photographes se sont calmés et les journaux se contentent désormais de parler de nous comme de toute personne un peu connue[5]. »

Lorsqu'à la fin d'octobre 1940, les Zweig se rendent à Buenos Aires, il est clair qu'ils se sentent coupables de mener une existence privilégiée par rapport à leur famille et leurs

1. SZ à HA, paquebot *Argentina*, 14 août 1940.
2. SZ à HA, Rio de Janeiro, 23 août 1940.
3. SZ à HA&MA, Rio de Janeiro, 10 septembre 1940.
4. SZ à HA&MA, Rio de Janeiro, 29 septembre 1940.
5. LZ à Therese Altmann, Rio de Janeiro, 19 octobre 1940.

amis en Europe. Le 27 octobre, Lotte Zweig décrit Buenos Aires ainsi :

> une ville nouvelle, beaucoup de gens nouveaux, beaucoup de coups de téléphone, beaucoup de délégations qui insistent pour obtenir quelques conférences gratuites en plus, des tas de fleurs, beaucoup de nouvelles choses à manger, beaucoup de photos et d'interviews ; une drôle de vie pour moi, et en même temps vingt fois par jour cette pensée : comment c'est, là, en Angleterre, que font-ils en ce moment[1] ?

Dans sa lettre du 9 novembre 1940, Lotte répète combien ils sont occupés :

> Juste une courte lettre aujourd'hui, car bien que je n'aie pas accompagné Stefan à ses conférences, à Cordoba, Santa Fé et Rosario – d'où il rentre demain – j'ai été assez occupée avec les visas, des billets de toutes sortes, etc. , à répondre aux lettres, au téléphone, et aux invitations (bien que je sois seule), et j'ai dû me débarrasser d'un rhume[2]...

Pour les Zweig, le voyage en Argentine était entièrement motivé par le travail. Dans leurs lettres de Buenos Aires ne transparaît presque aucun intérêt pour les spécificités culturelles et sociales du pays, et moins encore pour sa situation politique extrêmement fragile. Aux journalistes argentins, toutefois, Stefan Zweig déclara poliment : « Rien ne me procure de plus vif plaisir que de revenir à Buenos Aires », ville où il se sentait « chez lui ». Peut-être cherchait-il à flatter ses hôtes quand il disait que l'Amérique du Sud était « d'un esprit similaire à l'Europe de jadis, l'Europe aux nobles idéaux, si chère au cœur de ceux qui y furent si heureux naguère[3] ».

Mais en réalité, la tournée argentine était essentiellement l'occasion pour lui de pallier le déficit de ses droits d'auteur

1. LZ à HA&MA, Buenos Aires, 27 octobre 1940.
2. LZ à HA&MA, Buenos Aires, 9 novembre 1940.
3. *La Nación*, 27 octobre 1940.

grâce aux cachets touchés pour ses conférences, de lever des fonds pour des œuvres caritatives et d'obtenir, auprès du consulat brésilien, des permis de résidence brésiliens[1]. L'élite culturelle argentine étant fortement orientée vers l'Europe, et dans la mesure où ce pays comptait d'importantes communautés allemandes, autrichiennes, juives et britanniques, Stefan Zweig était assuré de remplir théâtres et salles de conférences, surtout à une époque où les célébrités venant visiter l'Amérique du Sud se faisaient rares, en raison des restrictions dues à la guerre.

Que Stefan Zweig ait sincèrement pris plaisir à participer aux événements publics auxquels il fut convié en Argentine et, brièvement, en Uruguay, ou que au contraire ceux-ci aient été pour lui une épreuve, le fait est qu'il était un tribun consommé, charmant et impressionnant face au public varié qui venait l'écouter. Qu'il s'adressât aux membres d'une branche locale du Conseil de la communauté britannique, à une assemblée de réfugiés germanophones, à des intellectuels du Colegio Libre de Estúdios Superiores ou au gotha littéraire lors d'un dîner organisé par la Sociedad Argentina de Escritores, Zweig prenait ses devoirs très au sérieux, prononçait des discours mûris et savamment construits, répondait aux questions d'un public conquis et signait des autographes[2].

A la fin de leur voyage, Lotte et Stefan Zweig expriment dans leurs lettres leur besoin de « repos et de calme », un sujet qui va revenir sans cesse dans les lettres qui suivront.

1. Dines, *Morte no paraíso* (2004), *op. cit.*, p. 322.

2. *Buenos Aires Herald*, 31 octobre 1940 et 1er novembre 1940 ; *La Prensa* (Buenos Aires), 27, 28 et 30 octobre 1940 ; *La Nación* (Buenos Aires), 30 octobre 1940, 1er, 2 et 5 novembre 1940 ; *The Standard* (Buenos Aires), 27 et 29 octobre 1940.

Pacifisme et activisme : un asile, d'où on en appelle aux amis et aux exilés

Bien que Stefan eût un goût prononcé pour la solitude et Lotte peu de contacts, ni l'un ni l'autre ne peuvent, en toute justice, être accusés de ne s'être pas investis pour la communauté des exilés. En Angleterre et partout où ils allèrent, les Zweig s'appliquèrent à aider les membres de leur famille, leurs amis et les réfugiés en général. Leur aide consista à écrire des lettres, à participer à des levées de fonds, à donner eux-mêmes de l'argent, à fournir du travail et à utiliser leur influence pour tenter d'obtenir des visas pour les Etats-Unis, le Portugal, Cuba, le Mexique, le Brésil et l'Argentine. Le 23 octobre 1940, Lotte informa Hannah et Manfred des projets de Stefan concernant une « affaire caritative juive ». Dans une lettre datée du 26 octobre 1940, Zweig parle de ses activités caritatives en faveur des Juifs de Buenos Aires mais regrette qu'il y ait tant de conflits entre eux :

> Les Anglais, les Espagnols sont bien organisés, mais ceux qui posent problème ce sont les Juifs. Ils sont 250 000 dans cette ville. J'ai proposé de faire une conférence pour collecter des fonds et maintenant ils se battent pour savoir qui doit l'organiser [...] et mon espoir le plus cher est que cette querelle me permettra d'y échapper [...][1]

Dans sa lettre datée du 27 octobre 1940, Lotte mentionne une conférence en anglais, « au titre réjouissant de "L'espoir en l'avenir" », prononcée par Stefan au profit de la Croix-Rouge britannique.[2] Zweig y exprimait son indéfectible admiration pour le pacifisme mais, dans la mesure où il « connaissait trop bien les pays totalitaires », il arrivait à la conclusion que « les idées pacifistes » qu'il avait si souvent entendues exprimer en Angleterre étaient naïves, à un point effrayant. Devant un public de membres férocement

1. SZ à HA&MA, Buenos Aires, 26 octobre 1940.
2. LZ à HA&MA, Buenos Aires, 27 octobre 1940.

loyaux du Conseil de la Communauté britannique, Zweig s'exclama :

> Aussi je vous le dis : ne calculons pas les pertes et les destructions à l'aune de la mesure normale. Partout où nous faisons de tels calculs, dans les temps où nous vivons, nous surestimons les conséquences de la destruction et pouvons facilement sous-estimer les forces créatives et spirituelles d'un peuple… Je suis convaincu que tout ce qui est détruit aujourd'hui sera rebâti encore plus vite et sera encore plus beau ; nous ne devons donc pas nous tourmenter ni désespérer. Mille et mille fois déjà notre monde a été secoué par des tremblements de terre et des catastrophes, mais jamais le ciel ne s'est effondré[1].

Les Zweig écrivent régulièrement pour savoir où se trouvent les membres de leur famille et leurs amis, leur obtenant des visas et faisant en sorte que de l'argent parvienne à ceux qui en ont besoin[2]. Ils insistent pour que Hannah et Manfred profitent de leur propriété de Bath tout en se plaignant de ne pas pouvoir en faire davantage pour eux et leurs amis. Le 15 septembre 1940, Stefan explique combien il est difficile pour lui de penser aux problèmes auxquels beaucoup de ses amis sont confrontés et il émet le vœu que ses efforts aideront certains d'entre eux à obtenir un visa américain. Dans une lettre du 11 décembre 1940, Lotte souligne elle aussi combien il est difficile de venir en aide à leurs amis et à leurs familles depuis le Brésil, même à son propre frère Jan, qui lui cause des soucis continuels et l'agace souvent :

> Quant à la lettre de mon cher frère : aidez-le financièrement si vous pensez qu'il en a besoin, comme vous le dites

1. *Buenos Aires Herald*, 31 octobre 1940.
2. Beaucoup de ces personnes sont mentionnées dans les lettres des Zweig, mais la plupart ne le sont pas. Dans une intervention sur Stefan Zweig diffusée à la radio en Californie le 23 avril 1950 Camille Honig (voir p. 287) expliquait que Stefan Zweig lui avait confié – à lui et à d'innombrables autres écrivains et artistes en difficulté – un travail de recherche, le payant dix fois le prix normal.

> vous-mêmes, il est possible qu'il soit arrivé au bout de ses ressources. Quant au visa brésilien : je ne pense pas que cela puisse se faire. Dans la mesure où, en règle générale, ils n'accordent plus de visas aux Juifs, cela signifie que quelqu'un doit se porter personnellement garant pour lui et, en l'occurrence, c'est la seule chose que je ne puisse pas demander à Stefan[1].

Malgré les exigences de leur existence itinérante, il est évident que les Zweig étaient profondément inquiets de voir l'Europe détruite par « la bête » et que, où qu'ils fussent, ils se souciaient du bien-être de leur famille et de leurs amis. Stefan Zweig fit des dons à des communautés juives au Portugal, aux Etats-Unis, en Angleterre, en Argentine et au Brésil, ou bien il les soutint par des visites et des conférences. Il se montra particulièrement généreux quand il s'agissait d'aider d'autres écrivains en exil[2].

Ces lettres nous livrent aussi des détails sur la vie domestique des Zweig, ainsi que sur leurs inquiétudes quotidiennes au sujet de la famille de Lotte restée en Angleterre et le bien-être d'Eva à New York. Elles commencent sur le bateau pour le Brésil, lorsque Stefan écrit : « Ne vous inquiétez donc pas trop : elle va voir un monde nouveau et personne ne sait combien un tel lien avec l'Amérique peut s'avérer précieux pour l'avenir », et ces inquiétudes perdureront jusqu'à leur suicide. Les Zweig insistèrent aussi pour que les Altmann profitent de leur propriété et de leurs possessions : « J'espère que vous viendrez parfois vous y reposer après vos dures journées à Londres », écrit Stefan peu après avoir quitté New York dans une lettre sans date. Ces lettres illustrent en outre combien les Zweig se sentent coupables de jouir d'une paix relative à un moment où tant de leurs amis souffrent :

> La vue depuis nos fenêtres est un rêve, tout simplement, la température est parfaite – un hiver qui ressemble plus à

1. LZ à HA&MA, Rio de Janeiro, 11 décembre 1940.
2. Palmier, *Weimar in Exile*, *op. cit.*, p. 246.

> juin ou à mai – les gens ne savent pas quoi faire pour nous faire plaisir, nous vivons tranquillement, à peu de frais, et notre vie est très intéressante – nous serions vraiment heureux si nous ne pensions pas à vous, et à la grande misère que connaît actuellement l'humanité[1].

Bien que Stefan ait souvent été critiqué pour ne pas avoir exprimé plus fort son désaccord contre la guerre et Hitler, on ne saurait remettre en question sa générosité. Même après leur divorce, il continua à prêter secours à Friderike, l'aidant à fuir l'Europe pour les Etats-Unis avec ses filles, faisant en sorte qu'elle perçoive une pension et continuant à entretenir une volumineuse correspondance avec elle. Lotte, de son côté, traita toujours Friderike avec amitié et prit un intérêt sincère à sa situation lorsqu'elle cherchait à émigrer aux Etats-Unis.

Leurs efforts allèrent au-delà des membres de leur famille. Après la mort d'Alfonso Hernández Catá, ambassadeur de Cuba au Brésil, dans un accident d'avion le 8 novembre 1940, Lotte Zweig est profondément affligée par la perte d'un homme « qui, en peu de temps, était devenu un de [leurs] plus proches amis » – et un appui crucial pour obtenir des visas cubains pour leur amis, Cuba étant une destination particulièrement séduisante pour ceux dont les demandes de visas pour les Etats-Unis étaient en attente de réponse et qui croyaient qu'il serait plus facile d'en obtenir un à La Havane[2]. Hernández Catá avait promis d'obtenir des visas pour l'ami des Zweig et des Altmann Heinrich Eisemann, un marchand de livres et de manuscrits anciens qui avait quitté l'Allemagne pour Londres : « Je crains, écrit Stefan, que la mort de notre ami Hernández Catá ne s'avère fatale pour son visa cubain, dans la mesure où c'était Catá qui se

1. SZ à HA&MA, Rio de Janeiro, 15 septembre 1940.
2. LZ à HA&MA&TA, Buenos Aires, 9 novembre 1940. Sur Cuba et la situation désespérée des réfugiés juifs, voir Robert M. Levine, *Tropical Diaspora : The Jewish Experience in Cuba* (Gainesville, University Press of Florida, 1993) et Gordon Thomas et Max Morgan-Witts, *The Voyage of the Damned* (Londres, Hodder and Stoughton, 1974).

portait garant pour lui [...] »[1] On trouve des inquiétudes similaires dans une lettre du 15 novembre de la même année. Plus tard, en revanche, il écrit qu'il va poursuivre les démarches pour le visa d'Eisemann avec la fille de Catá Hernández[2]. Les lettres des Zweig attestent de leurs efforts constants pour aider les autres et se tenir informés de la situation en Europe, quitte à prêter peu d'attention aux dynamiques politiques et sociales à l'œuvre en Amérique du Sud.

Naïveté ou pragmatisme ?

Les Zweig n'étaient sans doute pas au fait des subtilités de la politique sud-américaine et ibérique. Stefan resta en contact avec des membres ou des représentants des gouvernements de ces régions du monde, notamment du Brésil, de l'Argentine, de Cuba et du Portugal, ce qui lui permit de demander des visas ou d'autres faveurs pour des amis. L'un de ses contacts les plus insolites était António Batista de Souza Pedroso, plus connu sous le nom de vicomte de Carnaxide, qui représentait au Brésil le Secrétariat de la propagande nationale du Portugal[3], dirigé depuis sa création en 1933 par António Ferro, un confident du président António Salazar, qui aida Friderike au Portugal. Carnaxide était arrivé au Brésil en 1931. Les Zweig ont dû le croiser durant leur voyage de 1940 ; mais il est possible que Stefan ait fait sa connaissance auparavant, lors de sa tournée de 1936. Dans des lettres à Hannah et Manfred de septembre et octobre 1940, il parle de lui comme de « [leur] ami [...] qui organise des événements mondains en [leur] honneur avec faste » et il explique que son « ex-femme a obtenu ses visas pour l'Amérique et, semble-t-il, aussi pour le Mexique, [...] grâce

1. SZ à HA&MA, 15 novembre 1940.
2. Voir SZ à HA, Rio de Janeiro, 11 décembre 1940.
3. Secretariado Nacional de Informação, Turismo e Cultura Popular.

à l'aide de Ferro, qui a été très généreux avec [lui] à Lisbonne »[1].

Ces commentaires montrent que, même si les Zweig étaient, sur le plan personnel, opposés au fascisme, et abhorraient le régime hitlérien, de deux choses l'une, soit ils ignoraient ou négligeaient l'évolution politique au Portugal, soit ils se montraient pragmatiques en considérant que tout soutien était le bienvenu à un moment si critique. Cette interprétation peut aussi s'appliquer à leurs séjours au Brésil, même si leur indifférence à l'égard des réalités politiques, économiques et sociales des pays sud-américains où ils furent reçus est frappante, particulièrement dans le cas du Brésil, pays où ils décidèrent de s'installer. Dans leurs lettres, le dictateur Getúlio Vargas n'est mentionné qu'une fois et c'est seulement à propos du livre que Paul Frischauer, un compatriote viennois que Zweig considère comme un opportuniste, a été chargé d'écrire sur lui[2]. On ne trouve pratiquement pas de références au paysage politique brésilien ou argentin. Cette lacune s'explique peut-être par la crainte de la censure. Mais les Zweig n'étaient pas des hôtes ordinaires : leurs actions, leurs paroles et leurs écrits avaient un impact immédiat et suscitaient des réactions, notamment au Brésil.

Le premier voyage de Stefan Zweig au Brésil eut lieu six ans après que Getúlio Vargas fut devenu président, à la suite de ce qu'on appela la « révolution » de 1930 qui détruisit l'alliance oligarchique qui avait contrôlé le Brésil depuis la proclamation de la République en 1889. Le nouveau régime adopta un programme populiste et accueillit des hommes politiques de droite comme de gauche, tandis que Vargas emprisonnait ou exilait beaucoup de ceux qui s'opposaient à lui. A partir de 1937, on peut clairement parler d'une dictature, désignée par l'euphémisme d'*Estado Novo* (Etat nouveau), et dotée d'une constitution influencée par les dictatures plus implacables de Salazar au Portugal et de

1. SZ à HA&MA, Teresópolis, 6 octobre 1940 et SZ à HA&MA, Rio de Janeiro, 15 septembre 1940.
2. Voir SZ à HA&MA, Petrópolis, 3 octobre 1941.

Mussolini en Italie. L'Estado Novo reprit à son compte le discours racial, fit taire les voix divergentes et mit en œuvre une politique antisémite visant à réduire l'immigration juive tout en promouvant la *brasilidade*, l'identité brésilienne.

Paradoxalement, les conceptions de Zweig semblaient tout à fait dans la ligne du nationalisme et du patriotisme unificateurs liés au concept de « démocratie raciale », qui supposait que les Brésiliens étaient sinon opposés à toute discrimination raciale, du moins dépourvus des préjugés raciaux de leurs homologues américains ou allemands. Tout en promouvant ces mythes nationaux par l'école et par des lois condamnant toute discrimination fondée sur la race, le sexe ou la religion, le régime n'hésitait pas à recourir à la force et à la censure. L'Estado Novo interdit tous les partis politiques, par exemple, et les groupes sociaux ou politiques fondés sur la race furent fortement découragés[1].

Plusieurs membres du gouvernement de Vargas, mais aussi beaucoup d'importants intellectuels brésiliens exprimèrent haut et fort des idées antisémites ou fascistes, soulignant le lien supposé entre les Juifs et l'internationalisme marxiste-léniniste[2], et prétendant que les Juifs étaient par nature incapables de s'assimiler à la société brésilienne[3]. Non seulement Vargas toléra de telles prises de position de la part

1. Alfonso Henriques, *Vargas o maquiavélico* (São Paulo, Palácio do Livro, 1961), pp. 223-26. Thomas Skidmore, *Politics in Brazil, Experiments in Democracy, 1930-1964* (New York, Oxford University Press, 1967), pp. 28-30. Pour une vision générale sur la politique populiste de Vargas, voir Robert M. Levine, *Father of the Poor? Vargas and His Era* (Cambridge, Cambridge University Press, 1998).

2. On peut citer l'exemple tragique d'Olga Benário, activiste communiste allemande d'origine juive. En 1935, Benário accompagna le chef du parti communiste brésilien, Carlos Prestes, d'Europe au Brésil, voyageant munie de faux papiers. Au moment de leur arrivée, Prestes et Benário étaient mariés. A la suite d'une insurrection manquée contre le régime de Vargas en novembre 1935, le couple fut arrêté. En janvier 1936 – l'année même où Zweig se rendait pour la première fois au Brésil – Benário fut déportée en Allemagne, où elle fut détenue dans le camp de concentration de Ravensbrück. Elle fut assassinée en 1942 dans l'établissement d'euthanasie de Bernburg. Voir Fernando Morais, *Olga : Revolutionary and Martyr* (New York, Grove, 1990) [*Olga*, Stock, 1990].

3. Jeffrey Lesser, *Welcoming the Undesirables : Brazil and the Jewish Question*

de ses partisans, mais au cours des années 1930 il promulgua des lois visant à restreindre de façon drastique l'immigration juive. Le 7 juin 1937, avec l'autorisation de Vargas, le ministère des Affaires étrangères émit la Circulaire secrète 1127, qui interdisait de délivrer des visas aux personnes d'« origine sémite ». Bien qu'une note de clarification ait entériné quelques exceptions, notamment pour « les personnalités juives célèbres issues des milieux culturel, politique et mondain », cette circulaire entraîna une baisse de 75 % de l'immigration juive l'année suivante et légitima l'antisémitisme[1].

Même si *Brésil, terre d'avenir* ne fut pas publié avant 1941, Zweig avait déjà formulé quelques-unes de ses opinions sur le pays, celles, en particulier, qui concernent les rapports raciaux, à la suite de sa brève visite de 1936[2]. Ces idées montrent qu'il n'avait pas conscience que l'antisémitisme était profondément ancré au sein des échelons supérieurs de la société brésilienne ; en effet, aucune de ses lettres n'en fait mention.

Beaucoup d'intellectuels brésiliens, notamment de gauche, ignorèrent le livre de Zweig parce qu'ils croyaient, à tort, qu'il s'agissait d'une commande du DIP, le département de la presse et de la propagande de la dictature, et aussi à cause de son essentialisme et de sa description superficielle des Brésiliens. A leur décharge, les Zweig eurent peu d'occasions de discuter de ces problèmes avec des intellectuels brésiliens, en particulier ceux de gauche. Au début du moins, ni l'un ni l'autre ne parlaient ni ne lisaient le portugais, bien que

---

(Berkeley, University of California Press, 1995), pp. 83-105. Robert Levine, « Brazil's Jews during the Vargas era and after », *Luso-Brazilian Review*, vol. 5, n° 1 (été 1968), pp. 45-58.

1. Lesser, *Welcoming the Undesirables*, *op. cit.*, pp. 92–93. Pour une vision nuancée de l'immigration juive au Brésil, voir Marcos Chor Maio, « Qual anti-semitismo? Relativizando a questão judaica no Brasil dos anos 30 », in *Repensando o Estado Novo*, ed. by Dulce Pandolfi (Rio de Janeiro, Editora FGV, 1999), pp. 229-56. Maio soutient que le nombre de Juifs à entrer au Brésil a en réalité augmenté après la promulgation des restrictions officielles.

2. Stefan Zweig, « Kleine Reise nach Brasilien », in *Länder, Städte, Landschaften* (Francfort, Fischer Tagebuch, 1981), pp. 153-84.

beaucoup d'intellectuels brésiliens eussent été à même de converser avec eux en français ou en anglais. Au cœur de leur tournée éclair, qui était planifiée d'un bout à l'autre, et assaillis comme ils l'étaient par des fans en adoration, il eût été difficile pour les Zweig de se faire une idée claire du paysage politique et culturel ; c'eût été aussi problématique, puisqu'ils étaient les invités du gouvernement brésilien.

Lorsque Stefan et Lotte revinrent s'installer au Brésil, ils préférèrent, semble-t-il, le réconfort à l'engagement social. En fait rien n'indique qu'ils s'intéressaient davantage à la littérature du Brésil qu'à sa politique. Dans le chapitre de *Brésil, terre d'avenir* consacré à la culture, Zweig réserve ses éloges à des auteurs du XIXe siècle, comme le romancier Machado de Assis, qu'il appelle le « Dickens brésilien », ou le journaliste et écrivain Euclides da Cunha, dont il compare le chef-d'œuvre *Hautes terres* aux ouvrages de l'archéologue et aventurier britannique T. E. Lawrence. Il ne mentionne aucun écrivain moderniste ni d'auteur brésilien vivant[1]. Ni Stefan ni Lotte Zweig ne semblent s'être beaucoup intéressés au paysage culturel brésilien ou aux préoccupations de l'intelligentsia locale. Pire, lors de leur tournée de la fin de 1940 et du début de 1941, Stefan prit de haut les intellectuels provinciaux qu'il rencontra[2]. Il préférait idéaliser le menu peuple, « son intelligence souple, son intuition et sa facilité à s'exprimer », et faire l'éloge de « la toute jeune génération » pour qui « l'écriture et la littérature ne sont pas des dus, comme pour les Européens, un héritage transmis à travers les siècles, mais quelque chose qu'ils ont conquis par eux-mêmes »[3].

Jorge Amado, Carlos Drummond de Andrade, Rubem Braga et d'autres écrivains brésiliens connus critiquèrent Zweig à cause de ses liens avec le régime de Vargas[4]. Zweig était conscient de leur hostilité et il se justifia dans l'hebdomadaire

1. Zweig, *Brazil : Land of the Future*, *op. cit.*, pp. 134-65.
2. SZ à HA&MA, Bahia, 16 janvier 1941.
3. Zweig, *Brazil : Land of the Future*, *op. cit.*, p. 157.
4. Dines, *Morte no paraíso* (2004), *op. cit.*, pp. 388-92.

Vamos Ler! en expliquant : « J'ai écrit ce livre [...] en toute indépendance, me livrant tout entier à l'enthousiasme qui m'habitait quand j'observais et essayais de comprendre le présent et l'avenir de ce pays admirable[1]. »

Une note d'exotisme

Que les Zweig aient été profondément naïfs ou qu'ils aient tiré profit de leur position privilégiée pour eux et leurs amis, il est important de souligner que, même s'ils appréciaient le Brésil, ce pays constituait pour eux un monde complètement nouveau, très différent de ce qu'ils avaient laissé derrière eux en Europe. Comme tant d'observateurs étrangers, les Zweig avaient tendance à recourir à des clichés pour décrire la société brésilienne. Dans de nombreuses lettres, ils insistent sur l'exotisme et les différences culturelles. Nulle part ces œillères ne sont plus manifestes que dans leurs descriptions du paysage et de la douceur de vivre : par exemple en octobre 1940, lors d'une visite à Teresópolis, paisible villégiature de montagne près de Rio de Janeiro, Lotte plante le décor ainsi :

> Tout le reste est parfait ici, le paysage est superbe, nous sommes au beau milieu des montagnes, à 1000 mètres d'altitude et pourtant l'atmosphère est tropicale, il y a des orangers, des bananiers, des bambous, nous avons des chambres charmantes avec une grande terrasse où nous travaillons, une piscine, des chiens, de la nourriture préparée par des Noirs, mais le courrier de Rio met plusieurs jours à arriver et parfois il n'arrive pas du tout[2].

Au cours de la même visite, Stefan recourt à une rhétorique de l'idylle qui rappelle l'anthropologue brésilien

1. Voir *Vamos Ler!*, 23 octobre 1941, pp. 18-19, 52-53.
2. LZ à HA&MA, Teresópolis, 10 octobre 1940.

Gilberto Freyre dans *Maîtres et esclaves* (1933)[1], et donne l'impression que les serviteurs brésiliens de couleur étaient tout à fait satisfaits de leur sort :

> J'ai rarement vu dans ma vie plus bel endroit, plus paisible, la ville est délicieuse, les domestiques sont toute la journée aux petits soins pour nous et ils nous cuisinent tous les plats viennois auxquels nous n'avons pu goûter depuis des années. Et ce charme particulier de la nature tropicale : les nègres, qui travaillent au grand air, comme à l'époque de l'esclavage, sauf qu'ils sont contents, et toujours souriants, les cochons gras, les chevaux, c'est vraiment une hacienda de rêve. Et tout ce que nous avons vu à Rio : les demeures les plus parfaites qui soient, avec des jardins couvrant des montagnes entières, et puis l'autre face, la vie du petit peuple[2].

Plus loin dans sa lettre, Zweig écrit qu'il est impatient s'aller à Salvador de Bahia, « endroit pittoresque au possible, nous nous y rendrons peut-être en petit vapeur pour voir toutes les petites villes sur la côte – le moindre coup d'œil dans ces rues, emplies de tous ces gens colorés issus de tous les métissages imaginables, est un plaisir inépuisable ! ». Le 3 décembre, Zweig n'hésite pas à faire part à la belle-sœur de Lotte de son badinage avec « une certaine métisse, ce type charmant [qu'il] admire tant »[3]. A Salvador de Bahia, on reste dans la même thématique, Stefan Zweig assimilant les Brésiliens noirs au penchant dionysiaque pour la vie :

1. Gilberto Freyre, *Casa-Grande e Senzala : Formação da familia brasileira sob o regimen de economia patriarchal* (Rio de Janeiro, Schmidt, 1933); le livre n'est paru en anglais qu'en 1946 (*The Masters and the Slaves : A Study in the Development of Brazilian Civilization*) et en allemand qu'en 1965 (*Herrenhaus und Sklavenhuütte : Ein Bild der brasilianischen Gesellschaft*) [*Maîtres et esclaves. La Formation de la société brésilienne*, Gallimard, 1978]. Rien ne prouve que Stefan Zweig ait lu l'œuvre de Freyre. En fait, selon Alberto Dines, Freyre, qui fit la connaissance de Zweig, rapporte que ce dernier ne connaissait pas bien son œuvre. Voir Dines, *Morte no paraíso* (2004), *op. cit.*, p. 326.
2. SZ à HA&MA, Teresópolis, 10 octobre 1940.
3. SZ à HA, Rio de Janeiro, 3 décembre 1940.

Nous sommes là depuis trois jours, et tout ce que nous avons vu est vraiment merveilleux ; c'est la ville la plus pittoresque que j'aie jamais vue. Aujourd'hui nous avons assisté à la grande fête populaire du Lavagem de Bom Fim : une bonne partie de la ville, essentiellement des nègres, viennent laver l'église en l'honneur de leur saint, et ce nettoyage, qui commence comme une cérémonie religieuse, finit en orgie, avec des milliers de gens qui dansent, pleurent, lavent et deviennent complètement fous. Je n'avais jamais vu une telle hystérie religieuse, et tout cela dans un environnement on ne peut plus coloré, sans rien d'artificiel – aucun étranger ne vient jamais voir ça et si c'était dans une production théâtrale, ou cinématographique, cela ferait « un tabac »[1].

Lotte Zweig aussi écrivit sur ces gens simples, mais charmants, autour d'elle, mais l'agacement n'allait pas tarder à poindre quand elle aurait à faire appel à eux pour tenir sa maison, ses domestiques brésiliens devenant alors une source d'ennuis plus que de plaisir.

Les descriptions du climat servent, elles aussi, à souligner la nature exotique du Brésil et elles nous permettent également de suivre l'humeur changeante des Zweig. Dès le 23 août 1940, Stefan Zweig écrit : « La seule chose qui pourrait m'empêcher de vivre ici c'est la chaleur – nous sommes arrivés en plein hiver, mais il fait plus chaud qu'à Bath en juillet et on frémit à la pensée de ce que ça doit être quand le printemps (en octobre) ou l'été (en décembre) commencent[2]. » Et plus tard : « je ne souhaiterais vivre nulle part ailleurs qu'ici s'il n'y avait cette chaleur qui m'empêche de travailler[3]. » Dans une lettre à sa mère du 19 octobre 1940, Lotte Zweig rapporte : « Pour l'instant c'est le printemps et la température est encore agréable, et de toute façon, depuis que nous avons subi la canicule à New York et nous en sommes bien sortis, la chaleur ne nous fait plus peur. » Cela change en janvier 1941 lorsque Lotte décrit le climat

1. SZ à HA&MA, Bahia, 16 janvier 1941.
2. SZ à HA, Rio de Janeiro, 23 août 1940.
3. SZ à HA&MA, Rio de Janeiro, s.d. (après le 29 septembre 1940).

brésilien comme « tout sauf tonique »[1]. Après leur installation à Petrópolis à la fin de 1941, Lotte parle de sa santé et se plaint une nouvelle fois du climat :

> Je ne sais pas si c'est la cadence, ou bien le climat, que je n'ai pas pu supporter, le passage incessant du chaud au froid, du sec à l'humide, du venteux au confiné, en tout cas j'ai attrapé un rhume, et me suis sentie si affreusement épuisée que je suis allée voir un médecin qui a fait tous les examens possibles et imaginables sans rien trouver d'anormal[2].

Tous deux expliquent leur incapacité à travailler par le climat. Leurs lettres font à maintes reprises référence à leur besoin de repos, d'un climat clément, de temps et d'espace pour travailler. Comme ils croyaient tous deux qu'il y avait « quelque chose dans l'atmosphère [de Rio] qui rend paresseux »[3], il est plus que probable qu'en décidant de vivre à Petrópolis, ils s'imaginaient que le climat montagnard plus doux leur permettrait d'être plus productifs. Une fois là-bas, ils mirent la dernière main au *Monde d'hier* et à la nouvelle *Le Joueur d'échecs*, mais ils ne purent s'atteler à d'autres projets comme la biographie de Montaigne faute d'accès aux bibliothèques bien fournies auxquelles ils étaient accoutumés. De plus, à Petrópolis, le repos et l'apaisement auxquels ils avaient aspiré se transforma en solitude et le temps humide ne fit qu'accroître leur désespoir.

Liminalité et désespoir

A première vue, les lettres de Lotte Zweig semblent indiquer qu'elle préférait laisser à Stefan le soin d'expliquer le paysage culturel. Néanmoins, en plus de coucher ses propres

1. LZ à HA&MA, Rio de Janeiro, 12 janvier 1941.
2. LZ à HA&MA, Petrópolis, 12 janvier 1941.
3. SZ à HA&MA, Petrópolis, 11 février 1942.

opinions sur le papier, elle écrit souvent sur son mari et signale ses exagérations. Par exemple, renvoyant à une lettre antérieure de Stefan, où il parle des problèmes de santé dont elle souffre, elle écrit à sa belle-sœur : « Il exagère un peu, je n'étais pas en si mauvais état bien que j'ai fait une espèce de rechute en arrivant ici, mais tout cela semble terminé et me voilà prête à gravir des montagnes[1]. » Dans l'une de ses lettres les plus longues de Petrópolis, elle parle aussi de son travail, de sa vie de couple et, de façon assez candide, de la dépression de Stefan :

> Stefan te prie de l'excuser de ne pouvoir t'écrire aujourd'hui, je ne le retrouverai qu'à Petrop. et je veux poster cette lettre de Rio. – je suis très heureuse qu'il se sente mieux, et qu'il ait surmonté cette phase pendant laquelle il trouvait que tout était vain à cause de la guerre et de ses conséquences, et où il avait même perdu totalement le goût de travailler. Dieu merci, tout cela semble définitivement derrière lui, son travail l'intéresse de nouveau, et aujourd'hui il est même allé rendre visite à certaines personnes pour qu'elles lui donnent des informations et lui prêtent des livres dont il a besoin. [...] j'ai appris que la dépression de Stefan n'était pas un cas isolé, mais avait touché plusieurs écrivains européens – et puis les avait quittés – les uns après les autres. Cela n'a pas consolé Stefan, mais en un sens cela m'a aidée, car j'ai compris pourquoi les écrivains, à cause de leur imagination, et parce qu'il leur est possible de s'abandonner au pessimisme au lieu de travailler, sont plus susceptibles que d'autres d'être affectés par ce genre de dépression[2].

Les Zweig, qui possédaient des passeports britanniques et avaient des ressources financières à leur disposition, purent poursuivre leurs voyages sans trop de difficulté, mais il devenait de plus en plus clair que le voyage lui-même était devenu une sorte d'exil en soi. Avant de décider de s'installer au Brésil, Stefan Zweig exprime sa condition de « liminalité »

1. LZ à HA, Petrópolis, 10 novembre 1941.
2. LZ à HA, Rio de Janeiro, 2 décembre 1941.

– les anthropologues n'avaient même pas encore forgé le terme – quand il écrit : « Je n'appartiens à aucun lieu et suis un étranger partout[1]. » Pourtant avant de retourner à New York en janvier 1941, les Zweig obtinrent un permis de séjour leur offrant la possibilité de retourner vivre au Brésil.

Retour vers nulle part : la vie à Petrópolis

Le 15 août 1941, Lotte et Stefan Zweig quittèrent New York pour la dernière fois, s'embarquant pour le Brésil à bord de l'*Uruguay*. Munis de leur permis de séjour, ils comptaient s'installer au Brésil tout en ne sachant pas très bien combien de temps ils y resteraient. Pour l'un comme pour l'autre, le Brésil était censé être un refuge, loin de la guerre, et ils souhaitaient éviter à tout prix de suivre un programme épuisant comme lors de leur tournée sud-américaine de l'année précédente. Stefan écrivit à son éditeur brésilien Abrahaõ Koogan qu'il voulait échapper aux mondanités et au calendrier frénétique de sa dernière visite. Dans une lettre de New York, il lui apprend qu'il a réservé une cabine sur l'*Uruguay* et lui demande de ne le dire à personne car il est épuisé et son seul désir est de se reposer à Rio et Petrópolis[2]. Deux semaines plus tard, c'est le même discours : « Je suis très fatigué, j'ai énormément travaillé et l'idée de me reposer au Brésil est très tentante. » Mais il a fait preuve d'un excès d'optimisme et peut-être surestimé sa capacité à s'adapter à une nouvelle vie au Brésil, projetant d'apprendre le portugais et s'imaginant, comme il l'explique, que « parce qu'[il] le lit assez facilement, [l'apprendre] ne sera pas très difficile »[3].

1. Zweig, *The World of Yesterday* (1964), *op. cit.*, p. 6.
2. SZ à Abrahão Koogan, 1 août 1941, Stefan Zweig, *Briefe 1932–1942*, *op. cit.*, p. 311.
3. SZ à Abrahão Koogan, 15 août 1941, Stefan Zweig, *Briefe 1932–1942*, *op. cit.*, pp. 311-12.

Peu avant qu'ils n'emménagent dans leur nouvelle maison du 34 Rua Gonçalves Dias, à Petrópolis[1], Lotte Zweig écrit à propos de l'asile et de l'intimité qu'ils espèrent y trouver :

> Nous avons loué une maison à Petrópolis, et allons y emménager dans le courant de la semaine prochaine. C'est assez petit, un simple bungalow à vrai dire, avec des logements séparés pour les domestiques, comme toutes les habitations ici – une survivance, je suppose, de l'époque de l'esclavage – mais elle nous plaît. Elle est bâtie sur le flanc d'une colline, et on a une vue magnifique sur les montagnes, depuis une grande terrasse couverte, où j'imagine que Stefan va passer ses journées à travailler. On y accède par un certain nombre de marches, qui traversent un agréable petit jardin dont la propriétaire nous a promis qu'il serait couvert d'hortensias cet été. Juste derrière la maison il y a la colline, mais quelques marches plus haut le jardinier est en train d'établir un plateau, et il a promis qu'il construirait également un petit pavillon d'hiver – dont je pourrai faire ma résidence la journée, et peut-être que plus tard, quand la haute saison commencera, j'échangerai de place avec Stefan pour le protéger des visiteurs importuns[2].

Si les Zweig avaient manqué d'intérêt et de discernement pour le paysage politique et culturel qui les entourait lors de leur précédent séjour au Brésil, leur décision de s'installer à plein temps à Petrópolis ne fit que les isoler davantage. Le Brésil récoltait les fruits de la révolution culturelle des années 1920 et 1930 ; parias, intellectuels, musiciens et chanteurs se mêlaient dans les théâtres, les cafés et les cabarets du centre

1. Comme il se doit, les Zweig emménagèrent dans une rue qui devait son nom au poète Antônio Gonçalves Dias (1823-64), qui est célèbre pour son *Canção do exilio* (Chant de l'exil), qu'il écrivit au Portugal en 1843. Dans l'édition allemande de sa biographie de Zweig, Alberto Dines reproduit les deux vers les plus fameux du poème : « Ma patrie a des palmiers / Où chante la grive. » Dines a l'intuition qu'exil et paradis se mêlent dans la Rua Gonçalves Dias, bien que les Zweig ne fussent apparemment pas conscients de ce lien. Voir Alberto Dines, *Tod im Paradies : Die Tragödie des Stefan Zweig*, tr. by Marlen Eckl (Francfort, Buüchergilde Gutenberg, 2006), p. 485.

2. LZ à TA, Rio de Janeiro, 13 septembre 1941.

de Rio, où la musique, la danse et l'avant-garde brésilienne commençaient à prendre de l'importance[1]. Comme Stefan l'explique à sa première femme, c'était tout simplement un soulagement d'être de retour au Brésil, de ne plus voyager et d'avoir une maison – « aussi primitif que cela puisse être ici, j'y serai libéré des hôtels et n'aurai plus à m'occuper de mes valises[2]. »

Dès fin octobre, néanmoins, après que les Zweig eurent déménagé dans leur maison de Petrópolis, il y eut des signes que leur refuge prenait de plus en plus l'aspect d'un lieu de réclusion, tandis qu'ils tentaient de contrebalancer la banalité de leur vie quotidienne en s'inquiétant pour leurs amis, leur famille et la guerre qui se déroulait au loin. Les Zweig avaient-ils finalement trouvé leur paradis Rua Gonçalves Dias ? Dans leurs premières lettres de la maison, ils décrivent la beauté de la nature et le charme simple de leur existence à Petrópolis. « Les environs, écrit Stefan le 3 octobre 1941, sont très primitifs, donc pittoresques, les pauvres sont d'une gentillesse inimaginable. » Dans une autre lettre, il déclare :

> nous nous sentons extrêmement heureux ici, de notre petit bungalow, avec sa vaste terrasse couverte (notre vrai salon) on a une vue splendide sur les montagnes, et juste en face se trouve un minuscule café, le « Café Elegante », où je peux boire un délicieux café pour un demi-centime, en compagnie des muletiers noirs[3].

Tout en s'émerveillant du faible coût de la vie, les Zweig se sentaient coupables d'être dans un environnement si

---

1. Sur les évolutions culturelles des années 1930 et 1940 à Rio de Janeiro, voir Daryle Williams, *Culture Wars in Brazil : The First Vargas Regime, 1930-1945* (Durham et Londres, Duke University Press, 2001). Sur les questions liées à la race et au régime de Vargas, voir Darién J. Davis, *Avoiding the Dark : Race, Nation and National Culture in Modern Brazil* (Aldershot, Ashgate International/Centre or Research in Ethnic Studies, 2000).

2. SZ à FZ, Petrópolis, 10 septembre 1941, Stefan Zweig/Friderike Zweig, « Wenn einen Augenblick », *op. cit.*, pp. 371-72.

3. SZ à HA&MA, Petrópolis, s. d. (vers fin octobre/début novembre 1941).

extraordinaire alors que tant de leurs amis souffraient de la guerre. Stefan, en particulier, voyait toute l'ironie qu'il y avait pour lui à vivre dans le type de villégiature que pendant des décennies il avait aimé fréquenter, cachée et isolée de son monde, tandis qu'approchait son soixantième anniversaire :

> si on m'avait dit que je passerais ma soixantième année assis dans un petite village brésilien, servi par une jeune fille noire marchant nu-pieds, à des kilomètres et des kilomètres de tout ce qui constituait autrefois ma vie, les livres, les concerts, les amis, les discussions[1].

Zweig avait toujours travaillé sur des projets exigeant rarement des contacts locaux, mais en Europe et aux Etats-Unis, ses amis et ses associés étaient toujours à proximité et il pouvait aisément consulter sa collection personnelle de livres ou se rendre dans des bibliothèques. Au Brésil, ce manque de relations était marqué. Il serait excessif de décrire les Zweig comme des ermites ; ils vivaient dans une enclave, comme beaucoup de Brésiliens, mais en tant qu'étrangers, l'aliénation était accentuée par les barrières culturelles, linguistiques et psychologiques. A Petrópolis et Rio, les Zweig se lièrent à un petit nombre de Brésiliens et d'étrangers. Alfonso Hernández Catá, l'ambassadeur de Cuba au Brésil[2], dont la mort les affecta profondément, était l'un de leurs amis les plus proches[3]. La poète Gabriela Mistral, consul du Chili à Petrópolis, était une autre relation importante, tout comme le journaliste allemand Ernst Feder et l'historien brésilien Afonso Arinos de Mello Franco. Dans sa biographie de Stefan Zweig, Alberto Dines dresse, à partir du répertoire téléphonique personnel des Zweig, une liste de trente-deux contacts à Rio, São Paulo et Curitiba, avec lesquels le couple pouvait socialiser au-delà de Petrópolis[4]. « Je ne vois

1. SZ à HA&MA, Petrópolis, s. d. (vers fin octobre/début novembre 1941).
2. SZ à HA&MA, Rio de Janeiro, 4 novembre 1940.
3. SZ à HA&MA, Rio de Janeiro, 9 novembre 1940.
4. Dines, *Morte no paraíso* (2004), *op. cit.*, p. 325.

strictement personne depuis des semaines », écrit Stefan dans une lettre du 10 novembre 1941 à Hannah et Manfred, une affirmation qui ressemble plus à un choix qu'à un fardeau qui lui serait imposé, un reflet aussi du fait que la saison mondaine à Petrópolis était l'été, à partir de janvier notamment.

Quand ils le décidaient, les Zweig descendaient à Rio et visitaient les attractions culturelles comme le quartier de Lapa et le secteur des cinémas et des théâtres de Cinelandia. Cependant, bien qu'ils y vissent des amis et des connaissances, ce n'était pas leur priorité[1].

Les occasions de voir des gens étaient constantes et les Zweig recevaient de temps en temps des invités dans leur maison de Petrópolis, mais ils ressentaient avant tout un besoin de paix et de tranquillité. Dans leur isolement, cependant, leur dépression atteint un état critique. Cela semble particulièrement vrai pour Stefan. Mais Lotte, qui l'avait suivi dans ses voyages, n'était pas insensible à ses sautes d'humeur et devait relever ses propres défis dans cet environnement étranger, loin de sa famille[2].

Stefan et Lotte, cependant, continuèrent à travailler sur leurs projets européens et, autant que possible, à correspondre avec leurs amis, qui étaient éparpillés partout dans le monde. Leurs lettres révèlent une ignorance persistante de la situation politique sud-américaine, ou un manque d'intérêt pour elle. Cela devint d'autant plus flagrant à partir du moment où ils vécurent au Brésil. D'août 1941 à février 1942, les lettres à Hannah et Manfred sont dépourvues de tout renseignement culturel, politique ou économique sur la société brésilienne, à l'exception de quelques brèves mentions de la possible entrée en guerre du Brésil :

> Au moment où nous vous écrivons cette lettre, nous sommes encore sous le choc de la déclaration de guerre

1. Dines, *Morte no paraíso* (2004), *op. cit.*, p. 401.
2. Gerhard Metsch, « Briefe aus Petropolis », in *Die letzte Partie* (Bielefeld, Aisthesis, 1999), pp. 51-67.

> japonaise, qui va peut-être nous isoler encore davantage de notre foyer et de vous ; on ne sait pas encore si le Brésil va également déclarer la guerre au Japon, mais quoi qu'il en soit la vie ici n'est pas si influencée que ça par la guerre, puisque le pays est autosuffisant[1].

Leurs observations – d'un ethnocentrisme souvent saisissant – sont liées à leurs activités de tous les jours. Les commentaires généraux de leurs précédentes lettres sur l'exotisme du Brésil cèdent la place à une tension et à l'incrédulité face à certaines coutumes du pays. Cela ne transparaît jamais mieux que dans leurs commentaires sur leurs domestiques.

En tant que membres de la classe aisée, ils ne s'occupaient pas de faire le ménage chez eux ni d'entretenir leur jardin. C'était déjà le cas en Autriche, à Bath et à New York. A Petrópolis, où ils menaient presque une vie de reclus, les seuls Brésiliens avec lesquels ils étaient en contact tous les jours étaient leur bonne, qui faisait aussi office de cuisinière (Ana de Oliveira Alvarenga), leur jardinier (Antõnio Morais) et sa femme (Dulce Morais). En raison de cet accès limité à l'existence des gens ordinaires, ils s'émerveillaient de ces Brésiliens heureux avec si peu. Néanmoins leurs réactions et les descriptions qu'ils font de leur vie et des défis de ce qu'ils appellent le « problème des domestiques »[2] révèlent un sentiment de perte profond et à certains moments une peur commune et une mélancolie qui ont moins à voir avec les Brésiliens qu'avec les Zweig eux-mêmes et leur inaptitude à changer et à adopter le Brésil et ses coutumes.

Les remarques de Lotte sur Ana de Oliveira, par exemple, traduisent son propre manque d'assurance dans un pays étranger et sa peur d'avoir à expliquer en portugais la façon

1. SZ à HA&MA, Petrópolis, 10 décembre 1941. Le Brésil ne déclara pas la guerre au Japon avant le 6 juillet 1945 bien que le 22 août 1942 il l'eût déclarée à l'Allemagne et à l'Italie et qu'un corps expéditionnaire de 25 000 hommes prît part à la campagne d'Italie en 1944.

2. LZ à HA, Rio de Janeiro, 4 septembre 1941.

dont elle veut que le ménage soit fait. Bien qu'elle ne fût pas satisfaite de sa bonne, elle « ne [la] renvoy[a] pas dès le premier jour », parce qu'elle n'avait pas le courage de « faire passer un entretien à une autre, ni la force de l'initier à [des] usages étrangers dans [son] portugais approximatif »[1]. Au bout d'un mois, néanmoins, Lotte se montre plutôt optimiste :

> En tout cas, mes soucis domestiques sont derrière moi, pour la plupart, et après des débuts difficiles, où il a fallu, dans une langue que j'avais du mal à comprendre et que je n'avais jamais parlée auparavant, apprendre à une bonne qui ne savait rien, des choses que je maîtrisais mal moi-même, je n'ai plus peur de rien. Ma bonne me convient désormais, même si elle ne sera jamais parfaite, et l'entretien de la maison me prend peu de temps[2].

Au début de l'année, Lotte exprime sa satisfaction des progrès de sa bonne et des siens, et elle jure de faire une « nappe au crochet, maintenant qu'[ils] ont décidé de garder la maison pour une plus longue période et que la bonne cuisine assez bien pour [leur] permettre de recevoir des invités de temps en temps, à la bonne franquette »[3].

Stefan et Lotte étaient tous deux non seulement « surpris par la pauvreté », mais enclins à l'idéaliser. Dans une lettre, Stefan souligne les mauvaises conditions sanitaires et l'absence de contrôle des naissances, tout en les idéalisant, comparant la simplicité de la vie brésilienne à l'opulence superflue de l'Europe d'autrefois :

> On est toujours abasourdi par la pauvreté de ces gens, et on prend conscience que beaucoup de choses dans nos vies sont superflues – je me rappelle l'enfant de René Fulops[4] avec toutes ces stérilisations et ces protections ; ici, une

1. LZ à HA&MA, Petrópolis, 21 janvier 1942.
2. LZ à HA, Rio de Janeiro, 2 décembre 1941.
3. LZ à Martha Kahn, Petrópolis, 10 janvier 1942.
4. René Fülöp-Miller, voir p. 286.

> sage-femme noire fait tout le travail (pas très proprement, il est vrai), et ça n'empêche pas les enfants de pousser comme des champignons – notre bonne noire n'en a pas moins de cinq. Habiter ici est une leçon de vie, tout (sauf dans les quartiers luxueux de Frischauer) y est comme il y a deux siècles, ce qui donne un grand charme à l'existence ; les gens vivent comme les familles d'autrefois, ils sont heureux d'avoir une douzaine d'enfants, et ne se préoccupent pas de savoir comment ils les nourriront, ils s'en remettent à Dieu. Cela nous ferait bizarre de revenir aux conceptions européennes et nord-américaines après toutes ces expériences – le grand avantage, c'est qu'on n'a plus si peur de devenir pauvre. Dans ces pays, on peut vivre de très peu, si on accepte d'oublier ses exigences passées[1].

De telles tensions psychologiques se retrouvent dans toutes les lettres de Petrópolis : entre l'ancien et le nouveau, ce qui a été perdu et ce qui a été découvert, le pessimisme et l'optimisme. Au fil des lettres, le sentiment d'isolement et le désespoir s'intensifient. A certains moments l'humeur et la santé des Zweig sont directement influencées par le climat difficile.

Dans une lettre écrite à Petrópolis au début de 1942, Stefan Zweig évoque la pluie continuelle et son impact sur leur état moral et physique :

> Nous n'avons pas eu très beau temps ; cela fait quarante ans qu'il n'a pas plu autant au Brésil, mais nous profitons de chaque éclaircie pour faire de longues marches [...] nous sommes tous deux très heureux d'être ici plutôt qu'en Amérique du Nord, et Lotte se sent un peu mieux – je ne suis pas encore tout à fait satisfait, mais j'espère que sa musique de nuit cessera bientôt[2].

Les Zweig avaient beau trouver le climat plus frais des montagnes plus supportable que la chaleur souvent

1. SZ à HA&MA, Petrópolis, 21 janvier 1942.
2. SZ à HA&MA, Petrópolis, s. d., mais avant la lettre du 21 janvier 1942.

oppressante de Rio, les pluies abondantes qui caractérisent l'été dans les montagnes étaient problématiques pour l'un comme pour l'autre. La « musique de nuit » de Lotte n'était en rien une musique mais fait référence aux sons qu'elle produisait à cause de son asthme. Lotte en souffrait depuis son enfance, même si en Europe, elle avait été à même de le contrôler. Le stress du voyage combiné à un climat chaud et humide en Amérique du Sud, puis un froid intense, suivi d'une chaleur et d'une humidité intense aux Etats-Unis semblent avoir exacerbé sa difficulté à respirer. Avant même de retourner au Brésil, Stefan se plaint du climat new-yorkais, de l'asthme de Lotte et de sa dépression à lui. Il écrit à Ben Huebsch qu'il se sent extrêmement déprimé et qu'il a du mal à « imaginer qu'[ils] reverr[ont] un jour la paix »[1], et explique à Abrahão Koogan que Lotte n'est pas en bonne santé et qu'ils souhaitent retourner au Brésil[2].

De Petrópolis, peut-être parce qu'elle se rappelle combien elle se sentait mal aux Etats-Unis, Lotte écrit à Friderike qu'elle est beaucoup mieux à présent et que leur « existence est l'antithèse » de ce qu'elle était à New York, que désormais ils vivent « isolés », « travaillent, lisent et marchent beaucoup »[3]. Au début d'octobre 1941, Stefan parle d'un ton enjoué à Hannah et Manfred du travail et de la santé de Lotte, et de leur mariage :

> Lotte est occupée ; vous n'imaginez pas, alors même que nous nous promenons assez peu, et ne voyons personne, comme le temps passe vite, nous avons du mal à croire que nous sommes ici depuis déjà trois semaines. Je suis heureux que Lotte apprécie ce mode de vie autant que moi ; seule sa santé continue à me préoccuper. Elle m'a déjà lésé en ne m'apportant pas de dot, maintenant c'est en perdant du

1. SZ à Ben Huebsch, Ossining, s. d. (juillet 1941), in Stefan Zweig, *Briefe 1932-1942*, *op. cit.*, p. 308.
2. SZ à Abrahão Koogan, New York, s. d. (vers le 15 août 1941), in Stefan Zweig, *Briefe 1932-1942*, *op. cit.*, p. 311.
3. LZ à FZ, Petrópolis, 16 décembre 1941, Stefan Zweig/Friderike Zweig, « Wenn einen Augenblick », p. 387.

> poids, à cause de ce satané asthme, qui est un peu moins virulent mais le reste assez pour que chaque nuit s'instaure un dialogue entre elle et le chien d'une maison éloignée. Chaque fois qu'elle commence à tousser le chien se met à aboyer, car il n'y a pas un souffle de vent et les sons se propagent sur de très grandes distances. J'insiste pour qu'elle fasse une cure [...] car ici la vie est si paisible et si facile que j'aimerais qu'elle fasse des réserves pour les heures difficiles qui nous attendent[1].

Stefan écrit aussi que Lotte et lui ont besoin de repos et de stabilité pour reprendre des forces et faire face à ses « dépressions » pour lui et à son asthme pour elle[2]. « Il était vraiment nécessaire pour nous de nous stabiliser pendant un certain temps, rapporte-t-il, [...] nous étions tous deux épuisés. » « Lotte plutôt par son asthme, poursuit-il, moi par des dépressions psychiques ; ici, dans la solitude, nous espérons reprendre des forces car, hélas, nous en aurons besoin[3]. » Au début, Lotte aussi parle de sa santé avec exaspération, mais elle parle également de ses espoirs d'accalmie. En janvier 1941, elle écrit qu'elle envisage un traitement expérimental dont elle espère qu'il soulagera certains de ses symptômes :

> Un spécialiste du nez et de la gorge que nous avons rencontré à Buenos Aires m'a fait une proposition intéressante concernant un traitement pour l'asthme qui, selon lui, a un taux de réussite de 80 % en Argentine et de 50 % en France, où il a étudié et appris cette méthode [...] Le traitement consiste à toucher un vaisseau sanguin situé au fond du nez à l'aide d'une aiguille remplie d'un liquide qui réduit l'hypersensibilité : une fois l'opération réitérée une douzaine de fois, à raison d'une fois tous les deux ou trois jours, l'asthme est censé être guéri. Cela nous semble invraisemblable [...][4]

1. SZ à HA&MA, Petrópolis, 3 octobre 1941.
2. SZ à HA&MA, Petrópolis, s. d. (vers fin octobre/début novembre 1941).
3. SZ à HA&MA, Petrópolis, s. d. (vers fin octobre/début novembre 1941).
4. LZ à HA&MA, Rio de Janeiro, 12 janvier 1941.

En dépit de la pluie persistante à Petrópolis, les lettres de Lotte donnent l'impression qu'elle se sent souvent plutôt bien. Trois semaines à peine avant de se suicider, elle raconte à sa famille que son asthme n'a pas été « tout le temps virulent ces derniers temps et qu'[elle a] même accordé à Stefan le plaisir de quelques nuits paisibles ». Depuis son arrivée à Petrópolis, rapporte-t-elle, elle n'a eu qu'une seule crise d'asthme, « très légère, juste de quoi nécessiter une piqûre et [s]'octroyer le luxe d'une journée au lit »[1]. Le 21 février 1942, cependant, veille de son suicide, Lotte revient sur son anxiété et son désespoir, et fait de nouveau référence à ses problèmes de santé, pour tenter de convaincre sa belle-sœur que le suicide est la seule solution :

> En m'en allant ainsi, je n'ai qu'un souhait, que tu parviennes à croire que c'était la meilleure chose à faire, pour Stefan, qui a tant souffert, toutes ces années, aux côtés de ceux qui souffrent de la domination nazie, et pour moi, avec ces crises d'asthme incessantes[2].

Dans sa dernière lettre à Friderike, Stefan aussi explique que Lotte et lui aspirent au repos et à la paix :

> Quand tu recevras cette lettre, je me sentirai bien mieux qu'à présent... La dernière fois que tu m'as vu, c'était à Ossining, après une période agréable et paisible, ma dépression s'est aggravée. J'ai tant souffert que je ne pouvais plus me concentrer... J'étais trop fatigué... et cette pauvre Lotte n'a pas passé un bon moment avec moi, notamment parce que sa santé n'était pas très bonne[3]...

1. LZ à HA&MA, 1er février 1942. Il y a un taux d'asthme très fort à Petrópolis, le principal allergène étant les mites qui se nourrissent de moisissure, endémique dans cette zone au climat chaud et humide.
2. LZ à HA, Petrópolis, 21 février 1942.
3. SZ à FZ, 22 février 1942, Stefan Zweig/Friderike Zweig « Wenn einen Augenblick », *op. cit.*, p. 394.

Dans leur choix d'un endroit où vivre, Stefan et Lotte firent ce que des millions d'émigrants avaient fait : ils cherchèrent un lieu qui leur rappelle le plus possible leur patrie et tentèrent de la recréer, à défaut d'avoir pu la préserver, avec ses us et coutumes, dans un environnement nouveau. A la même époque, de nombreux immigrants et réfugiés juifs s'intégrèrent vite à la société brésilienne, en apprirent la langue et, d'une façon générale, surent s'adapter au pays. Les Zweig eurent plus de difficultés parce que leurs vies dépendaient d'ouvrages écrits en allemand, qui n'avaient, pour ainsi dire, plus aucun débouché. Lorsqu'ils retournèrent au Brésil, Stefan avait perdu tout contact avec ses éditeurs allemands et rien ne lui garantissait qu'il serait publié en Angleterre ou aux Etats-Unis.

Bien qu'ils fussent tous deux polyglottes et qu'à la fin de 1941, ils eussent fait des progrès en portugais, leur sentiment d'aliénation était aussi lié à la langue. Ni Stefan, ni Lotte n'aimaient parler portugais. Lotte s'était plainte auparavant que les Brésiliens ne parlent pas espagnol et elle ne changea jamais d'opinion[1]. De son côté, Stefan communiquait la plupart du temps en français et en espagnol. De plus, il regrettait de devoir penser et écrire dans la même langue qu'Hitler, bien que sa survie en dépendît, du moins le croyait-il.

Gerhard Metsch, un compagnon d'exil germanophone qui rendit visite aux Zweig à Petrópolis en 1941 et 1942, donne trois raisons pour expliquer pourquoi, à son avis, ils y étaient malheureux : le climat humide, l'absence de bibliothèque et le manque d'amis[2]. Dans leurs lettres, les Zweig font souvent mention du climat et de la difficulté à communiquer avec leur famille et leurs amis, et Stefan cite le manque d'accès aux livres à Petrópolis comme un problème majeur. Par exemple, dans une lettre à José Kopke Fróes, directeur de la bibliothèque municipale de Petrópolis, il se plaint de

1. LZ à HA&MA, Rio de Janeiro, 13 septembre 1941.

2. Gerhard Metsch, « Briefe aus Petropolis », in *Die letzte Partie* (Bielefeld, Aisthesis, 1999), pp. 51-67. Cet essai contient les réponses à deux entretiens menés par Ingrid Schwamborn en septembre 1994 et janvier 1995.

l'absence de bibliothèques au Brésil, qui constituent sa principale ressource pour son travail[1]. Si l'on ajoute à ces facteurs l'angoisse causée par la guerre et la perte de leur patrie, il est facile de comprendre pourquoi les Zweig se sentirent physiquement et mentalement isolés, déprimés, et pourquoi ils ne trouvèrent jamais le réconfort auquel ils aspiraient si ardemment.

Donner sens au suicide

Dans ces lettres, le sentiment d'isolement de Stefan et Lotte, et leur état dépressif, sont manifestes mais il apparaît aussi qu'ils étaient lucides lorsqu'ils décidèrent de se donner la mort. De plus, la façon dont ils l'envisagèrent et la planifièrent révèle chez eux un calme et une rigueur qui font froid dans le dos. Le 18 février 1942, cinq jours avant leur suicide, Stefan Zweig écrit à Abrahão Koogan pour en faire son exécuteur testamentaire au Brésil et s'excuser de lui laisser ce fardeau. Dans une lettre datée du 21 février 1942, c'est Lotte qui écrit que « si [elle] devai[t] mourir au Brésil », Samuel Malamud (l'avocat brésilien des Zweig) ou Abrahão Koogan, ou les deux, pourraient prendre soin de ses affaires. Elle lègue sa modeste collection de bijoux et l'argent qu'elle a déposé sur son compte de la Banco do Brasil à son frère Manfred. Elle demande aussi à ce que ses habits, ses chaussures et ses effets personnels soient distribués aux nécessiteux[2].

A la fin du mois de janvier 1942, Stefan avait achevé sa nouvelle *Le Joueur d'échecs*, dont l'action se déroule à bord d'un navire qui fait route vers Buenos Aires – son seul ouvrage de fiction écrit au Brésil. C'est aussi son seul ouvrage de fiction qui traite directement de la destruction morale de

1. Niémetz, *Stefan Zweig*, *op. cit.*, pp. 732-36.
2. Copie partielle d'une lettre de Lotte Zweig, du 21 février 1942, archive personnelle d'Abrahão Koogan, I-45, 10, 9, Biblioteca Nacional, Rio de Janeiro.

l'Europe par Hitler et comporte un protagoniste qui, comme lui, doit fuir le Vieux Continent. Le 21 février 1942, il en envoya par la poste plusieurs exemplaires à son traducteur et éditeur à Buenos Aires Alfredo Cahn et à ses éditeurs Ben Huebsch et Gottfried Bermann Fischer à New York. (Il laissa aussi un exemplaire pour Abrahão Koogan[1].)

Ainsi les Zweig prirent-ils tous deux le temps d'écrire des lettres à plusieurs de leurs amis et connaissances, mais aussi à la bibliothèque municipale. Le 21 février 1942, ils rédigèrent, chacun de leur côté, une lettre d'adieu à Hannah et Manfred. La lettre de Lotte, adressée uniquement à sa belle-sœur, est pour l'essentiel une lettre d'excuse, même si elle contient aussi des conseils sur l'avenir de sa nièce Eva. A la fin, Lotte remercie Hannah et lui demande pardon, mais explique que ce qu'elle est sur le point de faire « est mieux ainsi »[2]. Stefan va plus loin : il explique qu'ils ont pris cette décision d'un commun accord à cause de leurs souffrances exacerbées par l'asthme de Lotte et par cette « existence nomade qui ne [lui] permet pas d'avancer dans [son] travail ». Lui aussi s'excuse, il se sent une « responsabilité », mais insiste sur le fait que leur vie commune a été heureuse. « Vous savez, écrit-il, quelle harmonie parfaite a régné entre nous toutes ces années, et que nous n'avons pas eu un seul instant de désaccord[3]. »

Stefan écrivit beaucoup d'autres lettres d'adieu, notamment à Friderike Zweig, Ernst Feder, Afonso de Mello Franco, Victor Wittkowski et Margarida Banedield, sa propriétaire, qu'il prie de l'excuser pour les désagréments que leur suicide ne va pas manquer de lui causer. Il rédige également une déclaration publique : le terme « déclaration » est écrit en portugais (« Declaração »), mais la suite est en allemand. Il commence par y expliquer qu'il a décidé de se donner la mort, il poursuit par des remerciements pour

1. Ingrid Schwamborn, « Aspekte des Spiels in Schachnovelle », in *Die letzte Partie*, *op. cit.*, p. 265.
2. LZ à HZ, Petrópolis, 21 février 1942.
3. SZ à HA&MA, Petrópolis, 21 février 1942.

l'hospitalité qui lui a été offerte au Brésil et finit par un adieu à tous ses amis. Lotte est la grande absente de ces adieux, même si, comme nous l'avons montré, elle a bien écrit à sa famille[1]. Si elle explique par le chaos européen le désespoir de son époux – « qui a tant souffert, toutes ces années, aux côtés de ceux qui souffrent de la domination nazie »[2], on ne trouve de telles explications politiques ni dans la lettre de Stefan à Hannah et Manfred, ni dans sa « Declaração ».

Nous pouvons nous faire une idée des motifs personnels qui ont poussé Lotte à se suicider grâce à la dernière lettre de Stefan à Hannah et Manfred, où il fait état de sa mauvaise santé. Le traitement qu'elle suivait pour soigner son asthme ne marchait pas et l'angoisse qui souvent accompagne les crises d'asthme – ou la peur de ces crises – a probablement aggravé sa dépression, et a même pu exacerber ces crises[3]. L'opinion de Gerhard Metsch, un de leurs amis allemands au Brésil, est plus tranchée. Lorsqu'il rendit visite aux Zweig, il vit une femme déprimée et accablée par l'état dépressif de son mari. Il déclara de surcroît qu'il ne faisait « aucun doute qu'elle ne voulait pas se suicider. Elle l'aimait, comme nous le savons à présent, et elle souffrait d'avoir à le suivre d'un pays à l'autre »[4]. La dernière lettre de Lotte jette cependant le doute sur cette vision des choses.

Nous savons que Stefan Zweig se tua le premier. Il

1. L'historien Leo Spitzer parle de l'« aphasie » de Lotte, faisant remarquer qu'elle n'avait apparemment laissé « aucune note, aucune déclaration, aucun mot » et expliquant que le pacte de suicide et la « Declaração » de Stefan Zweig constituaient l'exemple dramatique d'une femme « soumise à son célèbre compagnon et submergée par le désespoir de celui-ci ». Leo Spitzer, *Lives in Between : Assimilation and Marginality in Austria, Brazil, West Africa 1780-1945* (Cambridge, Cambridge University Press, 1989), p. 172.

2. LZ à HZ, Petrópolis, 21 février 1942.

3. Voir E. Chen and G. E. Miller, « Stress and inflammation in exacerbations of asthma », in *Brain Behavior, and Immunity* 21:8 (2007), pp. 993-99, et Melissa Opolski et Ian Wilson, « Asthma and depression : a pragmatic review of the literature and recommendations for future research », in *Clinical Practice and Epidemiology in Mental Health*, 1:18 (2005).

4. Gerhard Metsch, « Briefe aus Petropolis », *Die letzte Partie*, *op. cit.*, pp. 51-67.

s'empoisonna sur le lit, tourné vers le plafond, et agonisa les mains croisées. Se dirent-ils au revoir ? Nous ne le savons pas. Nous savons que Stefan était déjà mort avant que Lotte ne se suicide. Elle l'enlaça de sa main gauche, allongée à sa droite.

Les biographes prétendent que, dans le cheminement qui mena à ce double suicide, Lotte fut tout simplement trop faible et qu'il lui manqua la force de caractère qui lui aurait permis de contrôler la dépression de son mari ou d'y résister[1]. Ces lettres d'Amérique du Sud montrent cependant que la relation entre les deux époux, pourtant bien plus équilibrée qu'on ne l'a dit, ne résista pas à la grave dépression et au profond désespoir qui s'abattirent sur eux. Avec la destruction de l'Europe qu'il aimait, Stefan Zweig se retrouva à mener « une pauvre petite existence minable »[2]. Le sentiment d'isolement de Lotte, accentué par sa mauvaise santé et l'humeur noire de son époux, l'amena à la conclusion que le suicide, ou, comme elle le dit dans sa dernière lettre à sa famille, « partir ainsi », était « la meilleure chose [...] pour Stefan [...] et pour [elle] »[3].

Les lettres d'Amérique du Sud racontent la vie, les joies et la mort de Stefan et Lotte Zweig au Brésil et en Argentine. Non seulement elles nous renseignent sur les préoccupations et les aspirations du couple à la suite de leur décision de quitter l'Europe, mais elles nous font découvrir d'une manière unique leur vie privée et familiale en pleine guerre mondiale, alors que tant de familles se désagrégeaient. Ces lettres permettent aussi aux lecteurs de mieux connaître Stefan Zweig – l'homme, le réfugié, l'émigrant – tout en livrant le premier portrait détaillé de sa femme, compagne et assistante, Lotte Zweig.

1. Voir par exemple les biographies de Friderike Zweig, Serge Niémetz, Alberto Dines, Dominique Bona et Oliver Matuschek.
2. SZ à HA&MA, Petrópolis, 21 décembre 1941.
3. LZ à HA, Petrópolis, 21 février 1942.

L'organisation et la présentation des lettres

La première partie de ce volume s'ouvre sur une lettre qui fut écrite le 14 août 1940 à bord de l'*Argentina*, le paquebot qui emmenait les Zweig – pour la première fois – de New York à Rio. La correspondance se poursuit de façon régulière – à un rythme allant de deux lettres par semaine à deux lettres par mois – jusqu'au 21 ou 22 janvier, date de leur dernière lettre, écrite dans l'avion entre Trinidad et Miami. Les Zweig retournèrent ensuite à New York, où ils demeurèrent de janvier à août 1941. Bien qu'ils aient envoyé des lettres à Hannah et Manfred Altmann depuis les Etats-Unis, elles n'ont pas été incluses dans ce recueil car elles comportent pour l'essentiel des détails pratiques concernant la vie quotidienne d'Eva, la fille des Altmann, à New York. Néanmoins, certaines d'entre elles fournissent de précieux éclaircissements sur les raisons qui poussèrent les Zweig à retourner au Brésil. C'est pourquoi la deuxième partie décrit cette période qu'ils passèrent à New York et New Haven. La troisième partie couvre le second voyage que les Zweig firent ensemble au Brésil ; les lettres s'étalent du 24 août 1941, quand ils sont à bord de l'*Uruguay*, au 21 février 1942, veille de leur suicide à Petrópolis. La quatrième partie est constituée par le récit des derniers jours de Stefan et Lotte Zweig qu'Ernst Feder, un ami du couple, envoya à Manfred Altmann.

Première partie

Lettres du Brésil et d'Argentine

14 août 1940 – 22 janvier 1941

POSTE AÉRIENNE
A BORD de l'*Argentina*
[Aux alentours du 14 août 1940]

Chère Hannah,

C'est à bord du bateau que nous commençons cette lettre[1], le reste suivra de Rio où nous espérons avoir de tes nouvelles. J'ai honte de te le dire, mais nous sommes terriblement gâtés ici, sur le bateau, et c'est le plus merveilleux voyage qu'on puisse imaginer. – j'aimerais te donner ne serait-ce qu'un jour sur nos douze. L'air chaud, une brise merveilleuse toute la journée, des bains de soleil et des bains de mer, des gens sympathiques, des Brésiliens, des Argentins, des Suisses, des Hollandais, tous fidèles lecteurs de mes ouvrages. – à partir de demain (après les Barbades) j'obtiendrai une cabine pour y travailler. C'était vraiment nécessaire, et cela nous reposera après la canicule de New York, qui a failli avoir raison de la pauvre Lotte[2]– j'y ai travaillé dur, pour gagner de l'argent, un travail sans prétention mais distrayant, et nous avions beaucoup de gens à voir. Malheureusement ces deux derniers jours, ceux précisément, où tu as appelé pour me parler

1. L'*Argentina* appartenait à la compagnie maritime Republic Lines, filiale de la compagnie Moore-McCormack, fondée alors que le président Roosevelt inaugurait sa politique de bon voisinage. L'*Argentina* desservait le parcours Etats-Unis-Caraïbes-Amérique du Sud, et pouvait contenir jusqu'à cinq cents passagers.

2. Allusion aux crises d'asthme de Lotte.

de Heiner[1], ont été les pires, j'ai dû voir un docteur pour une sciatique, entre autres. Lotte a perdu un plombage et a dû courir chez le dentiste, puis il a fallu nous rendre aux douanes, et Lotte était si exténuée, quand le bateau est parti, qu'elle a passé toute la journée suivante au lit. Mais quelle formidable cure de repos pour nous, et je suppose que le Brésil ne va pas nous décevoir. Nos amis nous réservent le meilleur des accueils, et je reçois des invitations pour des conférences en Uruguay, en Argentine, au Chili, au Venezuela ; je suppose que tout irait bien, et que nous serions heureux comme on l'est rarement en voyage, si ces sentiments n'étaient pas ruinés par la pensée de la guerre. Sur le bateau, nous ne recevons presque pas de nouvelles, à peine quelques lignes – la situation laisse les Américains parfaitement indifférents, ils sont serviables, mais ne ressentent pas la moindre compassion et voient les choses par le petit bout de la lorgnette. Nous étions heureux de quitter New York, car nous ne pouvions plus supporter leurs « sacrées nouvelles ! » en des temps comme les nôtres. Nous sommes en fort bonne compagnie, sur le bateau ; je joue aux échecs avec tous les ambassadeurs de la conférence de La Havane[2]. Je laisse Lotte vous en écrire davantage. Bien à vous.

Stefan.

*

1. Heiner Mayer, voir p. 291.

2. Lors de la deuxième réunion consultative des ministres des Affaires étrangères (ce qu'on a appelé la « Conférence de la Havane »), les États-Unis acceptèrent de partager avec leurs voisins la responsabilité de protéger les pays d'Amérique de toute agression venue de l'extérieur, infléchissement radical des interprétations antérieures de la Doctrine Monroe.

POSTE AÉRIENNE
À BORD de l'*Argentina*
14.08.1940

Chers Hanna et Manfred,

Je n'ai reçu qu'une lettre de vous pendant mon séjour à New York, une des enfants, et une de maman[1], et cela fait de nouveau longtemps que je n'ai plus de nouvelles – mais j'espère que tout va bien de votre côté, qu'Eva se rétablit totalement, qu'elle est bien entourée, et qu'elle se sent heureuse dans sa nouvelle maison. J'ai bien peur que mes dernières lettres de New York n'aient été un peu confuses et incohérentes, ça a été la course ces derniers jours, car nous avons travaillé avec Viertel[2] tous les après-midi, et parfois aussi le soir. [...]

En ce qui concerne Heiner[3], j'ai écrit à M. Berner, le beau-frère de Rose, pour lui demander un affidavit. Hélas votre télégramme est arrivé à un moment où nos dernières connaissances américaines avaient quitté New York, et nous n'avons donc rien pu faire pour lui. M. Berner est lui aussi absent jusqu'à la fin du mois, mais je suis convaincu qu'il le fera si cela lui est possible, je lui ai demandé de me répondre par courrier aérien quand je serai à Rio, et je vous enverrai ensuite un télégramme pour vous donner les dates et les noms qui lui permettront de remplir son affidavit. De toutes nos connaissances, c'est M. Berner qui m'a semblé le plus susceptible de s'en charger.

Quant à Ursel[4], je n'ai rien tenté, parce que dans son cas on exigerait un permis britannique pour rentrer de nouveau sur le territoire, si par hasard elle ne rentrait pas dans le quota. Et j'ai entendu parler de gens qui, dans des situations similaires, avaient échoué.

J'espère que des lettres plus longues m'attendront à Rio – tu ne m'as pas parlé de toi, ni du travail de Manfred. Est-ce

1. La mère de Lotte, Therese Altmann, voir p. 282.
2. Berthold Viertel, réalisateur et scénariste, voir p. 295.
3. Heiner Mayer, un des frères de Lotte.
4. Ursel (Ursula), la fille d'Alice et de Heiner Mayer, voir p. 291.

qu'Alice[1] travaille toujours chez Horngrads[2] ? Si j'ai bien compris, Marta peut rester, que ferez-vous d'Ursel après le départ d'Eva, pourrez-vous la laisser à Bath avec les nouveaux occupants, et retournerez-vous à Londres, alors ? Faites ce qui vous semblera le mieux, ne vous inquiétez pas pour notre maison, le plus important c'est que les arrangements vous conviennent.

[La fin de la lettre ci-dessus a sans doute été égarée. Bien qu'elle ait été écrite par Lotte Zweig, elle ne l'a pas signée.]

Chère Hannah, un post-scriptum. Nous avons déjeuné avec M. S.[3] et je vais vous dire franchement ce que nous en avons pensé – ce sont des gens bien, elle, pas très intelligente, mais assurément de bonne composition ; il semble qu'ils gagnent bien leur vie, ce sont peut-être des « nouveaux riches » qui apprécient leur richesse, sans être « protzig »[4] et ont très bon cœur. J'ai l'impression qu'Eva sera très heureuse ici – bien sûr, le fait d'être éloignée de vous va un peu ternir son bonheur et au fond de toi tu ne peux pas vouloir qu'il en aille autrement. Ma belle-sœur aussi va s'occuper d'elle et Anita Kahn[5] a également l'intention de venir l'attendre à l'embarcadère. Donc ne t'inquiète pas trop : elle va voir un nouveau monde et personne ne sait à quel point cette connaissance de l'Amérique lui sera utile pour l'avenir. Pour Heiner[6], je vais faire de mon mieux. Malheureusement tous les gens que je connais ici sont partis – on va peut-être trouver une solution au dernier moment, alors je te demanderai de nous envoyer par télégramme

1. Alice Mayer, la femme de Heiner Mayer, voir p. 291.
2. Les Horngrad fabriquaient des corsets, et Alice avait travaillé pour eux autrefois.
3. Les premiers hôtes d'Eva Altmann à New York. Quand ils font référence aux membres de la famille de leurs hôtes, ils les désignent par leur initiale, « S ».
4. Ostentatoires.
5. Anita Kahn, une amie de Lotte Zweig à New York ; il pourrait s'agir d'Anita Cahn Block (1882-1967), critique de théâtre américaine réputée, éditorialiste, et socialiste.
6. Heiner Mayer, voir p. 291.

toutes les dates (date de naissance, etc.) nécessaires pour le formulaire.

Bien à toi,

Stefan

*

[Sans date – à bord du bateau à vapeur *Argentina*]

Chère Hanna, tout est prêt pour Eva, comme vous l'avez appris par notre télégramme – ce sont des gens riches qui habitent une large demeure dans un faubourg chic de New York, et ils ont vraiment hâte d'accueillir un enfant correctement instruit. Nous les voyons aujourd'hui pour le déjeuner. Tout a été plus difficile que prévu, car tout le monde a déserté New York, et il y a aussi une complication majeure pour l'affidavit de Heiner[1] – je ne peux pas le demander à Huebsch[2], qui en a déjà trop accordé, et je ne sais pas si nous arriverons à trouver quelqu'un au cours de nos deux jours ici qui s'annoncent très remplis. Jusqu'à présent, je n'ai rien obtenu ici pour mon ex-femme, mais je suis en train d'essayer d'obtenir des visas mexicains pour toute sa famille.

Mille fois merci d'avoir tout réglé au sujet de la maison de Bath, j'espère que vous pourrez vous y reposer vraiment après les dernières journées bien remplies à Londres.

C'est difficile pour nous ici, parce que j'ai beaucoup travaillé, des petites choses surtout, mais nous aurons profité des douze jours sur le bateau pour lire. J'ai des propositions de conférences en Argentine, en Uruguay, au Chili, au Venezuela, sans doute plus que je n'en ferai, ne vous faites pas de souci pour nous. Ne faites pas trop d'économies, envoyez-nous des télégrammes à Rio (nous vous envoyons sur-le-champ l'adresse

1. Heiner Mayer, voir p. 291.
2. Benjamin W. Huebsch, l'éditeur américain de Zweig, voir p. 288.

de notre hôtel) – je ne fais pas confiance à la poste aérienne. Plein d'amour et de hâte, vôtre

Stefan

Nous arriverons à Rio le 21 août.

*

Rio. 23 août 1940.

Chère Hannah, cela nous a fait tellement plaisir de recevoir votre lettre du 8 août si rapidement, les autres ne sont pas encore arrivées, seulement la première. Rio est toujours aussi merveilleuse, rien au monde ne peut y être comparé. Hélas j'ai bien peur que Lotte n'y perde sa modestie, elle passe son temps avec des ambassadeurs, des ministres, elle a sa photographie dans tous les journaux. Nous avons néanmoins beaucoup de temps pour nous, nous prenons des leçons d'espagnol trois fois par semaine, parce que je devrai faire mes conférences en espagnol dans les autres pays – je ne sais pas lesquelles accepter, au Chili j'ai une invitation officielle, avec visite obligatoire au président, en Uruguay je n'ai que deux conférences, et environ trois à Buenos Aires, si je décide de faire tout ça. Pour ma part j'aimerais rester ici, nous habitons un délicieux petit hôtel[1], tout confort, dans une suite très bon marché – quel contraste avec New York où on a toujours le sentiment d'être un « *Hochstapler* »[2] et où j'ai un bon prétexte pour ne pas me raser chaque jour – tant qu'à me faire regarder de travers… Sur le bateau, ça a été délicieux, douze jours de beau temps, des séances de natation, et une sélection des gens les plus intéressants et cultivés. Vous n'imaginez pas le degré de raffinement et de culture de la bonne société ici – une élite restreinte, mais admirable : la culture se manifeste dans les maisons, les

1. Le Paysandú, un hôtel Art déco élégant mais discret, situé juste devant la plage, dans la banlieue majoritairement résidentielle de Flamengo.
2. Truand.

manières, et ils sont d'une politesse qui éclipse même la mienne. La chambre de Lotte est remplie de fleurs merveilleuses, si nous voulons aller quelque part on nous propose des voitures, le tout sans la moindre insistance. La seule chose qui pourrait m'empêcher de vivre ici c'est la chaleur – nous sommes arrivés en plein hiver, mais il fait plus chaud qu'à Bath en juillet et on frémit à la pensée de ce que ça doit être quand le printemps (en octobre) ou l'été (en décembre) commencent.

Le plus étrange, c'est que je deviens totalement indifférent à la destinée de mes livres, et je me moque de recevoir des lettres. J'ai obtenu, pour mon ex-femme, un visa de tourisme pour l'Amérique, et peut-être un pour le Portugal, mais je ne sais pas si elle acceptera de partir sans ses enfants[1]. Toute correspondance avec la France est presque impossible et je ne peux pas envoyer de télégrammes – au fait, les télégrammes envoyés d'ici coûtent affreusement cher, mais vous, n'hésitez pas à nous en envoyer aussi souvent que possible. Quoi qu'il arrive nous resterons ici jusqu'aux premières semaines d'octobre, et peut-être même plus longtemps, puisque ensuite nous devrons aller dans les autres pays d'Amérique qui sont un peu plus frais en été (l'hiver chez vous). D'ici nous pouvons suivre bien mieux le cours des événements, et avons bien meilleur espoir ; les gens d'Amérique du Sud soutiennent vraiment l'Angleterre, et la région est, par l'esprit, beaucoup plus proche de l'Europe que les Etats-Unis. Nous espérons que vous passez un bon moment, aussi bon que possible en tout cas, à Bath, et vous savez que nous vous souhaitons le meilleur. Stefan.

*

1. Friderike Zweig (voir p. 296) et ses filles, Alexia Elizabeth et Susanne Benedictine von Winternitz.

23.08.40

Chers Hanna et Manfred,

Hier nous avons reçu votre lettre du 8 août, et à notre arrivée nous en avons trouvé une du 12 juillet, toutes les deux par courrier aérien, et c'est tout ce que nous avons reçu de votre part, hormis une lettre Clipper[1] envoyée depuis Londres. Il serait bon qu'à l'avenir vous numérotiez vos lettres, et que je vous confirme celles que nous recevons. Les nouvelles que vous nous envoyez constituent toujours un véritable événement pour moi, et vous n'écrirez jamais assez, ni assez souvent. Par exemple, je ne sais toujours pas si Marta a pu rester avec Manfred, finalement, ni si Rosa est toujours auprès de lui – et j'ignore aussi ce que vous ferez quand Eva partira, vous rentrerez à Londres ? Faites exactement ce qui vous arrange, et ne voyez la maison que comme un lieu de repos et de plaisir pour toi et Manfred. Je sais combien ce sera éprouvant pour vous d'être loin d'Eva, mais j'espère que ça ne durera pas trop longtemps, et qu'elle sera heureuse auprès de la famille S. Ce sont des gens gentils, bienveillants, et, sans doute, moins riches que je ne le pensais au début, aisés, c'est tout, ils gagnent bien leur vie, et, comme tous les Américains, dépensent sans compter. En ce qui concerne l'affidavit de Heiner, je lui ai télégraphié qu'il serait bientôt envoyé d'Amérique par Jacob Landau[2].

Jacob Landau a été notre compagnon de voyage depuis New York. Il dirige la « *Jewish Telegraphic Agency* »[3] à New York, et il a envoyé un télégramme à sa femme pour lui dire d'envoyer l'affidavit, soit toute seule, soit depuis son bureau. C'est un peu plus compliqué d'arranger les choses de là où nous sommes, mais M. Landau est convaincu que l'affidavit

1. Lettre envoyée par avion, un « clipper » étant, dans ce contexte, un hydravion de la Pan American World Airways.

2. Voir p. 289.

3. La Jewish Telegraphic Agency, fondée par Jacob Landau en 1917, rassemblait et transmettait des informations concernant les communautés juives du monde entier.

pourra être envoyé en son absence. C'est un homme très bien, et je suis sûr qu'il s'assurera – même si c'est seulement à distance – que le problème ne passe pas aux oubliettes. Ce qui est sûr c'est que j'ai appris des choses grâce à cette affaire d'affidavit d'Eva. Espérons que ça pourra aider Heiner[1] à se tirer d'affaire, et si Alice[2] est prête à travailler à domicile, elle trouvera aisément du travail, et ensuite elle pourra peu à peu se construire une clientèle.

Quant à nous : nous avons eu le plaisir de rencontrer des gens d'Amérique latine, et nous sommes gâtés ici. Je dois admettre qu'en dépit de tout ce qui se passe, et bien que j'aie toujours un peu le mal du pays, loin de vous, de notre petite famille de Bath d'autrefois, et même de Bath, je me sens vraiment bien ici. Rio est aussi beau que Stefan me l'avait promis, les gens, aussi gentils qu'il l'avait annoncé, et l'hiver n'est pas rude, on se sent bien en robe d'été légère, et il était inutile que j'emporte mes affaires d'hiver pour affronter cet hiver brésilien.

Cela nous a fait plaisir de recevoir votre télégramme sur le bateau, et d'apprendre que Manfred avait passé un week-end avec toi pour l'anniversaire d'Eva. J'aurais aimé pouvoir être là avec vous. J'espère que vous allez bien. Transmettez je vous prie mon affection à maman, et racontez-lui ma lettre, je lui écrirai bientôt, et je joindrai peut-être à ma lettre quelques photos prises lors de notre arrivée.

Tendres pensées à vous tous, tout particulièrement à Lizzie[3] qui m'a l'air d'être devenue votre bonne fée.

Lotte.

Pensez aussi à nous envoyer un télégramme quand Eva embarquera, pour que nous puissions avertir notre belle-sœur à New York.

---

1. Heiner Mayer, voir p. 291.
2. Alice Mayer, la femme de Heiner Mayer, voir p. 291.
3. Litzie Philby, voir p. 292.

*

Hôtel PAYSANDÚ
6.9.40

Chère Hanna, cher Manfred,

Je viens juste d'écrire une longue lettre à maman, et ne me sens pas assez d'énergie pour vous écrire à vous aussi, d'autant que je vous ai écrit une longue lettre il y a quelques jours. Juste une petite chose sur maman : elle m'a écrit qu'elle allait déménager dans une petite chambre individuelle, et je lui ai demandé, dans ma lettre, de rester dans celle qu'elle occupait jusqu'alors. Vous êtes pleinement autorisés à prélever sur notre compte la livre de différence, et même plus, si nécessaire. – j'espère que vous êtes toujours aussi satisfaits et joyeux que vous sembliez l'être dans votre dernière lettre envoyée de Bath. J'ai hâte d'avoir des nouvelles d'Eva. Manfred a-t-il beaucoup de travail, est-ce qu'il doit beaucoup sortir ? – Nous sommes tout à fait bien ici, et nous nous sommes équipés en prévision de l'été que nous passerons ici et dans les autres pays jusqu'en décembre. Nous continuons à travailler le matin, à sortir l'après-midi, à apprendre l'espagnol[1], à rencontrer tout un tas de gens, je me concentre de toutes mes forces pour retenir les noms et les visages, et je suis très fière d'arriver à reconnaître la plupart des gens, même ceux qui habitent d'autres quartiers. Je lis les nouvelles de la guerre chaque jour, et cela me permet de progresser en portugais. Bien que ces nouvelles soient très longues, je ne pense pas qu'elles en disent plus – peut-être même moins – que ce qu'on peut lire dans les journaux anglais. Nous avons rencontré les Huyn par des connaissances communes[2]. Ils ont l'air très contents ici, mais il n'a toujours rien trouvé.

1. Lotte prenait des cours d'espagnol car elle allait accompagner Stefan lors de son cycle de conférences en Argentine. Malgré leur grand amour du Brésil, ils semblaient apprécier assez peu le portugais.

2. Le comte et la comtesse Huyn. Jusqu'à l'*Anschluss*, le comte Huyn fut attaché de presse à l'ambassade autrichienne de Londres. En 1939, il devint chroniqueur pour le département allemand de la radio de la BBC.

– nous resterons ici jusqu'à mi-octobre, et ensuite nous vous tiendrons au courant par télégramme. Mais l'adresse postale restera Editora Guanabara[1].

Tendres pensées pour tout le monde, et pour vous mon affection et des baisers,

Lotte

*

Votre lettre du 26 août est arrivée ce matin.
Jusqu'à mi-octobre
POSTE AÉRIENNE
Hôtel PAYSANDÚ, Rio
Ensuite Aux bons soins de Editora Guanabara
132 Rua do Ouvidor, Rio
qui transmettra les lettres

Rio, 10.9.40.

Chers Manfred et Hanna,

Merci pour le télégramme annonçant qu'Eva était partie. J'espère qu'elle fera bon voyage, et sera heureuse dans ce nouvel environnement. J'ai demandé à S. de m'envoyer un télégramme à son arrivée et j'espère que vous le ferez aussi. Nous sommes bien sûr impatients d'avoir de vos nouvelles, écrivez-nous souvent je vous en prie. Cela m'a surprise que nos lettres ne soient pas arrivées parce que nous écrivons au moins une fois par semaine. D'ici, nous n'envoyons que du courrier aérien, et je présume que vous allez recevoir plusieurs lettres d'un seul coup. Nous les envoyons à votre adresse de Londres. J'espère que tout ira bien pour vous au moment où cette lettre arrivera. Et si vous pensez qu'il vaut mieux que maman parte, dites-lui de ne pas faire attention au prix. J'espère qu'elle obtiendra l'autorisation de partir pour se rendre où il lui plaira, je ne pense pas qu'elle puisse

1. La maison d'édition brésilienne de Zweig.

aller à Bath. – Nous sommes parfaitement à notre aise dans ce décor merveilleux, et regretterons d'avoir à partir mi-octobre. Mais il se met à faire très chaud à Rio en novembre, et donc Stefan va faire quelques conférences en Uruguay, en Argentine et au Chili. Il se peut que nous empruntions le détroit de Magellan pour aller de Buenos Aires au Chili, mais ce n'est pas encore sûr. Nous comptons être au Chili en décembre, et à New York en janvier – nous avons obtenu aujourd'hui nos visas, des visas de tourisme, pour donner des conférences. – Ici, au Brésil, Stefan va se rendre à San Paolo une journée pour y donner une conférence, et ensuite nous sommes invités par le gouverneur de Minas Geraes pour visiter son Etat, où se trouvent de vieilles villes intéressantes, comme Ouro Preto et Mariana, une mine d'or, etc. Nous voyageons par avion, et ne serons donc absents de Rio que deux ou trois jours tout au plus.

Tendres pensées, toute mon affection,

Lotte

Nous pourrions être parfaitement heureux ici si vous ne nous manquiez pas. Lotte se comporte en grande dame ici, elle préside des réunions, se fait prendre en photo et apparaît dans les journaux dans toute sa splendeur. Le soir, nous finissons toujours par nous emmêler un peu les pinceaux, à force d'alterner sans répit l'anglais, le français, l'espagnol, l'allemand, le yiddish et le portugais ; comme vous le verrez dans nos lettres nous ne sommes plus capables de nous exprimer correctement dans aucune langue que ce soit. La semaine prochaine j'ai un programme bien rempli et nous confondons les gens, à cause de leurs noms à rallonge (tout le monde a au moins trois noms de famille) et du fait qu'ils parlent au moins trois langues, et c'est difficile de retenir un seul visage lorsqu'on en rencontre chaque jour au moins une douzaine. J'ai demandé aux S. de laisser Eva envoyer des télégrammes à nos frais le plus souvent possible parce que j'imagine que vous avez hâte d'avoir de ses nouvelles.

Vôtre

Stefan Zweig

*

POSTE AÉRIENNE
Rio
Dimanche 15.09.40

Chers Hanna et Manfred,

Je viens d'apprendre par télégramme que l'affidavit de Heiner[1] avait été envoyé. Je n'en sais pas plus pour le moment, et je vais téléphoner à M. Landau à Sao Paolo ce soir pour en apprendre davantage, ensuite je vous enverrai un câble. Dans les jours à venir j'espère recevoir un télégramme qui m'annoncera l'arrivée d'Eva aux Etats-Unis ; j'ai, je crois, déjà accusé réception de votre lettre du 26 août. Je suis contente que Bath te plaise toujours autant, et j'espère que tu y passeras des moments relativement paisibles, si possible en compagnie de Manfred. Comment va maman ? Avez-vous essayé de lui obtenir une autorisation de quitter Londres ? J'ai peur qu'on ne l'autorise pas à se rendre à Bath, sauf peut-être avec des amis. Oui, Manfred a raison, nous suivons avec beaucoup d'inquiétude les comptes rendus des journaux, et parfois je voudrais vraiment être auprès de vous pour ne pas avoir à attendre les nouvelles si longtemps. D'un autre côté, je dois avouer que nous apprécions énormément notre séjour ici. Aujourd'hui nous avons emménagé dans d'autres chambres, qui ont vue sur la baie ; et ce petit détail va rendre le départ de Rio plus difficile. Pour le moment il ne fait pas très chaud, et c'est un temps parfait pour flâner et faire des excursions. Vendredi, Stefan va donner une conférence à Sao Paolo et je suis moi aussi invitée. Je vais l'accompagner, bien que je n'attende pas grand-chose de cette ville, à part une visite à la ferme d'élevage de serpents où ils fabriquent un sérum contre leurs piqûres[2].

1. Heiner Mayer, voir p. 291.
2. Les Zweig visitèrent l'Institut Butantan, un centre de recherche biomédicale. Fondé en 1901, le Butantan acquit rapidement une renommée internationale

J'espère recevoir une autre lettre de vous d'ici quelques jours, et je souhaite qu'elle contienne de bonnes nouvelles.

Mes meilleurs sentiments à vous tous,

Lotte

Chers Hanna et Manfred, il nous est difficile de vous écrire, c'est avec tristesse que nous avons appris par les journaux la férocité des attaques contre l'Angleterre, ainsi que les ripostes qui ont suivi/et nous avons honte de mener une vie aussi parfaite ici. La vue depuis nos fenêtres est un rêve, tout simplement, la température est parfaite – un hiver qui ressemble plus à juin ou à mai – les gens ne savent pas quoi faire pour nous faire plaisir, nous vivons tranquillement, à peu de frais, et notre vie est très intéressante – nous serions vraiment heureux si nous ne pensions pas à vous, et à la grande misère que connaît actuellement l'humanité. Je ferai tout mon possible pour prolonger notre séjour ici, car Lotte n'a aucune envie de partir, mais je dois m'acquitter de mes devoirs. J'ai une conférence à San Paolo cette semaine, très bien payée, 250 dollars, avec l'hôtel et l'avion pour nous deux, elle couvrira les dépenses d'un mois entier et je n'ai aucune inquiétude matérielle car les conférences en Uruguay, en Argentine et au Chili seront tout aussi bien payées, et nous serons invités en Uruguay et au Chili aux frais de l'Etat, qui paiera l'hôtel et le voyage en train. La semaine prochaine nous nous rendons dans les vieilles villes de l'intérieur du Brésil aux frais de l'Etat, la pauvre Lotte va se faire photographier abondamment, ici vous pouvez la voir dans tous les cinémas. Enfin nous retournerons à New York, nous avons déjà nos visas et pourrons voir et (espérons-le) aller chercher Eva, soyez assurés que nous nous occuperons d'elle et que nous vous ramènerons une adulte, qui aura peut-être l'accent yankee.

C'est terrible pour moi de me rappeler tous les amis restés

pour ses recherches sur les insectes et les reptiles venimeux, notamment les serpents. L'élevage de serpents constituait une attraction de taille pour les visiteurs.

là-bas. J'espère que Robert Neumann[1] et Körmendi[2] ont pu partir, nous avons tout fait pour obtenir un visa américain pendant mon séjour. Friedenthal[3], je ne peux l'aider de là où je suis, à moins qu'il ne souhaite se rendre au Brésil ou à Cuba – en janvier je ferai mon possible. Mon ex-femme a obtenu ses visas pour l'Amérique et, semble-t-il, aussi pour le Mexique, cela grâce à l'aide de Ferro[4], qui a été très généreux avec moi à Lisbonne. Mais tous les autres. Vous comprendrez combien nous avons honte d'être ici et ça me fera plaisir de savoir que vous pourrez profiter de Bath en ces temps de fureur. Je vous en prie, dépensez sans compter, nul ne sait ce que nous réservent les années à venir, et je serais si heureux de pouvoir vous rendre service, ainsi qu'à vos amis et votre famille. Vôtre

Stefan Zweig Jusqu'au 15 octobre Hôtel Paysandú, Rio, ensuite nous vous enverrons notre nouvelle adresse par télégramme.

*

Aux bons soins de Editora Guanabara
132 Rua do Ouvidor
Rio de Janeiro

22.09.1940.

Chers Hanna et Manfred,

Je n'ai pas reçu de lettre de vous la semaine dernière, et je n'ai pas reçu le télégramme annonçant l'arrivée d'Eva non plus, mais j'espère qu'ils arriveront demain, et que vous pourrez me dire si vous avez passé un bon moment à Bath et si Manfred n'est pas trop épuisé. J'écris aujourd'hui une

1. Voir p. 292.
2. Feren Körmendi, voir p. 289.
3. Richard Friedenthal, voir p. 285.
4. António Ferro, voir p. 284.

lettre à maman, je l'adresse également à Woodstock Road[1] car j'espère qu'elle a pu quitter Londres, sinon pour Bath, du moins pour aller à la campagne avec une amie[2]. – Rien à signaler, comme les semaines précédentes, si ce n'est une vie sociale intense, des invitations, des réceptions, des présents, livres et fleurs, le seul inconvénient – outre le fait qu'il y a quelque chose de troublant et de fatigant dans ces masses de gens si gentils – c'est que Stefan trouve à peine le temps de travailler. Tout son temps libre de la semaine dernière a été consacré à la préparation de ses conférences, à des traductions en anglais, français et espagnol, à des révisions, des retraductions, et aux leçons d'espagnol. Mais au moins, Stefan parvient désormais très bien à comprendre l'espagnol et le portugais, et il peut parler espagnol si nécessaire, et moi aussi je suis capable, bien qu'avec difficulté, de suivre une conversation en espagnol et en portugais, et j'arrive à me faire comprendre des portiers de l'hôtel – seul l'un d'entre eux parle anglais, quant aux autres, ils ne parlent aucune langue étrangère. – Nous venons de rentrer de Sao Paolo où Stefan a fait une conférence, sa première au Brésil. Nous avons fait une heure et demie d'avion pour arriver ici, avons participé à un déjeuner organisé en notre honneur, avec toutes les fleurs, photographes, et discours de rigueur, on nous a emmenés faire une visite de la ville où nous avons trouvé fort peu de choses à voir, et dans la soirée après la conférence nous nous sommes rendus à une autre réception où nous sommes restés au-delà de minuit. Le lendemain matin, Stefan est allé visiter le siège du journal qui l'avait invité à faire une conférence, et j'ai reçu la visite de Roselotte

1. La demeure de la famille Altmann – et le cabinet médical de Manfred – se trouvait au 55 Woodstock Road, Golders Green, Londres NW11. Hannah, Manfred et Eva Altmann y vécurent avec Martha Kahn (la sœur d'Hanna), Lotte (jusqu'à ce qu'elle parte avec Stefan Zweig) et un flux incessant d'amis réfugiés.

2. Lotte et la mère de Manfred, Therese Altmann, partirent pour Harrogate, dans le Yorkshire, afin d'échapper aux attaques aériennes dirigées contre Londres.

et Yorg[1] qui envoient leurs tendres pensées, et disent qu'ils avaient envisagé d'inviter Eva pendant que ça durerait[2] et sont encore prêts à l'accueillir maintenant si vous le souhaitez. A deux heures on nous a ramenés à l'aéroport, et après une demi-heure de conversation avec tous les gens qui étaient venus nous dire au revoir, nous avons repris l'avion pour Rio, et aujourd'hui nous avons décidé fermement de ne plus accepter ni visites ni invitations et de passer une journée paisible. Mardi matin nous partons pour l'État de Mina Gerais pour y visiter de vieilles cités pittoresques, Ouro Preto, Mariana, etc., et nous prévoyons d'être rentrés d'ici jeudi. Nous irons sans doute aussi passer quelques jours à Bahia[3], et nous avons été invités dans une hacienda[4] à l'intérieur des terres, à l'occasion d'une conférence à Santos, et nous en profiterons pour voyager sur le rio San Francisco. Il n'est pas certain que nous arrivions à faire tout ça. Stefan n'a pas encore décidé s'il souhaitait vraiment se rendre au Chili, et hésite à rester plutôt un peu plus au Brésil, d'où il repartirait pour les Etats-Unis, soit directement, soit en transitant par Buenos Aires. Quoi qu'il en soit continuez à adresser le courrier à : Editora Guanabara, et nous vous enverrons par télégramme l'adresse télégraphique. Tendres pensées pour vous tous, portez-vous bien, et écrivez-nous souvent. Cela fait longtemps que je veux écrire à Lizzy[5], et je compte le faire bientôt. J'espère qu'elle est encore auprès de vous à Bath, et ça ne m'étonnerait pas d'apprendre que vous vous êtes fait de nouveaux amis là-bas à présent. J'espère que vous avez reçu l'affidavit de Heiner[6]. On m'a juste dit qu'il avait été envoyé par télégramme, sans me

1. Bien que mari et femme, Roselotte et Georg Altmann étaient cousins ; ils étaient aussi cousins avec Manfred et Lotte Altmann. Ils partirent vivre à São Paulo bien avant la guerre.
2. Pendant que la guerre durerait.
3. De Bahia à ici il y a la même distance que de Paris à Moscou – nous sommes vraiment de grands voyageurs.
4. En espagnol *hacienda*. En portugais, *fazenda*, c'est-à-dire une vaste ferme.
5. Litzi Philby, voir p. 292.
6. Heiner Mayer, voir p. 291.

donner plus de détails, et bien que j'aie demandé de plus amples informations je n'en ai pas encore reçu. Eisemann[1] nous a annoncé par télégramme qu'il était bien rentré.

Tendres pensées à Marta, nous aimerions avoir de ses nouvelles.

Toute mon affection, des baisers,

Lotte

Tout va à merveille ici, nous rencontrons des gens vraiment bien, très gentils, nous souhaiterions seulement qu'un jour puisse s'écouler sans qu'il y ait nos photos dans les journaux, ou des articles relatant nos déplacements et nos faits et gestes. Quoi qu'il en soit, j'essaierai de voir le plus possible de choses dans ce pays fascinant, et avec ce que j'ai déjà pris comme notes, cela formera un joli petit livre. Lotte est devenue très loquace en société, et comme moi, elle est tombée très amoureuse de Rio – mais pourquoi donc ce pays n'a-t-il un climat tempéré que cinq mois par an !! J'ai rencontré le pasteur Kenneth Grubb[2] et à Buenos Aires je dirai quelques mots en anglais pour le cercle anglais – je suis en train de devenir un conférencier en quatre ou cinq langues. Si seulement nous n'étions pas si angoissés à votre sujet, nous pourrions dire que nous vivons les meilleurs moments de notre vie ! Pourquoi Manfred ne donne-t-il pas de conférences, et pourquoi apprend-il le grec[3] au lieu de la langue des pays d'avenir. Stefan Zweig

*

1. Heinrich Eisemann, voir p. 284.
2. Voir p. 287.
3. D'après la notice mortuaire parue dans le *British Medical Journal* (13 novembre 1954), pendant les raids aériens contre Londres, et lorsqu'il servit dans l'armée, de 1944 à 1946, Manfred apprit le grec ancien afin de pouvoir lire Platon dans le texte.

POSTE AÉRIENNE
Rio, 29 sept. 1940
Hôtel Paysandú

Chers Manfred et Hannah, vous nous écrivez que vous voulez de longues lettres – quel dommage que nous ne puissions rien faire d'autre pour vous. J'ai honte de dire que tout ici est parfait, le climat, délicieux (en ce moment, en hiver) les gens merveilleux, et ils penchent tous pour l'Angleterre. Nous venons de rentrer de l'intérieur des terres, où nous avons été invités par le gouverneur de l'État du Minas Gerais ; on nous a emmenés à la capitale en avion. Un autocar, avec une charmante secrétaire du ministère, a été mis à notre disposition en permanence, et on nous a ramenés par la route à travers le pays en deux jours. Cela nous a permis de voir beaucoup du Brésil, et son vrai visage. La semaine prochaine nous irons nous reposer quelque part dans les montagnes – nous ne sommes pas fatigués, pas du tout, mais je veux avancer dans mon travail avant notre départ, et ici nous avons été bombardés d'invitations, d'interviews, et j'ai hâte d'être dispensé pendant quelques jours d'avoir à parler en cinq langues à deux cents personnes et de voir notre photo dans les journaux. Si cela ne tenait qu'à Lotte, nous ne quitterions jamais le Brésil, elle a beaucoup changé et m'importune sans arrêt, avec son exaltation et ses exclamations. N'est-ce pas extraordinaire, etc. ? Et dire que je ne l'ai épousée que parce qu'à l'époque elle était si discrète. Mais je dois faire mon devoir et nous partirons aux alentours du 22 octobre. J'ai deux conférences à faire à Montevideo, et j'en ferai deux à Buenos Aires, et deux dans les universités de Cordoba et de Rosario. Ils avaient prévu un programme de six conférences à Buenos Aires pour moi, mais j'en ai assez. Les conférences sont bien payées, et nous pouvons facilement en vivre, je n'ai donc pas l'intention d'en faire mon occupation exclusive. Ensuite, je me rendrai au Chili, puis au Venezuela et à Cuba, de partout je reçois des propositions pressantes, mais je pense néanmoins que je vais les décliner, et vous comprendrez pourquoi en regardant une carte, les distances énormes que ça représente... Toutes les réceptions de ces petits pays, cette publicité tapageuse, tout cela va contre l'idée que je me fais de la vie. C'est une bonne chose de savoir qu'il me serait possible de gagner ma vie pendant des mois et des mois à faire des conférences par-ci par-là, mais nous préférons mener une vie paisible et il est impossible d'écrire au milieu de tous ces voyages. Grâce à Dieu je ne suis avide ni d'argent ni d'honneurs. Tiens au fait, je vous prie de disposer de mes comptes en banque, pour vous et pour votre famille, comme si c'était les vôtres, et je vous serais reconnaissant si vous envoyiez à des amis comme Friedenthal[1] ou Fleisher[2] de quoi améliorer leur situation, je me sens un peu coupable d'obtenir, grâce à mon travail, tous les honneurs et une vie décente, alors que vous êtes entravé dans l'exercice de votre métier et vivez des jours et des nuits d'angoisse. Je vous prie de me croire, je me moque bien de la maison, et des biens ; nous en sommes réduits au minimum de ce que les hommes peuvent exiger de la vie – la vie même et c'est déjà beaucoup par les temps qui courent. [...]

Je vous en prie, envoyez-nous souvent des télégrammes, ça n'a pas de sens en ce qui vous concerne d'être économes, peut-être même que vous pourriez en envoyer avec frais de réponse payés d'avance, pour vous assurer que nous pourrons toujours vous donner de nos nouvelles. Chers Hannah et Manfred, je sais que cela représente une épreuve morale difficile pour vous, de parvenir à ne pas être jaloux de nous, qui pouvons continuer notre travail tranquillement, dans un environnement superbe, mais je sens que vos vœux de bonheur nous accompagnent toujours, tout comme les nôtres vous accompagnent.

Stefan

1. Richard Friedenthal, voir p. 285.
2. Victor Fleisher, voir p. 285.

Adresse postale à partir de maintenant, et même quand nous aurons quitté le Brésil :

Aux bons soins de Editora GUANABARA 132 Rua do Ouvidor, Rio de Janeiro

Chers Hanna et Manfred,

Aujourd'hui nous avons reçu votre lettre datée du 12 septembre, avec celle de maman ; après deux semaines sans nouvelles à l'exception du télégramme annonçant l'arrivée d'Eva. Je vous prie de ne pas oublier que j'attends vos lettres aussi impatiemment que vous les nôtres, écrivez-nous aussi régulièrement et souvent que possible, même quelques lignes seulement. Je ne peux pas être auprès de vous, mais je veux au moins tout savoir sur vous et nos amis. J'espère que vous avez eu quelques jours de repos à Bath. Nous avons reçu une lettre d'Ingram[1] hier et allons lui envoyer une lettre par la poste aérienne aujourd'hui, ainsi qu'à M. Orchard[2]. Je suis contente que vous puissiez profiter de leurs conseils et de leur aide le cas échéant. Est-ce que Lorle[3] est restée toute seule avec Ursel[4] dans la maison tout le temps, sans personne d'autre à part Griffith ? Cela m'a fait de la peine d'apprendre la maladie de M. Miller[5], j'espère qu'il va se remettre, il fait partie de mes souvenirs de la maison ; autant que vous, les enfants et Marta[6]. Alice[7] est-elle encore à [illegible] Street ? J'espère que l'affidavit de Heiner[8] est arrivé à présent.

1. Arthur Ingram, le mandataire de Zweig à Bath.
2. Un autre mandataire en Angleterre.
3. Lorle était la nièce et fille adoptive de Martha Kahn, voir p. 288. Lorle arriva en Angleterre fin 1938 ou début 1939 grâce au Kindertransport, la mission de sauvetage d'enfants juifs d'Allemagne, d'Autriche et de Tchécoslovaquie. Après le départ des Zweig de Bath, elle passa la majeure partie de la guerre à Rosemount.
4. Ursel, la fille de Heiner Mayer, voir p. 291.
5. Edward Miller était le jardinier de Zweig à Rosemount et il continua à y travailler en leur absence.
6. Martha Kahn, voir p. 288.
7. Alice Mayer, la femme de Heiner Mayer, voir p. 291.
8. Heiner Mayer, voir p. 291.

M. Landau m'a assuré qu'il avait été envoyé par télégramme, mais il n'en savait pas davantage, parce qu'il était en voyage et ne recevait pas de courrier à part les télégrammes. – Je ne peux pas vous dire comme votre télégramme annonçant l'arrivée d'Eva m'a fait plaisir. Je l'ai reçu dimanche après-midi et j'ai appris le naufrage du bateau dans l'Atlantique à peu près une heure avant l'arrivée du télégramme des S. Quel choc cela a dû être pour vous, et quel soulagement d'apprendre non seulement qu'elle était sur l'autre bateau, mais en plus arrivée saine et sauve. Je n'ai pas encore reçu de lettre d'elle, mais je pense qu'elle va arriver. Je lui ai écrit la semaine dernière, et je lui écris à nouveau aujourd'hui pour qu'elle ne se sente pas trop seule, même si je suis sûre qu'elle s'entend déjà très bien avec M. et Mme S. Elle sera arrivée pile à temps pour le début du semestre à l'école et M. S. m'a assuré qu'il y avait d'excellentes écoles privées à La Nouvelle Rochelle et qu'ils connaissaient un tas d'enfants dans les environs. Ma belle-sœur était déjà en contact avec Mme S. avant l'arrivée d'Eva, et elle lui a sans doute déjà rendu visite, et je présume que Rose[1] va aller la voir aussi, je devrais donc en entendre parler bientôt. – J'espère que vous êtes tous en bonne santé, et que vous n'êtes pas trop épuisés par le manque de sommeil et les émotions incessantes. Je suis contente que vous ayez enfin trouvé un abri correct, et que vous puissiez même y dormir. Manfred doit-il beaucoup sortir, ou sa clientèle a-t-elle diminué à la suite des derniers événements ? Il se peut aussi qu'il ait beaucoup plus de travail, et j'espère seulement qu'il n'aura pas à sortir pendant une attaque. Nous pensons à vous plus souvent que vous ne l'imaginez et les gens d'ici sont vraiment acquis à la cause anglaise – En ce qui nous concerne, je ne peux que répéter que notre vie est bien trop agréable, que tout le monde est extrêmement gentil, et que le seul défaut de ces gens, c'est même d'être trop gentils. Nous recevons trop

1. Rose Wohl était une amie de la famille Altmann à New York. C'est elle qui organisa la prise en charge d'Eva Altmann à New York lorsqu'elle y fut évacuée depuis Londres.

d'invitations, et les journaux sont si intéressés par les faits et gestes de Stefan que nous envisageons d'aller dans un petit endroit dans les montagnes environnantes en fin de semaine, pour que Stefan puisse travailler tranquillement au moins quelques jours, et que nos cerveaux puissent se reposer un peu de cet incessant défilé de visages sous nos yeux, et du glissement d'une langue à une autre dans la conversation. La semaine passée nous avons été dans l'Etat du Minas, comme Stefan vous l'a écrit, et c'était très intéressant de voyager dans le pays.

Tendres pensées pour vous tous,

Lotte

*

[Rio de Janeiro, sans date]

Chers Hannah et Manfred, comme Lotte est paresseuse et n'écrit que des lettres courtes, c'est au « Hausknecht »[1] d'écrire ce qui se passe – nous aimons énormément la ville et les gens et nous sommes enchantés de constater l'élan de sympathie omniprésent pour l'Angleterre, et de pitié pour la France ; à la différence de leurs confrères d'Amérique du Nord, les journaux penchent résolument pour l'Angleterre, et expriment ouvertement l'espoir que les attaques d'Hitler échoueront, des bateaux anglais arrivent de temps à autre, mais il vaut mieux recourir au courrier aérien survolant New York, parfois ça ne prend que dix jours. Je n'ai pas encore tout à fait arrêté mes plans, je vais faire une conférence, bien payée, à San Paolo et donc ici je ne ferai que des interventions pour la bonne cause[2], ensuite deux conférences en Uruguay, puis Buenos Aires et le Chili ; cela couvrira largement nos dépenses, et cela me laisse le temps d'écrire d'ici

1. Serviteur.
2. La syntaxe originale était défaillante dans la lettre de Zweig.

là. Chaque jour j'admire davantage Rio, c'est la ville la plus colorée, la plus fascinante que je connaisse, pleine de surprises et de beautés toujours neuves ; elle se développe à une rapidité qui semble inconcevable – nous avons fait un tour du centre, d'une heure seulement (ça nous a coûté deux centimes américains) et nous n'avons pas vu la moitié de la ville. Aujourd'hui, nous nous sommes rendus à deux réceptions, et Lotte a conversé avec pas moins de quatre ambassadeurs (cinq, si l'on compte l'ancien ambassadeur Corbin[1]), tout d'abord à la réception organisée pour l'ambassadeur d'Uruguay, où elle était assise à côté du ministre des Affaires étrangères, puis à une fête donnée en son honneur (ou en notre honneur à tous les deux) chez le ministre des Communications – une maison charmante, au milieu de jardins, avec le genre de vue qu'on ne voit qu'en rêve. Hier nous avons fait une longue promenade nocturne en voiture, le long de l'océan et à travers les montagnes, demain nous recevons l'ambassadeur de Cuba[2] pour le thé, et d'ici là, des petites visites et des causeries, – trop, souvent, parce que j'ai envie d'explorer cette ville et qu'il y a tellement d'endroits que nous n'avons pas encore explorés, c'est le seul endroit au monde où je souhaiterais vivre s'il n'y avait pas la chaleur, qui entrave mon travail, comme je l'ai constaté à New York – mais ils commencent déjà à construire des maisons avec l'air conditionné. Nous lisons chaque jour les nouvelles d'Angleterre et vous vous doutez bien que nous ne vous oublions pas un seul jour au cours de nos heureuses journées passées ici, et avons un peu honte. Tendres pensées à vous tous.

Votre Stefan Zweig

*

1. Charles Corbin (1881-1970), ambassadeur de France à Londres de 1933 à 1940.

2. Alfonso Hernández Catá, voir p. 287.

POSTE AÉRIENNE
Teresopolis, 6.10.1940

Chers Hanna et Manfred,

Je vous écris à toute allure, car nous venons juste d'arriver, pour une semaine de vacances, et l'éditeur de Stefan[1] et sa femme, qui nous ont emmenés en voiture, sont encore avec nous, et nous attendent pour nous faire visiter la ville, ou le village, je ne sais pas. J'espère que vous allez bien, que Manfred n'a pas trop de travail et a pu prendre quelques jours de repos à Bath avec toi, Hanna. Comme j'aimerais que nous puissions être ici ensemble, vite ! [...]

Tendres pensées, et des baisers,

Lotte

Chers H & M. Chaque jour nous parcourons les journaux pour y trouver de bonnes nouvelles et suivre tout ce qui se passe – nous vous souhaitons le meilleur. Nous sommes très tristes de quitter le Brésil pour l'Argentine le 26 octobre – nous avons vraiment apprécié notre séjour là-bas. Nous avons vu des maisons merveilleuses, mon éditeur nous emmène partout où nous voulons dans sa voiture, notre ami le Vicomte Carnaxide[2] organise des événements mondains en notre honneur avec faste, l'ambassadeur de Cuba[3] m'envoie presque chaque semaine une boîte de havanes, et à chaque coin de rue on trouve des cafés. Nous vivons très chichement ici, et nous voyons beaucoup de choses – tout serait parfait s'il n'y avait pas ces pensées anxieuses vous concernant. Je pense que nous allons éliminer le Chili et le Venezuela, je n'ai pas tellement envie de voyager, dans la mesure où je n'ai pas le temps de travailler et qu'il faut faire son travail, même

---

1. Abrahão Koogan, voir p. 289.
2. Le vicomte Carnaxide était le représentant d'António Ferro (qui était en charge de la culture et de la propagande au sein du gouvernement portugais) au Brésil.
3. Alfonso Hernández Catá, voir p. 287.

par les temps qui courent. J'ai appris que Robert Neumann[1] était de retour, j'aimerais connaître son adresse, pour pouvoir lui dire à quel point nous ne l'oublions pas. Vôtre,

Stefan

*

Aux bons soins de Editora GUANABARA
132 Rua do Ouvidor Rio de Janeiro
Teresopolis 10.10.40

Chers Hanna et Manfred,

J'ai été très heureuse aujourd'hui de recevoir votre lettre du 24 septembre, et ce sans trop de difficultés. Vous vous en doutez, nous sommes toujours très inquiets pour vous quand nous apprenons dans le journal qu'il y a eu des attaques aériennes, c'est pour ça que nous vous avons demandé de nous envoyer un télégramme, si c'est possible, une fois par semaine. Hanna, ta lettre ne disait pas clairement si Manfred était encore avec toi à Bath – j'espère qu'il a pu rester quelques jours et bien se reposer. J'aimerais en savoir plus sur son travail, savoir si, étant médecin, il doit sortir même pendant une attaque aérienne, ou si peut-être il est aussi de service dans un hôpital à présent. J'espère que maman a réussi à quitter Londres. Je comprends bien que c'est difficile, et qu'en un sens elle préférerait rester, mais d'un autre côté ça n'a pas de sens pour elle de rester là où elle est si elle a l'opportunité d'aller dans un endroit plus tranquille. Je ne peux pas vous dire comme nous sommes heureux de savoir qu'Eva est en sécurité, et bien installée. [...] Nous avons reçu une première lettre d'elle aujourd'hui, elle disait qu'elle était très heureuse là-bas, que l'école est très agréable, et que les S. ont un énorme berger allemand.

1. Voir p. 292.

M. S. a rajouté une note pour dire comme il était content qu'elle soit là, et qu'ils étaient déjà très bons amis. Eva me dit aussi que ma belle-sœur et mon beau-frère[1] lui ont rendu visite. La nouvelle du désastre[2], que nous avons apprise dans le journal, a été un choc pour nous autant que pour vous, et j'imagine l'effet que cela a dû vous faire. Cette pensée nous a hantés pendant des jours. Heureusement que votre télégramme était arrivé la nuit précédente, parce que le télégramme des S. n'est arrivé que plusieurs heures après notre découverte de la nouvelle dans le journal. Enfin, au moins elle est en sécurité chez les S., et apparemment ravie de son sort. Je suis sûre que mes lettres, essentiellement du courrier aérien, qu'on devait nous faire suivre de Rio, ont été perdues. C'est le grand inconvénient de l'endroit où nous vivons. Tout le reste est parfait ici, le paysage est superbe, nous sommes au beau milieu des montagnes, à 1 000 mètres d'altitude, et pourtant l'atmosphère est tropicale, il y a des orangers, des bananiers, des bambous, nous avons des chambres charmantes avec une grande terrasse où nous travaillons, une piscine, des chiens, de la nourriture préparée par des Noirs, mais le courrier de Rio met plusieurs jours à arriver et parfois il n'arrive pas du tout. Nous avons fini par apprendre qu'un négociant qui monte de Rio chaque jour – c'est à trois heures de voiture – passe par ici, et c'est grâce à cela que votre lettre n'a pas été perdue. Cela donne à Stefan le courage d'envisager de revenir passer quelques jours ici lorsqu'il se sera acquitté de ses obligations et se sera rendu en Argentine et en Uruguay pour les conférences. Si nous suivons notre programme actuel, nous nous envolons pour Buenos Aires le 26 (six heures), y restons entre quinze jours et trois semaines, passons quelques jours à Montevideo, puis revenons ici, à Teresopolis, pour quelques jours de repos qui

1. Alfred et Stefanie Zweig, voir p. 296.

2. Le torpillage, le 17 septembre 1940, par des sous-marins allemands, du *City of Benares*, un navire à destination du Canada, qui transportait, en comptant l'équipage et les passagers 406 personnes, dont 90 enfants réfugiés. Il coûta la vie à 248 personnes, parmi lesquelles 77 enfants. Cette tragédie mit un terme au Children's overseas resettlement board de l'Etat britannique.

seront nécessaires après une semaine entière de réceptions incessantes, de conférences et de mondanités en plusieurs langues du matin au soir. L'endroit où nous habitons est parfait pour travailler et se reposer, et comme la lumière y est encore souvent un peu moyenâgeuse – l'éclairage dépend des ressources en eau et il n'a pas plu depuis des mois, donc il est plutôt falot et faible – nous allons nous coucher très tôt, et nous levons à sept heures, donc les matinées sont immensément longues, ce qui nous laisse beaucoup de temps pour travailler, marcher et nager si nous le souhaitons. C'est seulement le printemps, mais il fait déjà très chaud, et même si un peu de chauffage ne fait pas de mal (au fait, est-il possible de chauffer l'abri, et quelle pièce utilisez-vous pour jouer ce rôle, à Bath ?) la température va augmenter jusqu'à notre départ pour New York. Par chance nous avons découvert, lors de la vague de chaleur à New York, que nous la supportions bien tous deux, et ici, dans les hauteurs, à Teresopolis, les nuits sont toujours fraîches. Donc nous ne nous faisons pas de souci à ce sujet, quand bien même il nous faudrait rester en Amérique du Sud plus longtemps que nous ne l'envisagions jusqu'à présent.

Tu ne m'as pas dit, Hanna, combien de temps vous comptiez rester à Bath. Quoi qu'il en soit, je suis contente que la maison soit remplie d'amis, et que ça permette à certains de se reposer. Cela vous fera de la compagnie, à vous et aux enfants. Ursel[1] et Lotte[2] doivent avoir l'impression d'être de vraies grandes personnes, à côté de tous ces enfants plus petits. S'il te plaît, remercie Ursula[3] pour sa lettre. Est-ce qu'elle va à l'école comme d'habitude ? J'ai été désolée d'apprendre qu'Alice[4] habitait un quartier si menacé, et plus encore d'apprendre qu'il semblait y avoir de nouveau un

1. Ursel (Ursula Mayer), la fille d'Alice et Heiner Mayer, voir p. 291.
2. Lorle était la nièce et fille adoptive de Martha Kahn, voir p. 288. Après le départ des Zweig de Bath, elle passa la majeure partie de la guerre à Rosemount.
3. Ursula Mayer.
4. Alice Mayer, femme de Heiner Mayer, voir p. 291.

problème avec l'affidavit de Heiner[1], qui aurait dû arriver il y a longtemps. J'espère recevoir bientôt un télégramme m'annonçant que tout est réglé pour lui, même si l'idée de le savoir en mer sera plus angoissante que jamais. Continuez vraiment à nous écrire souvent, et en détail. Il est toujours possible qu'une lettre se perde, surtout en Amérique latine, et j'attends toujours la lettre hebdomadaire avec impatience. [...] Transmettez mes tendres pensées à tous les habitants de Rosemount[2] et de Woodstock Road. Je suis contente qu'ils se souviennent de nous et je n'ai pas de plus grand souhait que de pouvoir très bientôt raviver ce souvenir en personne, aux côtés de mon époux.

Tout le meilleur, et des baisers pour vous deux

Lotte

Chers H. & M. Je ne peux vous dire combien je suis heureux qu'il soit fait si bon usage de la maison de Bath, et que nous puissions rendre service à nos amis. Vous savez à quel point nous ressentons ces inégalités du sort ; le fait que mes obligations et mon travail me fassent résider dans un environnement fascinant, tandis que vous subissez les menaces de notre ennemi commun. J'ai rarement vu dans ma vie plus bel endroit, plus paisible, la ville est délicieuse, les domestiques sont toute la journée aux petits soins pour nous, et nous cuisinent tous les plats viennois auxquels nous n'avons pu goûter depuis des années. Et ce charme particulier de la nature tropicale : les nègres, qui travaillent au grand air, comme à l'époque de l'esclavage, sauf qu'ils sont contents, et toujours souriants, les cochons gras, les chevaux, c'est vraiment une hacienda de rêve. Et tout ce que nous avons vu à Rio : les demeures les plus parfaites qui soient, avec des jardins couvrant des montagnes entières, et puis l'autre face, la vie du petit peuple. A présent, il va falloir

1. Heiner Mayer, voir p. 291.
2. La maison des Zweig à Bath.

que je paye pour tout cela, en enchaînant les conférences, deux à Rio la semaine prochaine (en français), puis trois à Buenos Aires (en espagnol, et une en anglais) deux à Rosario et Cordoba, deux à Montevideo ; c'est très bien payé, et toutes nos dépenses sont amplement couvertes. Nous vivons ici comme à l'accoutumée, avec tout ce que nous voulons, en évitant soigneusement les hôtels de luxe, et vous n'imaginez pas la gentillesse des gens. Plutôt que d'aller au Chili et au Venezuela, nous reviendrons ici, au Brésil, il me reste à aller à Bahia, endroit pittoresque au possible, nous nous y rendrons peut-être en petit vapeur pour voir toutes les petites villes sur la côte – le moindre coup d'œil dans ces rues, emplies de tous ces gens colorés issus de tous les métissages imaginables, est un plaisir inépuisable ! Pardonnez mon mauvais anglais. A force de lire du portugais, de parler français et espagnol, j'ai perdu toute mon orthographe, et parfois je ne sais même pas quelle langue j'utilise, ou maltraite. Je n'ai pas oublié la maison, mais maintenant que je sais quel bon refuge elle constitue pour nos amis (tendres pensées pour tous) j'ai moins de remords ; bien au contraire ! Parfois je voudrais bien pouvoir échanger avec vous, juste pour une semaine, pour que tous ces bons moments ne nous soient pas réservés exclusivement, et pour partager votre vie difficile... Je me rends compte qu'il n'y a pas de justice en ce monde. Autour du Nouvel An, nous espérons pouvoir être auprès d'Eva. Vous comprendrez que nous ne pouvons vous donner de date, même approximative, car nos plans dépendent du travail, des invitations, des obligations, des départs de bateaux, et surtout de la manière dont les choses évoluent dans le monde. Si vous avez des nouvelles de Friedenthal dites-le-moi, j'aimerais tellement l'aider[1] – aucune chance aux Etats-Unis, mais ici, qui sait. Toute mon affection pour vous tous.

Stefan

1. Richard Friedenthal (voir p. 285) fut retenu prisonnier, en tant qu'ennemi étranger, dans le Shropshire et l'île de Man.

*

Aux bons soins de Editora GUANABARA
132 Rua do Ouvidor Rio de Janeiro

Rio, 16.10.1940

Chers Hanna et Manfred,

Il n'y a pas grand-chose à raconter aujourd'hui. Nous avons passé une semaine très agréable et extrêmement tranquille dans les montagnes, Stefan y a goûté tous ses plats préférés, il a pu travailler tranquillement, et nous avions plein de gens gentils à qui parler si nous le souhaitions. A présent, nous essayons d'accoutumer de nouveau nos oreilles au vacarme de Rio, et nous pensons au vacarme que vous devez endurer. Nous nous préparons à passer une semaine très animée avant notre départ pour Buenos Aires, et il est probable que nous y mènerons une vie agitée. A la mi-novembre, nous comptons être à Montevideo, et, d'ici fin décembre, à New York dont Eva sera l'unique agrément.

Nous espérons que les choses ne sont pas trop difficiles pour vous, et si les souhaits pouvaient devenir réalité, l'Angleterre aurait déjà gagné. Stefan essaye d'obtenir un visa pour permettre à son ami Friedenthal[1] de venir ici et peut-être lui trouver un petit travail, mais il ne sait pas comment communiquer avec lui, et puis les visas sont devenus presque aussi difficiles à obtenir ici qu'en Amérique, peut-être même plus, parce qu'il n'y a pas de règles, mais seulement des quotas opaques.

Tendres pensées à tous, des baisers à vous deux,

Lotte

1. Richard Friedenthal, voir p. 285.

M. Landau m'a écrit de Buenos Aires cette semaine pour me dire qu'il avait envoyé les formulaires signés pour l'affidavit de M. Mayer[1] par avion et en recommandé. Ils devraient arriver avant cette lettre – je ne sais pas à quelle adresse et j'espère que cela aplanira les derniers obstacles, puisqu'il semble que les affidavits les plus officiels aient été refusés.

Mes chers, je vous prie de dire à Eisemann[2] que je parlerai à mon ami – pour autant que je sache il n'a aucune influence de là où il est, sans quoi il aurait proposé son aide spontanément en voyant tous les télégrammes et lettres qu'on nous envoie chaque jour pour obtenir des visas pour l'Amérique latine. Jusqu'à présent mes voyages incessants ne m'ont pas permis de contacter les bonnes personnes, et nous devions obtenir les nôtres pour l'Argentine et les Etats-Unis. – tout devient plus difficile de jour en jour et les efforts les plus efficaces, il faut les garder pour ceux qui vous sont les plus proches. Je vous en prie, ne soyez pas tristes que votre enfant soit loin, nous sommes contents qu'elle soit en sécurité, et serions heureux de vous savoir tous deux plus près de nous.

Vôtre

Stefan

Je n'ai pas de nouvelles de Friedenthal[3] et je n'ai pas son adresse ; ce serait important que je l'aie.

*

1. Heiner Mayer, voir p. 291.
2. Heinrich Eisemann, voir p. 284.
3. Richard Friedenthal, voir p. 285.

EDITORA GUANABARA
WAISSSMAN KOOGAN LTDA.
LIVREIROS E EDITORES
RUA DO OUVIDOR, 132
TELEPH 22-7231
RIO DE JANEIRO
END.TELEG. : EDIGUA – BRÉSIL
Rio, 19 octobre 1940

Ma chère mère[1],

J'ai reçu aujourd'hui la lettre du 1er octobre que tu avais envoyée à notre adresse de New York, et j'espère que tu habites à présent un endroit plus paisible. Comme je te l'ai déjà écrit, ce n'est pas le moment de faire des économies, je serai contente si notre argent pouvait au moins servir à quelque chose maintenant, et si je te savais aussi à ton aise que possible. J'essaye souvent d'imaginer ce que doit être la vie dans une ville en état de guerre comme Londres, mais l'imagination me manque, et je ne peux qu'admirer et prendre en pitié ceux qui continuent à travailler et à vivre sous une telle tension. Quand nous tombons sur des gens qui ont vécu en Angleterre et ont conservé des contacts, nous ne manquons jamais de nous asseoir pour échanger des bribes d'informations, et nous avons un peu le mal du pays, même si nous savons, bien sûr, quelle chance nous avons de ne pas devoir subir la guerre jour et nuit. Avant même l'arrivée de ta lettre je m'attendais à ce que tu quittes Londres, et j'ai envoyé mes dernières lettres pour toi à l'adresse de Manfred. Je crains qu'étant médecin il ne soit obligé de sortir quelles que soient les circonstances, et je suppose qu'il a dit à Hanna de rester à Bath. Quoi qu'il en soit, ils seront contents de savoir qu'Eva est en sécurité, et, je le crois, très satisfaite de son nouvel environnement. Nous allons je pense la voir fin décembre – je te redis ce que nous avons prévu : départ en avion pour Buenos Aires le 26 (six heures), une quinzaine de jours en Argentine, où Stefan doit faire

1. Therese Altmann, voir p. 282.

une demi-douzaine de conférences, et un peu dans les universités du pays, puis quelques jours en Uruguay, avec une ou deux conférences à Montevideo, puis quelques semaines de plus au Brésil, sans doute à Teresopolis, où il ne fait pas trop chaud. Pour l'instant c'est le printemps et la température est encore agréable, et de toute façon, depuis que nous avons subi la canicule à New York et nous en sommes bien sortis, la chaleur ne nous fait plus peur. Nous quittons le Brésil à regret, et c'est seulement par sens du devoir et pour tenir ses promesses que Stefan a décidé de donner toutes ses conférences en Argentine et en Uruguay. Nous nous sommes fait quelques vrais amis parmi les centaines de gens que nous avons rencontrés, et c'est le genre de choses qui vous fait vous sentir un peu chez vous quelque part. Nous apprécions toujours la beauté de Rio, et bien que nous n'ayons pas eu beaucoup de temps pour faire des excursions, le moindre déplacement, à pied ou en tram – il y a aussi des bus, mais nous préférons les trams à l'ancienne, à l'air libre – est un plaisir, la nature est superbe et c'est très pittoresque. Stefan fait de son mieux pour travailler régulièrement, mais à Rio c'est très difficile, avec toutes ces sollicitations, les invitations, et maintenant les préparatifs pour le voyage. En outre, les gens d'ici ont beaucoup de temps libre, et ils conservent la bonne vieille habitude de passer faire un brin de causette l'après-midi, et trois fois par semaine Stefan prend des cours d'espagnol, parce qu'il va devoir parler en espagnol à certains endroits d'Argentine et d'Uruguay. J'ai renoncé à suivre ces cours. Il m'est impossible de séparer l'espagnol et le portugais, parce que j'entends et je lis les deux langues en même temps. Je me suis façonné un langage à moi, qui combine les deux, et j'arrive plus ou moins à me faire comprendre. Avec toutes ces invitations, nous ne sommes pas allés une seule fois à un concert, au théâtre ou au cinéma de tout le séjour, sauf une fois, pour la première d'une pièce portugaise. La nuit dernière, j'ai écouté la radio pour la première fois depuis notre arrivée ici, c'était les informations en anglais de la BBC, ça m'a fait bizarre de les entendre de si loin. Comme nous étions entre gens ayant vécu longtemps en Angleterre, nous sommes devenus très sentimentaux.

J'espère qu'entre-temps tu auras reçu les photos que j'ai envoyées il y a si longtemps. Heureusement les photographes se sont calmés et les journaux se contentent de raconter nos faits et gestes, comme de toute personne un peu connue. Dans l'ensemble nous avons mené une vie plus tranquille ces derniers temps, et les gens que nous voyons quand nous sortons sont essentiellement des connaissances, nos amis nous font parfois la surprise d'inviter des gens, ce qui nous oblige à nous concentrer toute la soirée pour nous rappeler à qui nous sommes en train de parler. Somme toute nous aurions mené ici une vie absolument parfaite, si nous n'avions pas à l'esprit en permanence une pensée pour tous ces gens restés en Europe. Stefan a reçu le meilleur accueil possible, et bien que cette publicité excessive ait parfois été pénible, en soi elle partait de bonnes intentions. Quoi qu'il en soit nous aimons tous deux beaucoup le Brésil, et si nous devions choisir, nous le préférerions de beaucoup aux Etats-Unis. Mais j'espère que ce choix ne sera pas nécessaire, et que tout sera bien qui finit bien plus tôt que nous n'osons l'espérer.

Tendres pensées, et des baisers,

Lotte

Stefan vous envoie ses meilleurs sentiments

Tendres pensées à Manfred et Hanna, j'attends leur prochaine lettre pour leur réécrire.

*

POSTE AÉRIENNE

[sans date]

Je joins quelques lignes sur ce fameux papier qui se prêterait sans doute mieux à d'autres usages[1]. Rio est et

1. Par « fameux papier », Stefan Zweig voulait sans doute dire « infâme journal », et suggérer malicieusement que sa qualité le rendrait plus apte à servir de papier toilette.

demeurera toujours la plus belle ville du monde, même quelqu'un d'une nature aussi peu enthousiaste que Lotte la trouve merveilleuse. Tout y serait idéal s'il n'y avait pas la chaleur en été et comme certains appartements sont déjà équipés de l'air conditionné, je me demande si ça ne pourrait pas me faire du bien pour des raisons de santé, d'aller vivre dans un climat du Sud. Et que ce monde est loin du vôtre, et de l'Amérique ! D'ici, on ne peut envoyer de lettres que par avion, et cela signifierait que je ne pourrais jamais envoyer de manuscrits et que Lotte devrait envoyer des lettres encore plus brèves que d'habitude. Mon espagnol s'améliore beaucoup et j'aime énormément cette langue – c'est peut-être la plus facile de toutes les langues latines, et je me demande ce qu'ils diront à Buenos Aires lorsque je ferai mes conférences en espagnol. Ici, nous menons une vie très tranquille, je fais de mon mieux pour prolonger cette vie solitaire, après avoir vu tellement de monde, et si je fais une conférence, je la placerai à la fin de mon séjour. Je n'ai pas reçu un seul mot d'Europe depuis des mois, à part vos lettres, et d'Amérique non plus je n'ai presque pas de nouvelles, mais je ne m'en plains pas, car toutes ces affaires personnelles n'ont plus la moindre importance désormais. Pour Friedenthal, je ne peux rien faire d'ici, à moins qu'il ne veuille s'y installer, le courrier n'a aucun effet en Amérique, il faut téléphoner encore et encore chaque jour, et courir. Il y a quelques semaines ç'aurait été bien plus simple, mais il n'a jamais dit ce qu'il voulait faire. Merci pour tout

Stefan Zweig

*

PAR AVION

Notre adresse maintenant :
Aux bons soins de Editora GUANABARA
132 Rua do Ouvidor, Rio de Janeiro
(qui fera suivre les lettres)
Rio, 23.X.40

Chers Hanna et Manfred,

Votre lettre de Bath vient d'arriver. (30.09 et 2.10) et j'y réponds sur-le-champ bien que nous reprenions un rythme délirant ici – nous partons samedi pour Buenos Aires, aujourd'hui Stefan donne sa conférence en français, « Vienne d'hier », depuis deux heures on essaye de nous joindre par téléphone de Buenos Aires, il y a des livres à signer de toute urgence pour des gens qui quittent Rio aujourd'hui, demain, un gala de charité juif que Stefan est chargé d'ouvrir, toujours demain, un déjeuner entre hommes, et vendredi, la dernière répétition de la conférence en espagnol prévue vendredi. Au milieu de tout ça, Stefan dicte une conférence en anglais, autrement dit moi je la traduis et lui il va la corriger, et une autre conférence pour les réfugiés de guerre de Buenos Aires, et il y a les corrections à apporter pour les autres conférences en français qu'il va devoir faire, et à un moment il va falloir que je fasse les valises. – et avec soin, car nous partons en avion, et je dois choisir ce que nous emportons. Je signe le formulaire de la Westm Bk[1] et Stefan va bientôt décider quoi faire pour l'autre autorisation et il l'enverra je pense dès que nous aurons un moment. – Cela m'a vraiment fait un choc d'apprendre que vous avez dû déménager une partie de vos meubles, mais je vous en prie, racontez-nous tout dans vos lettres. Il n'y a rien qui me ferait plus peur que de penser que vous me cachez quoi que ce soit sur ce qui se passe. Quant aux télégrammes : nous préférons que vous les envoyiez chaque semaine, ou tous les quinze jours. Les lettres sont si irrégulières, parfois, rien

1. Westminter Bank.

pendant quinze jours, puis le courrier aérien d'Angleterre deux fois par semaine. Et cela nous rassurera de savoir qu'il n'est rien arrivé. J'imagine que c'est difficile pour vous d'être entourés d'enfants inconnus en lieu et place d'Eva, mais souvenez-vous qu'elle est en sécurité, dans un environnement bienveillant et insouciant. [...] Pardonnez ma hâte, la conférence est à 5 heures, il est 3 heures et je dois poster ma lettre avant. Des baisers pour tout le monde. Lotte

*

DIRECCIÓN TELEGRÁFICA
« CITY HOTEL »
BUENOS AIRES

26 octobre [1940]

Chers Manfred et Hannah, cette lettre uniquement pour vous dire que nous sommes bien arrivés à Buenos. Lotte a été dûment photographiée, et nous pourrions ouvrir une boutique de fleuriste avec les fleurs qui jonchent notre appartement ici. Ensuite nous avons filé directement (sans égard pour tous les gens venus nous attendre dans le hall) à l'opéra, où nous avions des billets pour un merveilleux ballet, et maintenant je dois payer tout ça en faisant des conférences dans toutes les langues. Les Anglais et les Espagnols sont bien organisés, mais ceux qui posent problème, ce sont les Juifs. Ils sont 250 000 dans cette ville. J'ai proposé de faire une conférence pour collecter des fonds – et maintenant ils se battent, pour savoir qui doit l'organiser, les Sionistes, les réfugiés, ou les Spanioles[1]. Mon espoir le plus cher est que cette querelle me permettra d'y échapper, parce que pendant

1. Les sionistes de Buenos Aires venaient d'horizons divers, mais étaient majoritairement originaires d'Europe de l'Est ; les réfugiés étaient essentiellement des Juifs germanophones ; les « Spanioles », ce sont les Judéo-Argentins, notamment les écrivains de gauche, que Zweig avait rencontrés par le biais de son éditeur, traducteur et ami, Alfredo Cahn, et par la branche locale du PEN.

mon séjour ils seront occupés à mettre un terme à leurs débats. Nous allons aussi à Cordoba, Rosario, puis à Montevideo. Ces sept heures d'avion ont été un peu agitées, mais nous sommes arrivés à bon port sans problème, sauf que pendant l'unique escale de 20 minutes à Porto Alegre[1] je n'ai pas pu obtenir de café, ni fumer de cigare, parce qu'il y avait une réception. Dans ces pays, l'écrivain étranger est encore un animal rare et apprécié, et la curiosité nous prend beaucoup de notre temps, la pauvre Lotte est suspendue au téléphone à longueur de temps, pour expliquer en cinq langues différentes que nous n'acceptons pas d'invitations. Tout cela sera terminé d'ici quinze jours, et je pourrai enfin travailler un mois ou six semaines avant de partir pour New York. Pas de nouvelles d'Eva, il est peu probable qu'elle devienne un grand écrivain, mais je sais par ma belle-sœur qu'elle est heureuse, et j'aimerais que vous puissiez être à ses côtés. Nous nous disons chaque jour combien il est injuste que vous ayez à subir toutes ces épreuves – ne pensez pas que nous vous oublions. Pour Friedenthal j'ai déjà tenté quelque chose, mais ça va prendre un peu de temps. Et le pauvre Heiner[2] – on ne peut rien faire pour lui, sauf financièrement. Tendres pensées à tous vos proches

Stefan Zweig

*

DIRECCIÓN TELEGRÁFICA
« CITY HOTEL »[3]
BUENOS AIRES
Buenos Aires, 27.10.40

1. Porto Alegre, la capitale du Rio Grande do Sul, l'Etat le plus au sud du Brésil.
2. Heiner Mayer, voir p. 291.
3. Le City Hotel était un hôtel grand luxe qui avait ouvert en 1931. Construit dans un style vaguement néogothique, il se situait 160 avenue Bolivar, à quelques mètres de l'extrémité sud de la Plaza de Mayo, qui fut longtemps le foyer de la vie politique de Buenos Aires.

Chers Hanna et Manfred,

Cela va faire un jour que nous sommes à B-A. – une nouvelle ville, plein de gens nouveaux, plein de coups de téléphone, plein de délégations qui insistent pour obtenir toujours plus de conférences à l'œil, des monceaux de fleurs, plein de nouvelles choses à manger, plein de photos et d'interviews ; drôle de vie pour moi, et en même temps, vingt fois par jour, la pensée : à quoi ressemble la vie en Angleterre en ce moment, que sont-ils en train de faire en ce moment ? J'espère que c'est l'un des rares week-ends où Manfred est avec toi à Bath, et que maman a quitté Londres. Lotte Sch[1] est toujours chez les Raeburn[2], et je lui ai redit dans ma lettre de s'adresser à vous si elle avait besoin de quoi que ce soit. – Entre deux entrevues, Stefan met la touche finale à ses conférences diverses, et moi je tape la dernière. La conférence en espagnol s'appellera « *Unité spirituelle du monde* »[3], l'allocution en anglais portera le titre revigorant d'« Espoir dans l'avenir »[4], et l'autre conférence bénévole portera sur Vienne et sa culture[5]. Inutile de préciser que chaque conférence implique un cocktail avant, et un

1. Lotte Schiff, une amie intime de Lotte Zweig.
2. Les Raeburn étaient des voisins à Bath.
3. En français dans le texte. Le titre du discours en espagnol était « La unidad espiritual del mundo ». Prononcé deux fois devant des salles combles au Colegio Libre de Estúdios Superiores, il comparait la situation mondiale d'alors avec d'autres épisodes cruciaux dans l'histoire de l'humanité tels que la chute de Rome, le progrès du christianisme, la Renaissance et la montée du nationalisme. *La Nación* (Buenos Aires), 27 octobre 1940 et 30 octobre 1940.
4. Ce discours, en soutien à la Croix-Rouge britannique, fut prononcé au Cine Select sous les auspices des Olivos et de la branche Vicente López du Conseil de la communauté britannique. Zweig voulait s'y montrer optimiste et souligner que, par le passé, le monde avait déjà été secoué par des catastrophes et les avait surmontées. *Buenos Aires Herald*, 28 octobre 1940 et 31 octobre 1940.
5. Ce discours (« Wien des vergangenen Jahres »), au Salón de la Calle Cangallo 1372, dans le bâtiment de l'Unione e Benevolenza de la communauté italienne, fut prononcé en allemand. Il évoquait les nombreuses gloires culturelles de Vienne, et Zweig y expliquait son admiration pour le « supranationalisme » de l'Empire des Habsbourg. *La Nación* (Buenos Aires), 5 novembre 1940.

dîner de gala après. Dans une semaine nous partons pour Cordoba, Rosario et Santa Fé, une conférence à chaque fois – celle sur l'unité spirituelle, et l'autre sur la création artistique[1]. Ce voyage nous prendra entre 5 et 6 jours, et sera, je l'espère, intéressant et amusant. M. Cahn[2], le traducteur de Stefan, nous accompagnera (pour le plaisir, car notre espagnol est certes médiocre, mais suffisant pour se débrouiller). L'Uruguay, Stefan a tout d'un coup décidé de renoncer. C'est un peu un détour, et il va avoir sa dose de conférences pendant ces deux semaines ici. Nous allons peut-être rester un peu plus longtemps à Buenos Aires puis retourner au Brésil, et là-bas nous essaierons de rester à Rio (mais dans un autre hôtel, où nous pourrons avoir une chambre avec terrasse, qui nous donnera plus d'air) et ensuite, quand il fera plus chaud, nous irons quelque part dans les montagnes, nous ne savons pas encore où.

Tendres pensées et des baisers, prenez soin de vous,

Lotte

*

L'adresse est toujours :
Aux bons soins de Editora GUANABARA
132 Rua do Ouvidor, Rio de Janeiro
Buenos Aires, 1.11.40

DIRECCIÓN TELEGRÁFICA
« CITY HOTEL »
BUENOS AIRES

1. Le discours de Córdoba, prononcé au Teatro Rivera Indarte, la principale salle de concert de la ville, fut conjointement organisé par le Círculo de la Pensa et le Jockey Club. Le discours de Rosario fut prononcé sous les auspices de l'Ateneo Luís Bello, la plus importante institution culturelle de la ville. Il semble que Zweig n'ait pas fait d'allocution publique à Santa Fé. *La Prensa* (Buenos Aires), 28 octobre 1940 ; *La Nación* (Buenos Aires), 30 octobre 1940.
2. Alfredo Cahn, voir p. 283.

Chers Hanna et Manfred,

Je joins à cette lettre une longue lettre pour maman, transmettez-la-lui je vous prie, j'y ai écrit toutes les nouvelles. J'ai bien reçu ta lettre, Hanna, avec celle de maman, datée du 5 octobre, postée de Bath le 16, et qu'on m'a fait suivre de Rio, pas plus tard qu'hier. – ça n'aurait pas pu aller plus vite. Mais tu parles d'une lettre écrite par Manfred ; elle n'était pas avec les autres, et cela fait longtemps que nous n'avons pas reçu de lettre de lui. Cela ne m'étonne guère qu'il ait perdu bon nombre de ses patients au cours des derniers mois, mais pourquoi ne vient-il pas habiter avec toi pour de bon, ce n'est pas possible ? Cela semblerait tellement plus logique que de renoncer au reste de votre maison et de s'enterrer encore plus dans la ville. Je suis contente que maman soit désormais auprès de ses sœurs, cela vous fera un souci de moins à toi et à Manfred. Je regrette que le professeur M. et sa femme aient dû vous quitter, et j'espère que les nouveaux arrangements seront satisfaisants, et que ta femme de chambre pourra venir te rejoindre à Bath et te soulager un peu de ton travail. Au fait, c'est Clara Joss et Barbara[1] qui étaient censées venir – comment donc t'es-tu retrouvée avec Erwin[2] à la place ? C'est peut-être pour le mieux, car je me souviens que c'était un petit garçon futé, et j'espère qu'il ne te fatigue pas trop avec sa piété, et t'aide plutôt pour la maison et le jardin. Si tu persistes à vouloir convertir les étables en salles de séjour – je croyais que M. Orchard voulait y mettre une vache – et à accueillir des enfants, fais attention à ne pas devenir une deuxième

1. Clara Joss, émigrée d'Autriche, femme du dessinateur Fritz Joss, et leur fille Barbara. Ils faisaient partie du cercle d'amis des Altmann, auprès de Peter Smollet (voir p. 294) et de Litzi Philby (voir p. 292).

2. Erwin était le neveu et fils adoptif de Martha Kahn (voir p. 288) ; il arriva en Angleterre fin 1938 ou début 1939 grâce au Kindertransport, la mission de sauvetage d'enfants juifs d'Allemagne, d'Autriche et de Tchécoslovaquie. Après le départ des Zweig de Bath, Erwin passa la majeure partie de la guerre à Rosemount.

Mme Lewin[1]. Mais si ce n'est pas une charge trop lourde pour toi – pour nous c'est une bonne chose de penser qu'au moins notre maison sert à quelque chose et je suis contente que M. Miller[2] puisse à nouveau travailler – transmets-lui nos meilleures pensées, ainsi qu'à M. Ingram et M. Orchard – Il semble que tu aies reçu des nouvelles rassurantes de la part d'Eva et des S. à en juger par ta lettre, et vu ce qu'écrit ma belle-sœur, tu peux te tranquilliser totalement à son sujet. Elle a eu Eva chez elle pour le week-end, elle a vu Mme S., et elle téléphone à Eva chaque semaine, et elle a écrit qu'il était évident qu'Eva était heureuse là-bas, qu'elle s'était déjà fait des tas d'amis, et que les S. l'aimaient beaucoup. Même s'ils n'écrivent pas beaucoup, ça ne veut rien dire. Ils sont très américains, gentils, joyeux, et totalement incapables de se représenter ce qui sort de leur champ d'attention immédiat, et comme ces gens passent leur vie à courir, ils ne se rendent sans doute pas compte que la lettre d'une enfant ne suffit pas à rassurer des parents. Mais je me fie entièrement à ma belle-sœur, qui a plutôt tendance à être critique, elle m'informerait immédiatement s'il y avait le moindre problème, or pour l'instant ses lettres respirent la pleine satisfaction. – Je vous écrirai encore une fois d'ici notre départ pour les Etats-Unis, et je souhaite seulement que ni toi ni Manfred n'ayez de graves ennuis dans les jours à venir.

Tendres pensées et des baisers

Lotte

Tendres pensées. Vous imaginez à quel point nous sommes impatients d'avoir de vos nouvelles. J'aimerais que Manfred aille vivre à Bath, ça n'a aucun sens de continuer cette double vie, ne vous inquiétez pas pour sa clientèle, aussi longtemps qu'il me restera un centime là-bas – je vous en prie, soyez raisonnables, en ces temps de démence. –

1. Allusion à une « madame Lewin » qui dirigeait un foyer pour les enfants qui arrivaient en Angleterre grâce au Kindertransport.

2. Le jardinier des Zweig à Bath.

Notre vie ici est très intéressante, mais aussi harassante. Il semblerait que je sois un excellent conférencier, mais je n'ai aucune envie que ça se prolonge, et j'ai hâte d'avancer dans mon vrai métier. Mon affection pour vous tous Stefan

*

DIRECCIÓN TELEGRÁFICA
« CITY HOTEL »
BUENOS AIRES
Buenos Aires, 9.11.40

Chère maman, chers Hanna et Manfred,

Juste une courte lettre aujourd'hui, car bien que je n'aie pas accompagné Stefan à ses conférences à Cordoba, Santa Fé et Rosario – il rentre demain – j'ai été assez occupée avec les visas, les billets, etc., ce genre de choses, à répondre aux lettres, au téléphone et aux invitations (bien que je sois seule), et j'ai dû me débarrasser d'un rhume. Stefan est encore en voyage, et il revient demain, vers l'heure du déjeuner. A 6 heures nous avons promis de retourner à l'opéra voir un ballet et Hansel & Gretel, dans la version adaptée par de vieux amis de Salzbourg, à 10 heures, deux hommes viennent pour lui demander quelque chose, lundi il fait une conférence à La Plata, à une heure d'ici, mardi il doit voir un docteur qui veut lui nettoyer les oreilles (ce n'est pas grand-chose, mais c'est un peu douloureux), mercredi nous nous envolons pour Montevideo où nous attendent un comité d'accueil, un déjeuner et une réception après la conférence et une petite émission de radio[1], jeudi après-midi nous

1. Lors d'une soirée organisée par El Ateneo de Montevideo et diffusée par Radio City, Stefan Zweig prononça de nouveau son discours intitulé « La unidad espiritual del mundo ». *El Día* (Monteviedo), 13 novembre 1940, 14 novembre 1940 et 17 novembre 1940. Zweig fut également invité par la Confraternidad Balzaciana (Confrérie Balzac) de Montevideo quand il visita le Museo Balzac de la ville ; voir Eugen Relgis, *Stefan Zweig, cazador de almas* (Montevideo, Ediciones Humanidad, 1952), pp. 40-42.

revenons ici, dans la soirée pendant que je fais les valises Stefan va participer à une petite émission de radio, vendredi à 6 heures du matin nous partons pour Rio, où nous comptons arriver dans l'après-midi. A Rio nous logerons cette fois dans un autre hôtel, où nous aurons une chambre au sixième étage avec un grand balcon couvert, ce sera plus frais et plus agréable. Nous resterons là jusqu'à ce qu'il se mette à faire trop chaud, et ensuite, nous irons soit directement aux Etats-Unis, soit quelque part dans les montagnes près de Rio – nous ne savons pas encore où. [...]

Nous partirons sans regrets et avons hâte de retourner à Rio – bien que notre joie soit gâchée par la mort soudaine, causée par un accident stupide et tragique, de notre meilleur ami là-bas, Hernandez Cata, ambassadeur de Cuba, qui en peu de temps était devenu un de nos plus proches amis[1]. – ici nous avons mené une vie agitée et ça ne nous a pas tellement plu, malgré l'accueil magnifique qui a été fait à Stefan, qui a même surpassé celui de Rio. Mais nous préférons les Brésiliens, et les beaux paysages de Rio, et c'est peut-être pour cela que nos impressions ici étaient un peu faussées et biaisées.

J'espère de tout mon cœur que vous allez bien, et c'est un soulagement d'apprendre dans les journaux que les attaques contre Londres diminuent en intensité. Espérons qu'elles vont bientôt totalement prendre fin. Ici aussi nous avons rencontré une opinion favorable à l'Angleterre.

Tendres pensées et des baisers, et pour Manfred également,

Lotte

1. Alfonso Hernández Catá mourut le 8 novembre 1940. L'avion où il se trouvait, en compagnie de quinze autres passagers, venait de décoller de l'aéroport de Rio de Janeiro, Santos Dumont, à destination de São Paolo, lorsqu'il rentra en collision avec un autre avion, au-dessus de la baie de Botafogo. Il n'y eut pas de survivants. Selon le *Time Magazine* (18 novembre 1940), les enquêteurs chargés d'élucider les causes du crash décrivirent l'événement comme « un accident impossible ».

Adresse postale :
Aux bons soins de Editora GUANABARA
132 Rua do Ouvidor
Rio de Janeiro

*

DIRECCIÓN TELEGRÁFICA
« CITY HOTEL »
BUENOS AIRES
12 nov. 1940

Chère Hanna, je t'ai effectivement envoyé aujourd'hui un télégramme pour te demander de dire à Friedenthal[1] qu'on m'a annoncé aujourd'hui que le consulat d'Argentine à Londres avait reçu le mandat pour le visa. J'ai obtenu une audience privée avec Roca[2], le ministre des Affaires étrangères, pour lui demander trois visas, dont un pour Friedental[3], et il a eu la bonté de me l'accorder, et d'après ce que m'a dit son secrétaire, les télégrammes sont déjà partis pour Londres. Je vous en prie, donnez-lui de l'argent pour le voyage, autant qu'il voudra ; ici, à Buenos Aires, j'ai demandé à mes amis de lui venir en aide, et au Brésil aussi il se peut qu'il y ait des ouvertures pour lui. En ce qui concerne les Etats-Unis, je ne peux rien faire pour lui pour le moment.

Je viens de rentrer de ma tournée en province – une réussite, mais épuisante – je suis content que Lotte soit restée à Buenos Aires, elle n'aurait pas pu supporter cette cadence, des conférences, des nuits en train, et des trajets en voiture dès 7 heures du matin, des réceptions, des photographies. J'ai fait sensation, un écrivain venu d'Europe qui parle espagnol, et maintenant l'événement se déplace à Montevideo, où je dois parler dans une grande salle devant 4 000 ou

1. Richard Friedenthal, voir p. 285.
2. Julio A. Roca Jr, ministre des Affaires étrangères, qui démissionna en 1941.
3. Richard Friedenthal, voir p. 285.

5 000 personnes, en laissant derrière moi notre serre fleurie – même les toilettes et le bidet sont pleins de fleurs pour Lotte. Mais comme nous serons heureux de retrouver une vie paisible et de ne plus rivaliser avec les stars de cinéma. Nous avons refusé le Chili, le Paraguay, la Colombie, Cuba, pour l'instant nous avons eu notre content – de succès, de cachets, de fleurs, de gens et de réfugiés. Comme nous aimerions être tranquillement installés à Bath !

Une triste nouvelle, notre meilleur ami à Rio, Hernandez Catá, l'ambassadeur de Cuba, a été tué dans un accident d'avion stupide. Trois jours après sa mort une lettre de lui m'est parvenue ici, disant qu'il viendrait nous chercher à l'aéroport avec sa voiture – et entre-temps il a perdu la vie au cours d'une excursion en avion. C'était l'homme le plus gentil que j'aie rencontré depuis des années, et il avait accepté de se porter garant pour Eisemann[1] à Cuba – j'espère qu'ils ont bien envoyé à Eisemann le visa depuis La Havane. Vous comprenez bien qu'il n'y a que comme ça que nous pouvons nous montrer dignes de ce statut privilégié et de ce bonheur, en essayant d'utiliser notre influence pour aider les autres. C'est terriblement difficile car l'ordre a été donné secrètement de ne plus accorder de visas aux Juifs, et seul le ministre de l'Intérieur en personne peut briser cette règle. Quelle époque – et combien nous pensons souvent à vous, à tout ce bonheur en surplus qui devrait vous revenir de droit, à tous. Je dois maintenant travailler pendant deux mois à mon livre sur le Brésil, et ensuite nous envisagerons de nous rendre à New York – ma belle-sœur est en contact avec Eva et grâce à elle nous avons régulièrement des nouvelles – pas par Eva, qui est, à ce qu'il semblerait, trop heureuse pour écrire.

Vôtre

Stefan Zweig

1. Heinrich Eisemann, voir p. 284.

Mes Chers amis,

Je suis affreusement occupée, fatiguée, et encore bouleversée par la nouvelle de la mort de Catá, et c'est la seule chose qui vienne gâcher notre plaisir de revenir à Rio et de retrouver une vie normale, studieuse, et les beaux paysages. Je vous écrirai plus longuement dès que nous serons arrivés à Rio. D'ici là, tendres pensées et des baisers

Lotte

*

POSTE AÉRIENNE
Pendant le trajet Buenos Aires-Rio, 15 novembre [1940]

Chers Hannah et Manfred, nous voilà installés dans l'avion, où nous avons enfin un peu de temps, pour la première fois depuis trois semaines. Nous n'avons pas arrêté, hier à 10 h 30 j'ai enregistré une émission, nous sommes rentrés à minuit à la maison, où m'attendait un agent de cinéma. Le matin nous avons dû nous lever à cinq heures, et à six heures nous sommes tombés sur le même agent, à présent nous sommes en route, après avoir été photographiés pour la millième – et dernière – fois. J'ai fait une dizaine de conférences, au lieu des quatre prévues, ces trois dernières semaines, et nous avons doublé les tarifs des dernières, à l'exception d'une en anglais, et d'une en allemand que j'ai faite pour la bonne cause. Puis les discours aux repas officiels, les interviews, les poses pour les actualités cinématographiques, les voyages – j'ai dû faire au moins l'équivalent d'un tour du monde – hier, l'Uruguay à nouveau, aller-retour en avion : la pauvre Lotte était totalement épuisée, alors même qu'elle ne m'a pas accompagné lors des voyages les plus harassants en province. Mais c'est terminé à présent. J'ai gagné en trois semaines de quoi mener une vie paisible pendant les trois mois à venir, et avancer un peu dans mon travail. Il me tarde de passer des moments paisibles, loin des projecteurs. Et dès que je voudrai recommencer à faire des conférences, je pourrai le faire, je suis invité au Paraguay, à Cuba, en Colombie, au Chili, et dans je ne sais combien de pays, et bien sûr ici, et à nouveau en Uruguay. Mais nous resterons au moins deux mois au Brésil et nous allons voir comment nous supportons le climat en été, nous allons probablement nous retirer dans les montagnes (le seul problème ici, c'est de trouver un hôtel avec un peu de confort et de tranquillité, parce que tout Rio migre dans ces endroits en même temps).

Quant à Friedenthal[1], je vous ai écrit que j'avais obtenu une audience privée avec le ministre des Affaires étrangères, qui à ma demande m'a accordé trois visas, deux pour mes anciens éditeurs[2] hollandais et un pour Friedenthal ; à ce qu'on m'a dit, les télégrammes sont déjà partis vers leurs consulats respectifs. Néanmoins, je ne suis pas sûr que tout sera réglé ensuite, car je me souviens que chaque fois que nous avons nous-mêmes dû nous occuper de nos visas, il y a eu des retards, et parfois on nous a oubliés ; s'ils ne lui sont pas remis, je vous prie de m'envoyer un télégramme pour que je puisse leur rappeler de le faire. Je me souviens comme nous avons eu du mal à transformer notre visa de tourisme au Brésil en visa permanent, et vous imaginez que pour nous tout était bien préparé, mais il y a toujours quelque chose qu'on oublie, ou un détail qui manque, en ces temps bureaucratiques ; à présent, en ce qui nous concerne, tout est en ordre, nous n'avons plus besoin de permis spéciaux pour sortir du Brésil et y retourner, et pouvons y rester aussi longtemps que nous voudrons.

Tout ce que vous nous écrivez à propos de notre demeure de Bath est très réconfortant ; je vous en prie, n'oubliez pas que vous pouvez me faire vraiment plaisir, tout simplement en disposant de tous mes biens, pour vous et votre famille,

1. Richard Friedenthal, voir p. 285.
2. Outre le visa pour son ami Richard Friedenthal (voir p. 285), Zweig essayait d'obtenir des visas pour Herbert Reichner, un de ses anciens éditeurs en Autriche, et pour Fritz Landshoff (voir p. 290), qui avait contribué à fonder, à Amsterdam, Querido Verlag, maison d'édition germanophone en exil.

comme si c'était les vôtres. C'est une grande satisfaction pour moi de savoir qu'ils servent à quelqu'un – et surtout à des gens comme vous – alors qu'ils ne me sont d'absolument aucun usage. Je vous en prie, gardez toujours cela à l'esprit. Et Manfred pourra se reposer de temps à autre. Qui sait ce que l'avenir nous réserve, il ne reste qu'une seule chose sage à faire – rester en forme, conserver son corps et son esprit en bon état de marche. Quant à Eisemann[1], je crains que la mort de notre ami Hernández Catá ne s'avère fatale pour son visa cubain, dans la mesure où c'était Catá qui se portait garant pour lui, et qu'à présent le seul homme qui pourrait plaider pour lui en cas d'obstacle ou de contretemps n'est plus de ce monde. Je regrette pour Eisemann que ça n'ait pas marché tout de suite comme Catá et moi le souhaitions, mais une autre opportunité se présentera peut-être. Un libraire de Buenos Aires lui a envoyé un télégramme pour obtenir des livres et ils sont désormais en contact – il y a beaucoup d'argent ici, mais les gens en Argentine n'ont pas encore appris à le dépenser pour des objets culturels, ils commencent doucement à s'y mettre. Ce pays n'est pas très stimulant, et Lotte et moi préférons le Brésil, qui est pittoresque, et très charmant, tant par ses paysages que par ses habitants. J'espère que vous découvrirez cela un jour. Et à présent je laisse la page à Lotte, qui s'est remise, et vous écrira tout ce que j'ai oublié de vous raconter sur l'Argentine et l'Uruguay (où la nourriture copieuse et la cadence effrénée ont, pour nous autres Européens, quelque chose d'excitant)

Vôtre

Stefan

Chers Hanna et Manfred,

Nous avons reçu hier à la fois la lettre d'Hanna, avec une copie de la première lettre d'Eva, et la tienne, Manfred, qui

1. Heinrich Eisemann, voir p. 284.

était très intéressante. Je suis heureuse et reconnaissante de la savoir en sécurité et contente, et son antipathie à l'égard de ma belle-famille est peut-être un peu exagérée, mais pas totalement injustifiée, dans le fond[1]. Cela m'a fait plaisir d'apprendre que jusqu'ici vous alliez bien, tous les deux, mais je serais plus rassurée si vous aviez tous deux quitté Londres. Quand renonceras-tu à Woodstock Road ? – Nous sommes contents de revenir à Rio et avons la ferme intention d'y mener une vie paisible et d'y travailler. Je regrette seulement de ne pas avoir emporté une autre machine à écrire portative Royal dans mes bagages, la mienne commence à fatiguer, bien qu'elle reste incomparablement en meilleur état que celle de ton frère. Heiner[2] a-t-il reçu les papiers pour l'affidavit ? Tu n'en as pas parlé dans ta lettre, et j'ai juste appris par New York qu'il avait télégraphié pour accuser réception de l'affidavit et que les formulaires avaient été expédiés en recommandé depuis Buenos Aires. La première femme de Stefan et la majorité de ses collègues ont réussi à quitter la France et ils sont à New York à présent. En Amérique latine il y a peu de nouveaux arrivants, car les visas pour tous ces pays-là sont en train de devenir pratiquement impossibles à obtenir. Sur notre voyage en Argentine, je vous écrirai davantage plus tard, lorsque mes impressions seront fixées. Pour l'instant, je n'arrive à me souvenir que des portions de viande, énormes, du temps qui variait sans cesse entre chaleur et froid, du téléphone qui n'arrêtait pas de sonner, de Stefan, enchaînant les conférences, et faisant des petits discours entre deux conférences, de moi-même, harassée de fatigue, et de tout ce temps gaspillé pour des petites choses, du petit matin à tard le soir. Ce que j'ai retenu de l'Uruguay, c'est mon premier trajet en hydravion, et le fait que nous n'avons parlé qu'en espagnol, et que par chance les femmes n'étaient pas admises au banquet qui suivait la conférence.

1. Alfred Zweig et sa femme Stephanie, voir p. 296.
2. Heiner Mayer, voir p. 291.

Amitiés et des baisers, et mes tendres pensées pour les habitants de Rosemount – et ceux de Woodstock.

Lotte

*

Aux bons soins de EDITORA GUANABARA
(WAISEMANN KOOGAN LTDA.
LIVREIROS E EDITORES)
RUA DO OUVIDOR, 132
(TELEPH. 22-7231
RIO DE JANEIRO
END.TELEG. : EDIGUA – BRÉSIL)
Rio, 19.11.40

Chers A. & M. nous ne pouvons rien vous dire sur Eva, car elle ne nous a pas écrit – [...] en tout cas nous espérons la voir en février. Pour le moment, nous n'avons qu'un désir : être assis tranquillement et ne plus bouger. J'ai eu mon content de voyage par les airs, en auto, en train et en hydravion en seize jours – c'est plus que ce que d'autres font en une vie entière, et la perspective de devoir faire un voyage de quinze jours pour me rendre à New York est proprement terrifiante à mes yeux, pour le moment. Je suis très inquiet pour Manfred. Je ne comprends pas quel besoin il a d'entamer maintenant une nouvelle carrière de spécialiste en radiologie – sa clientèle se développera de nouveau après la guerre, et il ferait mieux de se reposer. Ne pensez pas trop à l'avenir, et rappelez-vous constamment que vous avez un enfant, qui a besoin de votre présence. Ne vous inquiétez pas pour l'argent, vous savez désormais que l'un des rares plaisirs qui me restent est de savoir que vous n'avez pas à y penser, et pouvez dépenser le mien librement et sans compter – nous avons des devoirs les uns envers les autres en ces temps difficiles. Je vous l'ai dit, j'ai dû faire dix conférences au lieu de quatre, et j'ai des invitations pour en faire d'autres en espagnol, et dans absolument tous les pays d'Amérique latine – ce qui nous fait au moins quelque chose d'utile à faire et je suis heureux d'avoir la résistance physique suffisante pour supporter cette pression épuisante. Vôtre, Stefan Zweig

Vous recevrez bientôt confirmation du visa de Friedenthal[1], pour éviter qu'on ne lui fasse des difficultés – on m'en a fait la promesse formelle.

*

Rio, Central Hôtel

Rio, 22.11.40

Chers Hanna et Manfred,

A l'instant votre télégramme indiquant votre nouvelle adresse – [...] J'envoie mes meilleurs vœux pour la nouvelle vie de Manfred, et avant tout, je souhaite qu'il puisse vivre là-bas tant que ça durera, sans avoir à déménager, et continuer à venir passer de longs week-ends à Bath. – Quant au visa de Fr's[2], nous vous avons à nouveau envoyé un télégramme hier. L'explication, c'est que la deuxième personne à qui Stefan a obtenu un visa pour l'Argentine depuis l'Angleterre nous a fait savoir par télégramme qu'elle avait eu du mal à l'obtenir malgré les instructions reçues de Buenos Aires par télégramme, et c'est la raison du deuxième télégramme, qui donnait mandat au consul d'Argentine à Londres d'accorder à ces deux personnes au moins un visa de tourisme. Mais peut-être que Fr., de religion protestante, rencontrera moins d'obstacles que l'autre, l'ancien éditeur de Querido[3] à Amsterdam, qui se trouve à présent en Angleterre. Tu ne donnes pas de nouvelles de ton frère, donc je suppose que ce n'est pas réglé. Dites-lui, s'il veut bien,

1. Richard Friedenthal, voir p. 285.
2. Richard Friedenthal, voir p. 285.
3. Fritz Landshoff, voir p. 290.

d'emporter la malle à manuscrits de Stefan pour le voyage. Elle est toujours utile, et je regrette de ne pas avoir insisté pour la prendre. – Nos plans n'arrêtent pas de changer. Le dernier en date consiste à rester trois mois ici, à Rio, au lieu de refaire à nouveau nos valises dans quelques semaines pour partir dans les montagnes. Pour l'instant nous n'avons pas trop chaud, bien qu'il fasse un temps superbe. Stefan veut que je présente mes excuses à maman car je lui ai écrit que c'était la saison des pluies – nous avons une vaste chambre, avec une grande terrasse couverte, abritée du soleil à partir de 10 heures du matin, et donnant sur une plage, et il y a même un vrai bureau dans la chambre. Donc je pense que nous allons rester ici et voir combien de temps ça nous plaira. S'il se met à faire très chaud, nous pensons aller aux Etats-Unis, avec une escale à Bahia et à Pernambuco, puis prendre un bateau pour La Nouvelle-Orléans, et de là continuer en train jusqu'à New York, où nous chercherons un hôtel ou un petit appartement meublé quelque part non loin de la ville, mais pas en ville, car Stefan a maintenant trop d'amis et de collègues à New York pour pouvoir y travailler tranquillement. Il va sans dire que j'en profiterai pour voir beaucoup Eva, et vous faire un compte rendu détaillé, mais je suis désormais certaine qu'elle se sent tout à fait chez elle à la Nouvelle Rochelle, car j'interprète son silence comme le signe qu'elle est plaisamment occupée tout le temps. Je pense que nous irons à New York d'ici fin janvier ou mi-février. – J'espère qu'à Bath tout se passe bien, malgré l'affluence, et j'espère que ni les enfants ni les adultes ne vous causent de souci. Dites s'il vous plaît à Lizzy[1] et Mannheim[2] que je veux depuis longtemps leur écrire, et n'ai pas renoncé à ce projet. – Il sera bientôt temps de vous souhaiter un bon anniversaire, à toi et à maman. Je suis désolée de ne pouvoir vous offrir de cadeau, tout ce que je peux vous dire, c'est que cela me

1. Litzi Philby, voir p. 292.
2. Karl Mannheim, voir p. 290.

ferait plaisir si vous vous offriez mutuellement des cadeaux, ou bien vous en achetiez chacun un de ma part.

Tendres pensées, à vous et aux Smollett[1]
Et des baisers, mes amitiés, et toute mon affection,

Lotte

[Les pages 1 à 3 de la lettre qui suit ont été perdues]

Suite de la page 3 se rendre à New York. Pour ma part je déteste l'idée d'avoir à changer et à faire les valises, d'autant plus que la grande famille de Schnorrers[2], qui nous attend là-bas, rendra ce séjour fatigant. Je veux travailler, et ça m'a été presque impossible pendant mon cycle de conférences, et avec ces incessants voyages. L'heure tourne, et bientôt ce sera ma dernière année dans la cinquantaine, et je ne pense pas parvenir à écrire un jour un livre, avec cette nouvelle vie qui commence à soixante ans ! Est-il nécessaire d'ajouter que nous pensons constamment à vous et que nos vœux de bonheur parcourent l'océan, ce même océan qui s'étend, si bleu et serein, sous nos fenêtres, tandis que vous devez lutter contre les forces de ce diable qui veut détruire nos vies. A jamais vôtre

Stefan Zweig

*

1. Voir Peter Smollett, p. 294.
2. Terme yiddish qui signifie « mendiants » ou « pique-assiette ». En allemand, le mot a pris le sens de « parasite ». On s'attend à ce qu'un *« schnorrer »* fasse preuve d'une certaine *Chutzpah* [insolence, NDT], et réclame de l'argent sous prétexte de religion.

AEROGRAMMA
VIA PANAIR
Aux bons soins de Editora Guanabara
132 rua Ouvidor
Rio de Janeiro
Rio, 27.11.40

Chers Hanna et Manfred,

Nous n'avons reçu aucune lettre de vous depuis la semaine dernière et jusqu'ici aucune cette semaine, et je suis contente que nous ayons au moins reçu le télégramme nous annonçant votre nouvelle adresse. Peu de choses à raconter ici. Nous avons passé une semaine paisible, n'avons pas vu grand monde, avons profité de notre balcon, et du climat qui reste tempéré. Nos plans demeurent encore incertains. Nous comptons rester ici, à l'Hôtel Central[1] tant qu'il ne fera pas trop chaud, et ensuite – vers mi ou fin janvier – nous aimerions nous rendre à New York pendant que ce sera la saison chaude ici. Mais le voyage coûte très cher, aussi aimerions-nous que vous téléphoniez au [-?] Lloyd pour demander s'il serait possible de nous envoyer le billet depuis l'Angl[2] ou bien de le payer là-bas, et de dire à l'agence Cook[3] ici d'arranger les choses pour nous. Peut-être que vous, ou bien l'agence de voyages, pourriez nous dire par télégramme si c'est réalisable sans trop de difficultés, et si oui, comment il faut procéder. – Stefan veut ajouter quelques lignes encore, alors je vous envoie seulement mes tendres pensées, et la nouvelle que nous avons enfin reçu une lettre d'Eva, plutôt longue. Nous espérons la voir en février. Toute mon affection

Lotte

1. Construit en 1915 et démoli en 1952, l'Hôtel Central était situé sur la plage de Flamengo (Praia do Flamengo).

2. Angleterre.

3. L'agence de voyages Thomas Cook, qui avait des bureaux et des succursales dans le monde entier.

Chers Hannah et Manfred, nous ne savons pas encore ce que nous ferons en janvier. Jusqu'ici le temps est très agréable et si cela n'empire pas nous allons rester là, dans cet hôtel très bien aéré. Quant au voyage à New York, nous n'avons rien décidé pour le moment. C'est un voyage d'au moins treize jours, peut-être même plus, et très cher. Peut-être pourriez-vous demander à l'occasion à l'agence de voyages où nous avons acheté nos billets pour la traversée s'il nous serait possible de leur acheter un billet d'ici à New York, pour embarquer sur un des paquebots MacCormick, et s'ils pourraient nous envoyer le billet par télégramme ici – cela nous simplifierait beaucoup les choses, et ça nous rapprocherait de l'Angleterre. Si c'était possible, faites-le, je vous en prie, et tenez-nous au courant par télégramme. Nous passons beaucoup de temps à nous occuper de formalités de toutes sortes, ici, car notre laissez-passer va bientôt expirer, aussi, pour simplifier les choses, et nos futurs voyages, en avons-nous pris un illimité, qui bien sûr nous garantit plus ou moins que nous n'aurons pas à remplir à nouveau sans arrêt leurs formulaires, mais que de formalités il a fallu subir, relevés d'empreintes, attestations, paperasses à n'en plus finir, enfin à présent c'est fait, et nous n'aurons plus jamais à redouter les retards, les obstacles, etc. Quant à faire de nouvelles conférences, j'y suis plutôt réticent, les voyages d'un pays à l'autre sur cet énorme continent prennent des jours et des jours ; je préfère rester tranquillement assis et travailler – pour l'instant la chaleur n'est pas encore arrivée et la beauté de cette ville nous fascine toujours plus, même après plusieurs semaines. Si nous pouvions vous accueillir ici en cure de repos une quinzaine de jours vous arriveriez à oublier tous ces jours difficiles et à vous remettre, moralement et physiquement. [...] Ici, nous sommes très contents d'en avoir fini avec les conférences – j'en ai juste fait une hier au ministère des Affaires étrangères, en l'honneur de notre ami, l'ambassadeur cubain, que nous avons perdu dans un accident d'avion. Lotte se sent bien et je le répète, nous serions heureux si nous vous savions en sécurité – j'espère que vous prendrez tous deux quelques jours de repos à Bath, au moins pour Noël. Nous aurions aimé vous envoyer du café, du sucre, et d'autres denrées brésiliennes en guise de cadeau de Noël, mais nous allons d'abord demander si c'est possible et s'il n'y a pas besoin d'autorisations spéciales – on s'attend à rencontrer partout des obstacles administratifs, et j'aurais tellement aimé vous montrer que nous ne vous oublions pas et que nous nous rappelons ce dernier Noël à Bath. Espérons que des heures comme celles-ci, joyeuses et chaleureuses, reviendront un jour.

Vôtre

Stefan Zweig

*

Hotel Central
POSTE AÉRIENNE
Rio, 3.12.40

Chers Hanna et Manfred, aucune lettre ni de vous ni de maman depuis plus de deux semaines et je suis contente que nous ayons enfin reçu votre télégramme. Mais je ne veux plus attendre davantage – puisse cette lettre te souhaiter, Hanna, un excellent anniversaire, du fond du cœur –, espérons que lors du prochain nous serons tous réunis de nouveau. Comme je vous l'ai télégraphié, une lettre d'Hanna, au moins, est en route, et nous en avons reçu une. Elle semble être très bien, très heureuse là-bas, et ma belle-sœur m'a écrit récemment qu'elle l'avait eue à nouveau au téléphone, et si tout se passe comme prévu, j'espère la voir en février. Entre-temps nous expérimentons l'été brésilien. La température monte progressivement, mais notre chambre est très aérée, Stefan, tu le sais, adore transpirer, donc jusqu'ici tout va bien. – et nous essayons souvent d'imaginer votre vie qui, à tous égards, doit être à l'opposé de la nôtre. J'espère au moins que Manfred se prendra de longues vacances de Noël à Bath, bien que je ne sois pas certaine que l'endroit soit aussi paisible qu'il l'a été ces derniers mois. Est-ce que toutes les familles qui habitent Rosemount occupent le salon[1] ? Et Clara[2] est-elle ici avec son enfant, en ce moment ? Et comment se passent les choses à Regency Lodge ? Le déménagement a-t-il été difficile, à moins que vous ayez laissé vos meubles ? Marta va avoir de quoi faire là-bas, je pense, et ça lui fera plaisir. Je ne suis pas sûre d'avoir envie que les choses soient réglées pour ton frère, je n'aimerais guère le savoir en voyage en ce moment. Paul[3], contrairement à ce que disait votre lettre, n'est pas encore arrivé. Nous menons une vie très paisible à présent. Tant que la famille de notre ami Catá[4], qui est mort dans ce stupide accident d'avion, est restée à Rio, nous avons passé du temps chez eux, et Stefan a fait un discours lors de la cérémonie d'hommage. Ils sont partis maintenant, et nous voyons peu de gens, nous ne sortons pas beaucoup, nous préférons rester assis sur notre balcon, pour travailler et lire. Nous avons fait une excursion ou deux, et sommes toujours enchantés de découvrir de nouveaux lieux inconnus.

Encore un très bon anniversaire, et tous mes vœux,

Lotte

Chère Hannah, je te souhaite un très bon anniversaire ; le mien a été un peu gâché ; au cours d'une de ces innombrables procédures administratives, une aimable fille, métisse, de ce type charmant que j'admire tant, a écrit sur le registre, à la rubrique cheveux : « gris ».[5] Comme je lui ai dit que

---

1. Rosemount était habitée par des émigrés, amis et parents des Altmann, et par des gens qui travaillaient à l'amirauté, qui, pendant la guerre, avait été déplacée de Londres à Bath.

2. Clara Joss, émigrée d'Autriche, femme du dessinateur Fritz Joss, et leur fille Barbara. Ils faisaient partie du cercle d'amis des Altmann, auprès de Peter Smollett (voir p. 294) et de Litzi Philby (voir p. 292).

3. Paul Frischauer, voir p. 286.

4. Alfonso Hernandez Catá, voir p. 287.

5. Stefan Zweig était de plus en plus angoissé par son soixantième anniversaire imminent, et sa couleur de cheveux lui semblait être l'incarnation concrète de cet âge avancé.

c'était la première fois de ma vie, elle a eu la gentillesse de rectifier par « bruns », mais c'était, je le crains, la dernière fois. Ne suis pas cet exemple fâcheux. Vous n'imaginez pas comme nous lisons les journaux – en croisant les doigts, vous savez combien j'ai essayé de me rendre utile depuis le début ; nous essayons de nous imaginer tous nos amis, et l'endroit où ils se trouvent. De mon côté je n'ai pas de nouvelles, et je ne sais pas où leur écrire, car pour la plupart, ils ont sans aucun doute quitté Londres. Souvent – non, chaque jour, nous avons honte de jouir d'un si magnifique été ici, la chaleur n'est pas aussi terrible que nous le redoutions, et nous espérons la supporter tout du long. Je suis heureux de pouvoir un peu faire une pause dans mes conférences, j'ai horreur de devoir être un personnage public du matin au soir, et j'apprécie cette intimité retrouvée. Nous n'avons qu'une chambre, mais avec une très grande terrasse, donc c'est presque comme s'il y avait deux pièces – ce qui me manque, ce sont les livres, car je n'ai pas assez de place pour en mettre ici. J'en aurai mon content aux Etats-Unis, avec ces merveilleuses bibliothèques qu'ils ont là-bas – je rêverais d'aller quelque part (ville universitaire, ou autre) à environ deux heures de New York, pour y mener une vie paisible, avec malgré tout la possibilité de « se rendre en ville » – à peu près la distance entre Bath et Londres, qui était agréable en temps de paix. Ainsi Lotte pourrait voir Eva de temps à autre, et moi mon frère[1], et quelques amis, mais il faut que j'esquive d'innombrables personnes qui sont là-bas. Que de choses tu auras à nous raconter, je ne sais pas comment tu fais pour répartir ton temps entre tous ces gens qui ont besoin de tes soins et de ton aide, mais plus tu seras occupée, et moins tu te feras de soucis pour Eva ; qui a vraiment l'air d'apprécier sa nouvelle vie, et même la lettre assez sévère que nous lui avons envoyée pour lui dire de vous écrire au moins une fois par semaine ne parviendra pas à lui gâcher son séjour privilégié. Je pense qu'il vaut mieux que nous

1. Alfred Zweig, voir p. 296.

envoyions notre prochaine lettre à l'adresse de Bath, où, je l'espère de tout mon cœur, Manfred pourra se prendre quelques jours de congé ; par les temps qui courent, il faut savoir saisir le moindre instant de bonheur et l'apprécier – évitons de trop réfléchir, ça ne sert à rien. Toute mon affection à ta sœur, à tous nos amis si tu les vois – je voudrais vous décrire combien ce monde d'Amérique latine est paisible, et n'a même pas idée de ce qu'est notre sort, mais cela vous semblerait invraisemblable. A jamais vôtre

Stefan Zweig

*

POSTE AÉRIENNE
7 XII 1940

Chers Hannah et Manfred, nous avons reçu aujourd'hui une lettre d'Eva nous disant qu'elle était sans nouvelles de vous depuis quatre semaines. J'ai peur que les lettres n'aient été perdues. Nous vous avons écrit, à tous deux, chaque semaine, régulièrement, et maintenant, comme nous sommes inquiets, nous avons essayé de négocier un arrangement avec les Western Telegraf, pour faire en sorte que tous les télégrammes que nous envoyons soient à votre charge, car nous voulons vous donner régulièrement des nouvelles de votre fille, et sommes un peu à court d'argent. Vous pourrez le comprendre, et j'espère que cela sera possible, pour éviter que ne vienne s'ajouter à toutes les autres angoisses une inquiétude concernant votre enfant. Je vous en prie, envoyez-nous des télégrammes de temps à autre – nous sommes si loin que les lettres ne suffisent pas, elles mettent vraiment trop de temps à arriver. Eva semble très heureuse, elle est un peu déçue que nous arrivions plus tard que prévu, mais j'ai vraiment besoin de quelques semaines sédentaires. De notre côté, rien de nouveau à raconter. Nous menons une vie solitaire, et jusqu'ici nous avons très bien supporté la chaleur, on a juste un peu moins d'énergie et besoin de plus de sommeil. Nous non plus n'avons pas reçu de lettre de vous depuis trois semaines mais votre télégramme nous a rassurés, au moins nous savons que vous allez bien. Tendres pensées pour tous, et pour vous, mon affection

Rio, Hotel Central — Stefan Zweig

Chers Hanna et Manfred, – il semble qu'il y ait partout pénurie de courrier – nous n'avons pas reçu de lettre de vous depuis trois semaines, vous n'avez pas reçu de lettre d'Eva depuis 5 semaines, et elle n'en a pas reçu de vous depuis 4 semaines. Mais j'espère que ces lettres, qui ont assurément été écrites, ne sont pas perdues, mais seulement retardées, et feront une belle surprise de Noël lorsqu'elles arriveront. En tout cas, je te souhaite à nouveau un bon anniversaire, comme je l'ai fait dans notre dernière lettre – Nous allons bien, il ne fait pas encore excessivement chaud et je n'ai même pas commencé à me baigner. Nous continuons à travailler et voyons peu de gens, et ma seule activité consiste à suivre des cours d'espagnol, pour transformer mon esperanto en vrai espagnol. Nous avons reçu une autre lettre d'Eva aujourd'hui, où elle disait qu'elle avait vu Rose Wohl[1] ainsi que sa belle-sœur et son beau-frère, et qu'ils étaient « très gentils ». Mais je n'ai rien reçu de Rose directement – on dirait que les Américains ont tous le même défaut, ils n'écrivent pas – même si je ne doute pas de son amitié, et commence à l'apprécier énormément. Elle a écrit il y a quelques jours qu'elle avait encore eu Eva au téléphone, que tout allait bien, et qu'elle allait la voir bientôt. J'ai hâte de voir Eva en février. Même si nous n'habitons pas à New York, nous ne serons qu'à deux heures, au maximum, et je pourrai la voir souvent pendant au moins 2 ou 3 mois. Faire des projets, ou même se projeter dans l'avenir, à quatre ou cinq mois de là, pourtant, on n'ose pas le faire, même si je ne

1. Rose Wohl était une amie de la famille Altmann, qui vivait à New York.

cesse d'espérer l'arrivée d'événements heureux et me laisse aller, de manière plutôt prématurée, à rêver que je me trouve de nouveau à la maison avec vous. Je suis surprise de me découvrir plus sentimentale que je ne l'aurais pensé, mais je ressens de plus en plus profondément l'ampleur qu'a prise l'habitude d'avoir vécu avec vous si longtemps, et combien vous me manquez. Ma seule consolation, c'est de savoir qu'au moins notre maison constitue pour vous un havre, et je souhaite vraiment qu'elle le demeure. Comment les Raumann[1] s'accommodent-t-ils de la vie à Rosemount ? Transmettez-leur mes tendres pensées, et aussi aux autres, tout particulièrement à Lorle[2] et à Ursula[3] à qui je veux écrire depuis longtemps.

Tous mes vœux, des baisers, et mes bons souvenirs,

Lotte

*

POSTE AÉRIENNE

Rio, 11.12.40

Chers Hanna et Manfred,

Nous avons fini par recevoir une lettre de vous datée du 6.11 après plus de 3 semaines sans courrier. Entre-temps il semble que vous ayez emménagé dans votre nouvel appartement, et j'espère que vous pourrez y rester aussi longtemps que vous le souhaiterez. Qu'avez-vous fait de votre bonne, avez-vous pu l'emmener à Bath ? Qui allez-vous prendre pour remplacer Mme Youngman[4] et ses enfants ? Je suis très heureuse, Hanna, que tu me donnes de vos nouvelles, car je

1. Les Raumann étaient un couple autrichien qui vivait près de Manfred et Hanna Altmann dans le quartier de Golders Green, à Londres.

2. Lorle était la nièce et fille adoptive de Martha Kahn, voir p. 288.

3. Ursula (Ursel), la fille d'Alice et Heiner Mayer, voir p. 291.

4. Mme Youngmann.

veux en savoir le plus possible sur votre vie, et il me reste encore beaucoup de questions à te poser. Par exemple, qui est Frank ? Je croyais que c'était Ewin qui était là et je ne vois aucun Frank dans mes connaissances[1]. Nous avons reçu une lettre de ton frère [2], il nous remerciait, mais j'espère qu'il ne va pas faire le voyage maintenant, pendant la saison froide. S'il part, il pourrait avoir l'usage d'un des costumes en tweed de Stefan. Quant à la lettre de mon cher frère[3] : aidez-le financièrement si vous pensez qu'il en a besoin, comme vous le dites vous-mêmes, il est possible qu'il soit arrivé au bout de ses ressources. Quant au visa brésilien, je ne pense pas que cela pourra se faire. Dans la mesure où, en règle générale, ils n'accordent plus de visas aux Juifs, cela signifie que quelqu'un doit se porter personnellement garant pour lui, et, en l'occurrence, c'est la seule chose que je ne puisse pas demander à Stefan. Je lui écrirai la semaine prochaine, si vous le voyez avant, dites-lui que nous allons y réfléchir, et donnez-lui quelque chose si vous pensez qu'il en a besoin. Je pense que je vais aussi écrire à maman, ne vous inquiétez pas trop pour ça. Je sais ce que cela implique, de commencer à l'aider, mais cela ne nous a pas surpris – ça devait arriver un jour. – Pardonnez-moi de ne pas vous écrire davantage aujourd'hui, il est déjà tard pour mettre la lettre à la poste, et il fait chaud. J'espère que nous aurons un orage ce soir, et ensuite je vous écrirai plus longuement. Porte-toi bien, et essaye de convaincre Manfred de rester aussi longtemps que possible à Bath avec toi.

Vôtre, Lotte.

*

1. Frank qui était le fils du jardinier M. Miller, venait donner un coup de main à Rosemount de temps à autre. Erwin était le fils, ou bien le petit-fils, de M. Miller.

2. Heiner Mayer, voir p. 291.

3. Hans (Jan) Altmann, voir p. 281.

11. XII 1940

Chère Hannah, nous avons reçu aujourd'hui une carte de ma belle-sœur qui a rendu visite à Eva – je dois admettre qu'elle prend ça au sérieux et semble à son tour gagnée par le complexe de responsabilité des Zweig. Dans ce cas précis c'est très bien, et vous pouvez lui faire confiance, plus qu'à d'autres. Ne vous inquiétez pas si les lettres n'arrivent pas régulièrement ; nous aussi avons reçu les vôtres avec beaucoup de retard. – Nous ne savons pas encore où nous allons aller, ni comment, nous voulons finalement combiner tout cela avec un voyage à Bahia et dans le nord du Brésil, ce qui nous paierait la moitié du trajet, or les tarifs, pour des distances aussi énormes, sont terriblement élevés. Ce qui est pénible, c'est qu'il faut réserver trois semaines à l'avance, mais en même temps je veux achever un petit ouvrage sur le Brésil, qui pourra nous être très utile, à nous et peut-être à d'autres, à l'avenir. C'est maintenant le plein été, mais je trouve que la chaleur reste supportable, elle donne juste envie de dormir davantage et de moins manger. Ce qui est peut-être une bonne chose en ce qui me concerne. Venons-en à vous. Je vous en conjure, une fois de plus, disposez librement, et sans le moindre scrupule, de tout ce qui m'appartient, aidez votre famille, et aussi votre beau-frère, car je crois qu'il est très peu probable qu'on parvienne à lui obtenir un visa maintenant. J'ai toujours essayé d'aider les autres de mon mieux, et j'espère que la fille de Catá[1] prendra la suite de son père décédé, et se chargera d'aider Eisemann[2] à Cuba. La situation ici est pour nous un peu délicate, parce que nous devons nous constituer personnellement responsables de chacun, il faudrait surmonter les difficultés, et nous savons combien sont maigres les chances d'un nouvel arrivant. Quant à Victor[3], je lui ai écrit, mais n'ai pas reçu de réponse, il faut dès

1. Alfonso Hernández Catá, voir p. 287.
2. Heinrich Eisemann, voir p. 284.
3. Victor Fleischer, voir p. 285.

à présent tout tenter pour Hermann Neise[1] aux Etats-Unis. Il est hors de question que nous habitions à New York, je dois travailler, et je ne pourrai pas mener de vie paisible là-bas – nous irons sans doute nous installer non loin d'une petite ville universitaire, pas trop éloignée, pour pouvoir voir Eva de temps à autre. Tout est très obscur, à une époque comme celle-ci – quant à vous, je le répète, ne vous inquiétez pas pour les choses matérielles, et essayez de demeurer en bonne santé. J'espère que vous passerez toute la période de Noël à Bath, et j'aimerais que Manfred et toi ne retourniez à Londres qu'après avoir vraiment pris du repos. Vôtre, Stefan Zweig

*

Hotel Central
Rio, 15.12.40

Chers Hanna et Manfred, juste quelques lignes aujourd'hui, pour vous dire que nous pensons à vous et espérons que vous allez bien. Nous commençons à avoir assez chaud, sortons peu, et préférons travailler beaucoup. J'ai commencé à me baigner, et je compte prendre l'habitude de le faire chaque matin avant le petit déjeuner. Le soir, c'est agréable d'avoir des amis qui ont une voiture et peuvent nous sortir un peu – à 20 minutes d'ici, la température est déjà bien plus douce et rafraîchissante. En janvier je suppose que nous allons comme prévu nous rendre au nord du Brésil, à Bahia, Recife et Belem, et de là sans doute poursuivre jusqu'aux Etats-Unis – peut-être que nous choisirons de prendre l'avion, car Belem se trouve déjà à un tiers de la distance totale, et n'est pas reliée à New York par bateau. – J'espère que vous avez passé des fêtes de Noël paisibles et reposantes et que Manfred a pu être à Bath pour ton anniversaire, et y rester après le Nouvel An.

1. Max Herrmann-Neiße, voir p. 287.

Tendres pensées, des baisers, et tous mes vœux,

Vôtre, Lotte

Chers Hanna et Manfred, il n'y a pas grand-chose à raconter à notre propos. Nous supportons mieux la chaleur que nous ne l'avions supposé, et je continue à travailler régulièrement, mais sans enthousiasme (pour qui écrit-on aujourd'hui ?). Nous n'avons aucune nouvelle de tous nos amis, et sommes heureux d'être en contact avec vous. Quant à notre voyage, nous ne nous en réjouissons guère, nous aimerions disposer de quelques mois sans avoir à faire des valises et à errer à droite à gauche, mais qui ne fait le rêve de mener une vie paisible en ces temps affreux, et nous devons tous apprendre à rêver de choses qui autrefois étaient tout à fait normales. Mais ne nous laissons pas abattre. Nous vous accompagnons de toutes nos pensées et de tous nos vœux.

Stefan

*

Hotel Central
Rio, 16.12.40

Chère Hanna

J'ai reçu ce matin ta lettre (n° 1 pour Rio) du 16 novembre, ainsi qu'une lettre de maman. Entre-temps tu as dû recevoir des lettres d'Eva, et je l'espère, des longues. Nous arriverons là-bas en février, et alors je vous raconterai tout ce que je peux sur elle et sur sa vie. J'ai écrit aux S. il y a une quinzaine de jours, une lettre très bienveillante et polie pour leur demander de veiller à ce qu'Eva écrive régulièrement, et pour leur expliquer ce que c'est, pour des parents, de rester sans nouvelles. Les Américains n'ont pas beaucoup d'imagination, et même mon amie Rose, à qui Eva a rendu visite il y a des semaines, ne m'a pas écrit une seule ligne, alors qu'elle devrait savoir que cela me ferait plaisir d'avoir des nouvelles de cette enfant. Entre-temps nous avons reçu une carte de Noël d'Eva, écrite avec ma belle-sœur[1], qui lui a à nouveau rendu visite, et écrit que tout va bien. – Je suis très contente que ton frère ne soit pas obligé de voyager pour le moment, c'est la pire saison possible. Quant à l'avenir d'Ursula[2], il me semble qu'il est trop tôt pour s'inquiéter. Je suppose que le mieux serait que ses parents la gardent auprès d'eux, ensuite. Même si sa mère doit sortir pour travailler, elle habitera chez eux, et comme les écoles publiques sont gratuites (Eva est en train d'en visiter une) et, dans certains quartiers, d'un très bon niveau, ça ne devrait pas poser de problème. Si nous sommes aux Etats-Unis quand ils arrivent – je ne pense pas qu'ils pourront voyager avant plusieurs mois – nous les conseillerons bien sûr de notre mieux, et même si nous sommes déjà partis, j'essaierai de recommander Heiner[3] et Alice[4] aux personnes que je jugerai pouvoir leur être utiles. – Tu dois avoir emménagé dans ton nouvel appartement, à présent, je suppose, et être très heureuse d'être à nouveau bien installée. As-tu déjà reçu une partie du mobilier de Bath ? Tous tes projets d'amélioration de la maison me semblent justifiés, j'aimerais que Manfred y passe encore plus de temps. Quel dommage qu'il ait dû suivre ce cours de radiologie à Londres. Je suis contente que tu aies les Rauman[5] auprès de toi, et que vous vous entendiez si bien. Transmets-leur toutes mes amitiés. – Ici, c'est l'allégresse générale à cause du succès des offensives grecque et anglaise, et le grand nombre de blagues circulant sur les Italiens traduit bien l'état d'esprit ambiant – Qui sont les coureurs les plus rapides du monde ? Les Grecs, parce qu'ils sont même capables de rattraper les Italiens. – La colonie italienne de Sao Paolo aurait réclamé une protection policière, suite à l'arrivée de deux Grecs à Santos – Un homme commande des spaghettis

1. Stefanie Zweig, la femme d'Alfred Zweig, voir p. 296.
2. Ursel (Ursula), la fille d'Heiner Mayer, le frère de Lotte, voir p. 291.
3. Heiner Mayer, voir p. 291.
4. Alice Mayer, la femme d'Heiner Mayer, voir p. 291.
5. Des voisins à Bath.

au restaurant, et quand on les lui apporte, il demande de la sauce anglaise du Worcestershire. Le temps que la sauce arrive, les spaghettis ont disparu, – etc., etc.

L'autre jour tu as demandé comment nous nous en sortions avec nos affaires. En fait, j'ai plusieurs fois été au bord de t'en parler, mais au dernier moment je me disais toujours que je ne pouvais pas te parler de choses aussi dérisoires en ce moment ; que tu ne serais pas d'humeur. Stefan s'est fait faire un deuxième costume colonial, et il en porte un quand l'autre est envoyé à nettoyer. Les queues-de-pie, il n'en a pas encore eu besoin. Les invitations, bien qu'elles soient nombreuses et qu'il s'agisse toujours de grandes réceptions, n'ont jamais été si habillées, et les smokings et les robes du soir, nous ne les avons portés qu'une fois sur le bateau, et une autre à Rio. J'ai dû acheter trois nouvelles robes d'été, des petites choses simples, faciles à laver, et lors des invitations j'ai porté par alternance toutes mes robes noires, et les robes que j'avais achetées en Pologne il y a des années ont fait parfaitement l'affaire. Pour les réceptions d'après-midi, – quand la journée était assez fraîche – je mettais mes robes de lainage noir, celle de Pologne, à manches courtes, ou celle que j'ai achetée l'an passé à May Fair. Et nous étions invités dans des endroits si différents, que je m'en sortais à merveille. Le noir est du dernier cri cette année – à New York, même pour les habits d'été, aussi ridicule que cela soit vu la chaleur qu'il fait dans la rue – et mes robes sont faites dans des tissus d'une qualité tellement supérieure à tout ce qu'on peut trouver ici, que ce soit la laine ou la soie, que de manière générale j'étais tout à fait bien habillée. A présent la folie des invitations est un peu retombée. La chaleur rend les gens mous et paresseux, et la plupart des familles s'apprêtent à partir pour l'été. Jusqu'ici nous résistons très bien à la chaleur, bien que parfois on en ait un peu assez. La plupart des salles de cinéma et des casinos ont l'air conditionné, et à la mer, ou non loin, on peut toujours trouver de l'air doux et frais, et dans sa propre chambre on ne s'habille guère mieux qu'Adam et Eve, et on utilise la douche ou la ventilation pour se rafraîchir. – Vous avez dû recevoir une lettre des

Western Cables, demandant si vous consentiez à payer nos télégrammes, et je suis contente que vous ayez dit oui. Je pense que cela vous cause moins de soucis que d'en envoyer avec les frais de réponse prépayés. Quant au coffre de Middle[1], je vais voir si je peux vous envoyer une lettre avec une signature certifiée conforme, sans quoi toute autorisation n'aura que peu de valeur.

Tendres pensées à vous et à Manfred, aux Smollett et aux Rauman, et à tous les enfants,

Lotte

*

Hotel Central (la prochaine adresse vous sera communiquée par télégramme)
27.XII 1940

Chers Hannah et Manfred, comme vous le voyez nous préparons déjà notre prochain voyage, et nous n'avons pas encore décidé comment nous circulerons, par bateau ou par avion. Tout cela est compliqué, car je dois me rendre dans les villes du nord du Brésil, Bahia, Olinda, Pernambuco, l'île de Maranhao[2] – ce ne sera pas une partie de plaisir, de me rendre dans des contrées équatoriales juste pendant la période estivale, mais ce sera « *kammer quo* »[3], nous savons déjà ce qu'un été brésilien réserve, et le supportons fort bien. L'avantage, c'est que cette moitié du voyage ne va rien nous coûter – mais l'autre moitié, de la frontière jusqu'aux Etats-Unis, reste cependant assez chère. Le grand problème, c'est l'habillement. Dans l'avion nous ne pouvons pas emporter beaucoup de valises, au nord du Brésil il fera 40 degrés, et à New York, 20 degrés au-dessous de zéro trois jours plus tard. Mais Lotte fait face à tout cela bien mieux que je ne le

1. Un coffre-fort déposé à la Midland Bank.
2. São Luis, capitale de l'Etat brésilien de Maranhão.
3. Tous frais payés.

pensais, et nous travaillons chaque jour, mangeons très peu pendant la grande chaleur, et dormons beaucoup. Tous les tracas de la vie estivale au Brésil pourraient être évités en investissant dans une chambre pourvue de l'air conditionné, ce « chauffage central inversé » – alors on pourrait vivre ici même pendant l'été. Mais même dans ces conditions nous aimons beaucoup cette ville merveilleuse. Parlons de vous maintenant. Je vous en prie, prenez souvent une semaine de congés à Bath, dépensez sans compter, et ne vous inquiétez pas, soyez assurés que nous allons nous occuper d'Eva et vous donner davantage de nouvelles. Vous pouvez nous faire toute confiance. J'espère que Friedenthal[1] a obtenu son visa, c'est devenu la spécialité du consul d'Argentine de faire des difficultés ; il avait reçu le mandat télégraphique pour Landshoff[2] et Friedenthal pendant les premiers jours de novembre, et comme (à notre grande surprise) il n'avait pas accordé son visa à Landshoff, qui avait fait une demande immédiatement, le ministre des Affaires étrangères a rappelé une seconde fois pour leur accorder à tous deux des visas de tourisme, je vous ai télégraphié la date du deuxième télégramme. Transmettez toute mon affection à Martha[3], à tous les amis, dites à Fleisher[4] que je n'ai jamais reçu de réponse à la lettre que je lui avais écrite et veuillez croire que je suis, sincèrement et fidèlement, vôtre

Stefan Zweig

Quelques mots seulement, aujourd'hui, car il est l'heure de déposer la lettre à la poste. Nous avons chaud mais nous sentons bien et Stefan se réjouit de cette opportunité de perdre du poids. Cependant, le climat d'hiver nous changera, agréablement, je l'attends avec impatience, ainsi que de vous revoir.

Vôtre, Lotte

1. Richard Friedenthal, voir p. 285.
2. Fritz Landshoff, voir p. 290.
3. Martha Kahn, voir p. 288.
4. Victor Fleischer, voir p. 285.

*

Chers Hanna et Manfred
Rio, 31.XII.40

Nous espérons de tout cœur que vous avez passé, non seulement Noël, mais également la semaine suivante, au moins jusqu'au Nouvel An, à Bath, et que vous vous êtes tous deux bien reposés. On m'a dit que l'hiver était très froid en Europe cette année, et j'espère que votre nouvel appartement constitue un bon abri, vivable. Ici, nous vivons l'exact contraire de votre vie. Il s'est mis à faire très chaud – une chaleur exceptionnelle, nous dit-on – et pour nous défendre contre la chaleur, nous avons ajusté notre mode de vie. Les journées restent supportables, même si, aujourd'hui, la température à l'intérieur de la maison est montée à 33 ° Celsius à 11 heures du matin, nous forçant à trouver refuge dans le bar climatisé (qui d'habitude n'ouvre pas avant le crépuscule). Les soirées et les nuits, qui sont chaudes et étouffantes, sont parfois un peu dures à supporter, mais le fait de vous imaginer, tout là-bas, nous interdit de nous plaindre comme le font les autres. Dans l'ensemble nous supportons assez bien la chaleur, et Stefan lui est même reconnaissant, car il perd du poids sans faire d'effort particulier. Nous avons de nouveau envisagé de partir dans les montagnes, mais nous avons décidé que cela ne valait pas la peine, et qu'il valait mieux partir un peu plus tôt que ce que nous avions prévu. Je ne vous dis rien de nos projets, car il se peut que nous en changions de nouveau. Nous comptons nous rendre d'abord dans le nord du Brésil, et visiter Bahia, Recife et Belen. Il n'y fera pas beaucoup plus chaud qu'ici, et comme ce voyage ne va rien nous coûter – à part des réceptions, des signatures, et d'innombrables photographies – nous aurons déjà fait la moitié du chemin vers les Etats-Unis.

Tendres pensées et tous nos meilleurs vœux pour le Nouvel An,

Lotte.

*

Rio, 3 janvier 1941

Chers Hannah et Manfred, votre lettre du 24 décembre vient juste d'arriver, vous voyez, cela prend parfois cinq semaines, et vous pouvez être sûrs que nous vous avons écrit chaque semaine, et parfois deux fois par semaine. Nous ressentons vraiment le besoin de vous parler, même à distance, et si une lettre ou une autre vient à être retardée ou perdue, ce ne sera jamais par notre faute.

[Stefan Zweig – sans signature ; il se peut qu'une page soit manquante]

*

[Rio de Janeiro, sans date]
POSTE AÉRIENNE

Chers Hanna et Manfred, merci pour votre télégramme, j'espère que notre ami va obtenir son visa pour l'Argentine, puisque le ministre de [?] a eu la gentillesse de télégraphier deux fois à Londres ; s'il va en Argentine, il faut qu'il [?] le Brésil et je pourrai le voir là-bas, et l'aider autant que possible, et à Buenos Aires aussi mes amis lui viendront en aide. Il est devenu presque impossible d'obtenir des visas ; pour Eisemann je vais réessayer à Cuba d'ici une quinzaine de jours quand la fille de Catá arrivera là-bas. Nous organisons une cérémonie en son honneur lundi, dans la grande salle du bureau des Affaires étrangères, elle sera présidée par le ministre des Affaires étrangères, et je prendrai la parole, au nom de ses amis européens (en français, naturellement). Nous sommes donc constamment occupés, et devons nous prémunir contre les invitations trop fréquentes ; pour ma part, je n'aimerais guère quitter notre chambre, d'où nous avons la vue la plus merveilleuse au monde, et pour l'instant il fait un temps superbe et pas si chaud que cela, aussi n'ai-je pas encore porté mes habits coloniaux. – Quant à Eva, Lotte vous l'a appris, elle ne nous a donné aucune nouvelle. Je suis presque certain que les S. font tout pour lui faire oublier sa famille et supprimer toutes les visites. Je n'ai pas grande estime pour ma belle-sœur, et je l'échangerais volontiers contre quelqu'un comme toi, mais je dois reconnaître qu'elle s'est occupée d'elle du mieux qu'elle pouvait. D'ailleurs nous non plus nous n'avons pas reçu une ligne des S. ; on dirait qu'ils aiment tellement Eva qu'ils veulent se la garder pour eux. En tout cas, nous lui avons écrit une lettre bien sentie. Je vous en prie, ne vous inquiétez pas pour [Eva]. Elle est en sécurité, c'est cela qui compte. Et toutes ces perspectives d'après-guerre sont si obscures qu'il vaut mieux ne pas y penser – nous devons traverser cette période, et le plus important, c'est de rester en vie et de se maintenir en forme en vue de toutes les bonnes surprises qui nous attendent. – De tous nos amis anglais, nous n'avons pas reçu un seul mot, Frischauer[1] n'est pas encore arrivé ici, lui qui ne me servirait qu'à une chose, avoir de vos nouvelles et en savoir plus sur votre vie de tous les jours. J'espère qu'après les journées de travail, Manfred et toi pourrez vous retirer à Bath et vous y reposer, je ne répéterai jamais assez que nous voulons vous voir non seulement en bonne santé, mais aussi de bonne humeur, et les nerfs solides. Je sais combien Manfred tient à ses devoirs de médecin, mais en tant que docteur, il doit conserver non seulement la santé de ses patients, mais aussi la sienne. A présent nous avons au moins un mois ou deux pour déterminer ce que nous allons faire – Lotte vous a déjà parlé de nos projets. Si tout se passe bien nous serons à New York d'ici fin janvier, et lorsque cette lettre vous parviendra vous aurez notre adresse – et vous pouvez toujours écrire aussi à mon éditeur, aux bons soins de Viking Press, 182 East 48 Street. Le voyage sera une dure épreuve, car nous devons retourner à Bahia, Recife, Belem, qui est située sur

1. Paul Frischauer, voir p. 286.

l'Amazone – regardez une carte pour vous faire une idée des distances. De là, nous nous envolerons pour Miami, et de là-bas nous prendrons le train, 30 heures, parce que je préfère ne pas changer de climat trop vite, de 40° à moins 20°. Hier j'ai reçu une visite surprise de Frischauer. Il est ici, avec sa femme, son enfant et une « nounou ». Je ne [lui] ai parlé que par téléphone, et je vais le voir ce soir. Je suis content qu'il ne soit pas arrivé plus tôt – maintenant nous sommes sur le point de partir et il va se trouver d'autres victimes pour raconter ses anecdotes. Il est arrivé juste à temps, car il paraît que tous les visas vont cesser. J'espère que Friedenthal a obtenu le sien ; le consulat doit avoir reçu non pas un, mais deux télégrammes à son sujet ; comme le consul a commencé par le refuser à Landshoff[1], qui était mentionné dans le même télégramme, il a à nouveau télégraphié le mandat pour les deux. Tout ce que vous décrivez sur la beauté du nouveau pavillon d'été à Bath a suscité en nous des sentiments mêlés, du plaisir, mais aussi ce doute – pourrons-nous un jour profiter à nouveau de notre vie paisible ? Mais ne nous inquiétons pas pour l'avenir – mon seul espoir est de trouver un endroit paisible pour les deux ou trois mois à venir, afin de travailler, et vous donner des nouvelles de votre fille. Le courrier est bien plus rapide des Etats-Unis que d'ici. Pour l'Amérique, il vaut mieux que vous envoyiez des cartes avec des réponses prépayées, car nous sommes encore à court de liquide mais j'espère que, comme en Argentine, je me tirerai d'affaire facilement en faisant des conférences et des articles. Je déciderai là-bas si je veux faire une deuxième tournée de conférences en Amérique du Sud. Tendres pensées à vous tous, de votre Stefan Zweig

*

1. Fritz Landshoff, voir p. 290.

Rio, 11.I.41

Chers Manfred et Hanna,

Nous avons reçu aujourd'hui votre lettre du 18 décembre, et nous sommes désolés que vous vous fassiez du souci pour Eva. Il est clair que le silence obstiné des S. envers nous et envers vous est étrange, et que le fait que Rose Wohl se soit comportée de la même manière ne rend pas les choses plus faciles. Mais vous ne devez plus vous faire de souci. D'après les lettres de ma belle-sœur, vous pouvez être sûrs qu'Eva se porte bien, et est apparemment très heureuse là-bas, et quand vous recevrez cette lettre nous l'aurons déjà vue – ainsi que les S. ! J'y compte bien – et pourrons décider de ce qui est préférable pour elle, et l'emmener ailleurs si cela semble opportun. Je n'ai pas besoin de souligner à quel point nous aimerions l'avoir auprès de nous, mais nous ne pouvons en décider, tant que nous ne planifions notre vie que de trois mois en trois mois. Vous pouvez nous faire confiance, nous ne laisserons pas Eva chez les S. si nous avons le sentiment que c'est un environnement néfaste pour elle. Quant à l'école, je ne pourrai rien vous dire avant d'y être allée. Mais je crains que le cursus scolaire américain ne soit différent de l'anglais, et si nous parvenions à l'emmener avec nous à Rio, la différence serait encore plus grande. Mais nous allons prendre tout cela en main, et ce sera plus facile maintenant qu'en été, quand toutes les écoles étaient fermées. S'il nous faut emmener Eva ailleurs, et pour une raison ou pour une autre, la laisser chez d'autres personnes, je tâcherai de lui trouver un environnement « européen ». Je vais de nouveau demander conseil à Huebsch[1] et aux Einstein, mais je ne pense pas qu'ils puissent, ni l'un ni l'autre, l'accueillir chez eux – il ne s'agit pas seulement d'accepter ou non de prendre un enfant en charge, c'est avant tout un problème d'espace – les appartements à New York et ailleurs sont en général juste assez grands pour une famille, il n'y a pas de chambre d'amis,

1. Benjamin W. Huebsch, l'éditeur américain de Zweig, voir p. 288.

ni même de logement pour les domestiques. Cela pourrait aussi contribuer à expliquer les problèmes entre les petits de Carmel et les Berner[1]. Ils vivaient dans un minuscule appartement avec Rose, – deux chambres, un salon, tout cela d'assez petites dimensions – et l'appartement où ils ont emménagé n'est guère plus grand. Je ne veux pas les défendre, et j'ai assurément été déçue par le fait qu'ils n'aient jamais envoyé une carte postale pour raconter qu'ils avaient vu Eva, mais si je me souviens bien, c'est Carmel qui a télégraphié qu'elle voulait envoyer les garçons là-bas, ce n'est pas eux qui ont proposé de les accueillir, et les Berner n'étaient pas vraiment enchantés d'aller vivre chez Rose. Cela expliquerait, non pas leur comportement, mais, dans une certaine mesure, leur attitude. – Nous avons été heureux d'apprendre que vous passiez plus d'une semaine à Bath, et Beheim[2] a, j'en suis sûre, été de plaisante compagnie, bien que je ne parvienne guère à imaginer où vous l'avez fait dormir. Les Jungmans[3] sont-ils déjà partis, et allez-vous accueillir quelqu'un d'autre à leur place ? Remerciez de ma part les Rauman pour leur lettre. Je crois leur avoir écrit il y a quelque temps, mais je n'en suis moi-même plus si sûre, la chaleur rend stupide autant que paresseux.

Je suis contente d'apprendre que vous êtes de nouveau installés dans un appartement agréable et chauffé, et je ne peux rien vous souhaiter de mieux que de pouvoir y rester jusqu'à la fin de la guerre. Cela me fait encore drôle, quand je vous imagine à Londres, de vous situer à Regency Lodge et plus à Woodstock Road[4] et beaucoup de souvenirs me sont revenus, qui me ramènent à la vieille maison, à Noël aussi j'ai pensé à vous, à tout ce qui avait changé pour nous

---

1. Carmel était la femme de l'un des cousins de Manfred Altmann (vivant à Londres). Ils avaient deux enfants, John et Robin, qui furent évacués aux Etats-Unis en même temps qu'Eva Altmann.
2. Martin Beheim-Schwarzbach (voir p. 283).
3. Des amis de Manfred et Hannah Altmann.
4. Manfred et Hannah déménagèrent de Golders Green à Swiss Cottage.

tous cette année. Mais l'essentiel reste que vous passiez un bon moment là-bas, et que Manfred se repose bien. Je suis sûre qu'il en aura besoin, autant que toi, Hanna, après le déménagement. – Votre ami Paul[1] a fait une brusque apparition la semaine dernière, il est arrivé par cargo, avec sa femme, son enfant, Lubitrea et quelques malles remplies de livres et de manuscrits, et ça a rendu Stefan jaloux, et nous les avons admirés parce qu'ils ont tout de suite emménagé dans un appartement meublé, alors que nous nous vivons toujours dans une chambre d'hôtel. Il est venu pour diriger les *United Correspondents* [2] et ça a l'air de bien marcher pour lui, parce qu'il n'a pas téléphoné de toute la semaine. Quand nous l'avons croisé, ils étaient encore un peu hagards et ne racontaient pas grand-chose.

Je dois m'interrompre, j'en ai peur, je vois que Stefan a beaucoup écrit, sinon la lettre sera trop lourde.

Tendres pensées, des baisers,

Lotte.

*

Chers Hanna et Manfred,
Rio, 12.I.41

Je vous ai écrit hier, mais en relisant votre lettre j'ai eu le sentiment que je n'y avais pas vraiment répondu. Tout d'abord, je veux vous rassurer, nous ferons tout pour garantir qu'Eva vive dans l'environnement qui lui convient, et rien ne nous ferait plus plaisir que de l'avoir auprès de nous dès que nous aurons la moindre assurance de pouvoir rester

1. Paul Frischauer, voir p. 286.
2. Les United Correspondents furent fondés en février 1940 par Paul Frischauer, et financés par le ministère de l'Information britannique. Actionnaire principal, et seul correspondant étranger, Frischauer s'autoproclama « représentant des United Correspondents en Amérique latine ». Dès le début de l'année 1941, on leur coupa les vivres, et l'organisation fut dissoute.

quelque part de manière continue. Quoi qu'il arrive, nous verrons Eva immédiatement après notre arrivée – et nous, nous vous donnerons des nouvelles sur-le-champ. – Ensuite : nous sommes très contents que vous aimiez recevoir nos lettres, et que vous ressentiez, comme nous, que la distance et le contraste radical entre nos vies ne nous ont pas vraiment séparés. Mais par pitié, garde-toi d'imiter la fâcheuse habitude de ton frère – ne pas écrire une ligne sans dire merci. Il n'y a vraiment pas de quoi nous remercier, vous prenez soin de notre maison, et même de nos amis, et il nous est agréable de savoir qu'en échange vous en retirez de l'agrément et du repos. En outre je dois vous rappeler toutes ces années que j'ai passées auprès de vous, à accepter, comme si cela allait de soi, (à l'époque je ne me rendais pas compte que vous auriez pu agir autrement) tout ce que vous aviez, et à partager votre vie. Ce furent des années heureuses pour moi, et il m'est venu un début de sentimentalité à la pensée de votre départ de Woodstock Road[1], ce n'est rien de plus qu'un juste retour des choses, que vous acceptiez maintenant, tout aussi naturellement, l'évolution de nos relations. – Quand tu m'as écrit, Hanna, que tu te demandais si j'avais réussi à suivre le rythme de mon mari en Argentine, tu ne croyais pas si bien dire. A vrai dire je n'ai pas réussi. Je ne sais pas si c'est la cadence, ou bien le climat, que je n'ai pas pu supporter, le passage incessant du chaud au froid, du sec à l'humide, du venteux au confiné, en tout cas j'ai attrapé un rhume, et me suis sentie si affreusement épuisée que je suis allée voir un médecin qui a fait tous les examens possibles et imaginables sans rien trouver d'anormal. A l'aide d'une batterie de fortifiants et de vitamines, j'ai réussi à me maintenir éveillée, jusqu'à notre retour à Rio, où au bout d'une journée j'étais parfaitement rétablie, bien que le climat brésilien, lui aussi, soit tout sauf tonique. Détail intéressant, bien que la loi en Argentine – et dans presque tous les Etats d'Amérique du Sud – n'autorise pas les médecins étrangers

1. La maison des Altmann à Golder's Green, au nord de Londres.

à exercer, et exige qu'ils refassent leurs études depuis le début, y compris la matric[1], et qu'en plus ils se fassent naturaliser, – n'importe qui peut faire une ordonnance, le pharmacien l'acceptera sans exiger la moindre garantie, et sans poser une seule question – Tiens, au fait, un spécialiste du nez et de la gorge que nous avons rencontré à Buenos Aires m'a fait une proposition intéressante concernant un traitement pour l'asthme qui, selon lui, a un taux de réussite de 80 % en Argentine (et de 50 % en France, où il a étudié et appris cette méthode – qui je crois a été introduit par Ahlfeldt). Le traitement consiste à toucher un vaisseau sanguin situé au fond du nez à l'aide d'une aiguille remplie d'un liquide qui réduit l'hypersensibilité : une fois l'opération réitérée une douzaine de fois, à raison d'une fois tous les deux ou trois jours, l'asthme est censé être guéri. Cela nous semble invraisemblable, mais ce Dr Bompet est un professeur d'université très réputé, et il n'aurait pas accepté d'être payé, donc ce n'est pas pour l'argent qu'il voulait le faire. En avez-vous au moins entendu parler ? Si j'étais restée assez longtemps à Buenos Aires, je l'aurais peut-être essayé, car j'ai grande confiance en lui, il m'a garanti qu'il n'y aurait pas le moindre effet secondaire néfaste. Mais je vous en prie, ne vous méprenez pas, je ne dis pas que ce traitement m'est nécessaire – je vais parfaitement bien et je supporte l'été exactement comme je supporterais un été européen normal. Malgré tout, nous sommes impatients d'avoir un peu d'hiver. On se lasse de la chaleur, la chaleur nous rend las, et on se laisse peu à peu gagner par l'indolence brésilienne, qui contraste fortement avec notre conscience européenne qui exige de l'activité, de la fiabilité, de la ponctualité. J'ai également le regret de vous avouer que mes bonnes intentions d'aller nager chaque matin à 7 heures ont tourné court. Je n'ai pas l'énergie de me lever dans le seul but d'aller me baigner.

1. Matric : l'abréviation de matricula en latin et en portugais, et de matriculation en anglais, désignant le processus administratif nécessaire pour s'inscrire dans une université, ou être autorisé à s'y inscrire par l'acquisition des prérequis.

Bien, assez pour aujourd'hui. Notre prochaine lettre sera sans doute écrite de quelque part en route vers le nord. Votre lettre, qui est arrivée après notre départ, on nous la fera suivre immédiatement. Nous n'avons pas pu vous prévenir plus tôt, nous n'avions pas fixé nos dates de départ et nos moyens de déplacement. Bien qu'en réalité nous ayons eu notre content de voyages pour un bout de temps, j'attends avec impatience cette semaine de tourisme dans le Nord. On nous a dit que la chaleur ne serait pas pire qu'ici et Bahia promet d'être fort intéressante. On mettra gîte et couvert à notre disposition – et nous paierons en nous rendant à des réceptions, des banquets, et en accordant des interviews.

Avec toute mon affection,

Lotte

12 janvier 1941 Chers Manfred et Hannah, nous avons reçu aujourd'hui votre lettre du 18 décembre, et bientôt vous aurez des nouvelles d'Eva. Nous prenons l'avion le 15 pour Bahia, Recife, Belem, au nord du Brésil, et cette partie (presque la moitié du chemin) nous est payée, ce qui fait que seule la seconde moitié sera à notre charge ; comme vous voyez, nous nous en sortons bien et comme je viens d'achever mon livre sur le Brésil, je peux toujours compter sur les gens d'ici, et j'espère que dans le cas où le visa argentin ne marcherait pas pour Friedenthal – le consul a envoyé non pas un mais deux télégrammes pour lui accorder un visa – (du moins je l'espère) je pourrai essayer de lui en obtenir un ici, à titre de faveur particulière. Venons-en à Eva. Nous allons rester trois à quatre mois aux Etats-Unis et bien sûr notre première impulsion a été de la prendre avec nous, mais je crains que ce ne soit pas possible car nous serons souvent en ville jusqu'à tard le soir et devrions donc la laisser beaucoup toute seule. Mais je pense que nous trouverons quelqu'un, si elle a envie de changement – tout cela devra

être éclairci « *sur place** ». Si nous retournons à Rio, il pourra être question de l'emmener avec nous. Ici tout est beaucoup plus simple, et nous pourrions nous installer dans un appartement, ou une petite maison, le seul problème c'est l'école. On trouve de bons collèges anglais ou américains ici, mais il y a une loi qui veut que toutes les écoles enseignent (essentiellement) en portugais, elle devrait donc apprendre une langue de plus, et une langue qui n'est pas aussi importante que le français ou l'espagnol. Mais il est encore beaucoup trop tôt pour faire des projets, puisque nous n'avons nous-mêmes pas encore décidé – qui est capable de prendre des décisions en amont, à une époque comme celle-ci ? Quoi qu'il en soit, je vous prie de vous reposer entièrement sur nous, nous ferons de notre mieux, non seulement pour vous, mais aussi parce que nous aimons tous deux Eva et savons combien ces années de formation sont essentielles. [...] N'oubliez jamais qu'elle est en sécurité, et que vous n'avez pas à paniquer à chaque fois qu'il y a une alerte pendant qu'elle est à l'école ou sortie de la maison, comme ce serait le cas si elle était en Angleterre. C'est plutôt pour vous que je m'inquiète, que vous ayez tant à faire et pas assez de temps pour vous reposer, espérons que le pire est derrière nous, ici, tout le monde est persuadé de la victoire ultime des Anglo-Américains, et alors, nos souffrances et nos pertes cesseraient d'être dépourvues de sens – ce monde redeviendrait vivable, si cet animal féroce, Hitler, pouvait être définitivement renversé, quel qu'en soit le prix.

Nous sommes quelque peu fatigués, et contents d'échapper à la chaleur. Il fait un temps superbe, la ville est belle, mais nous avons tous deux le sentiment qu'un peu d'hiver nous fera du bien. Moi-même, je ressens le besoin de me retirer quelque part pour accomplir tranquillement mon travail, et de ne pas voir davantage de gens – il me semble en avoir rencontré 600, ou 6000, et je ne sais plus quelle langue je parle, c'est un effort harassant. Nous espérons arriver le 23

* En français dans le texte (NDT).

ou le 24 à l'Hôtel Wyndham, au 42 West, 58 Street, mais nous n'y passerons qu'une semaine, et vous recevrez notre adresse par télégramme (je vous en prie, envoyez-nous toujours des télégrammes avec la réponse prépayée). Quoi qu'il arrive, pour toute lettre ou toute liaison, vous pourrez nous joindre aux Bons soins de Viking Press, 18 East 48 Street.

Mon affection à Martha[1] et tous les autres, et toujours vôtre

Stefan Zweig

*

[Rio de Janeiro, sans date]

Chère Hannah, nous avons beaucoup trop à faire avant de partir – comme à New York, tout s'accélère au dernier moment. Quant à nos amis, j'espère qu'Eisemann[2] va obtenir ses visas, comme mon ami le ministre Catá, le lui avait garanti, je n'ai pas osé le lui promettre, mais je crois que c'est une chose tout à fait assurée. Pour Friedenthal[3] je vais faire de mon mieux et j'ai déjà agencé quelque chose avec mon éditeur. Pour [–?] je ne peux rien faire, car seul mon éditeur américain a le droit d'agir, et moi je ne suis que son hôte. Je suis content de savoir que je serai parti lors de l'arrivée de Frischauer[4], il va nous gâcher notre petite vie agréable, par son activité incessante. En tout cas j'évite de le présenter, il s'en chargera lui-même (la plupart du temps) avec ses anecdotes. Malgré cela, je comprends qu'il ait voulu se trouver une autre situation, et tant que je peux aider quelqu'un sur ce plan-là je le ferai. Nous nous demandons en permanence où vous êtes, et ce que vous faites. – Je vous en prie, ne vous inquiétez pas pour Eva, ma belle-sœur m'a

1. Martha Kahn, voir p. 288.
2. Heinrich Eisemann, voir p. 284.
3. Richard Friedenthal, voir p. 285.
4. Paul Frischauer, voir p. 286.

écrit qu'elle était extrêmement heureuse, avait un tas d'amis, et va se mettre au patinage le mois prochain, un plaisir que nous ne pouvions lui offrir à Bath. Nous sommes très contents que Heiner[1] puisse enfin venir en Amérique, j'aimerais qu'il me prenne mes queues-de-pie (je n'ai emporté que le smoking) et s'il entend parler de nouveautés en matière de musique (ici on ne trouve rien de ce genre), je lui en serais reconnaissant. J'espère qu'il ne va pas partir tout de suite, l'idée de voyager pendant l'hiver a quelque chose d'effrayant. – Moi ça ne me plairait guère. Nous ne savons plus ce que c'est que l'hiver, il fait soleil tous les jours – parfois un peu trop – avec un ciel bleu ; comme vous aimeriez la vue depuis nos fenêtres !

Je vois que gentille comme tu es, tu fais office de bonne et de cuisinière pour tout le monde à Bath – que font les autres femmes ? Je t'en prie, conseille à Manfred de prendre autant de repos qu'il le pourra à Bath. Est-ce qu'il ne pourrait pas travailler là, à l'hôpital ? J'ai peur qu'il ne prenne son devoir trop au sérieux.

Tendres pensées à tout le monde ; et aussi à Eisemann, qui va, je l'espère, trouver des choses intéressantes à faire, je suis sûr que vous lui apportez toute l'aide dont il a besoin. Et vous-mêmes, ne vous en faites pas pour l'argent, et dépensez sans compter, puisque je peux, grâce à mes conférences, m'en sortir sans difficulté – c'est vrai, cela demande beaucoup d'efforts, de faire des conférences en trois langues différentes (ou même quatre) mais je n'ai aucun droit de me plaindre. Mon affection, à vous tous, de la part de votre

Stefan Zweig

*

1. Heiner Mayer, voir p. 291.

Adresse : New York aux bons soins de Viking Press, 18 East Street
Palace Hotel
Bahia, 16.I 1941

Chers Hannah et Manfred, nous sommes là depuis trois jours, et tout ce que nous avons vu est vraiment merveilleux ; c'est la ville la plus pittoresque que j'aie jamais vue. Aujourd'hui nous avons assisté à la grande fête populaire du Lavagem de Bom Fim[1] : une bonne partie de la ville, essentiellement des nègres, viennent laver l'église en l'honneur de leur saint, et ce nettoyage, qui commence comme une cérémonie religieuse, finit en orgie, avec des milliers de gens qui dansent, pleurent, lavent et deviennent complètement fous. Je n'avais jamais vu une telle hystérie religieuse, et tout cela dans un environnement on ne peut plus coloré, sans rien d'artificiel – aucun étranger ne vient jamais voir ça et si c'était dans une production théâtrale, ou cinématographique, cela ferait « un tabac ». Demain nous partons en voiture dans la campagne, où nous serons logés aux frais de l'Etat et Lotte se fait de nouveau prendre en photo à longueur de journée, nous ne vous envoyons qu'une seule petite photo prise lors de notre arrivée car les autres sont parfaitement grotesques – moi en compagnie d'un petit garçon nègre, ou bien avec les « intellectuels » de Bahia. Vous n'imaginez pas ce que cela représente, de voir ce pays, qui n'est pas encore ruiné par les touristes, et est immensément intéressant – aujourd'hui, j'ai visité les huttes des pauvres, qui vivent là avec presque rien (les bananes et les maniocs poussent dans les environs) et les enfants circulent comme au paradis – toute la maison, terrain compris, leur a coûté six dollars, et maintenant ils sont propriétaires pour toujours. C'est une bonne leçon, de voir comme on peut vivre pauvrement, en étant relativement heureux – une leçon pour nous tous, qui allons tout perdre et gâchons notre bonheur actuel par

1. Lors du festival du Lavagem do Bonfim, les fidèles lavent les marches de l'église de Nosso Senhor do Bonfim, en l'honneur, soit de Jésus, soit de la divinité africaine Oxalá – soit des deux à la fois.

l'anticipation de notre vie future. Dans deux jours – demain nous prenons la route en direction des fazendas et des fabriques de tabac – nous serons à Pernambuco, dans cinq jours à Belem, puis, après une journée en territoire anglais (Trinidad), nous nous rapprocherons de votre fille, et ensuite ce sera à Lotte d'écrire la longue lettre que vous attendez si ardemment. J'espère que vous vous sentez bien, et allez peut-être changer d'air à Bath, Lotte résiste très bien à la chaleur et aux excursions, c'est juste quand il nous faut nous lever à 5 heures ou 5 h 30 qu'elle est difficile à réveiller. Frischauer est à Rio et il m'a dit et j'ai eu du mal à le croire, que nous étions compatriotes – en tout cas on dirait qu'il n'a jamais assez d'argent, et comme toujours, je suis en admiration devant sa manière de toujours s'en sortir grâce à ses techniques de mensonge. Tendres pensées votre Stefan Zweig.

5 h 30 du matin, en attendant le petit déjeuner, pas beaucoup de temps pour écrire. Alors juste mes tendres pensées.

Lotte.

*

Dans l'avion pour Miami
22 jan 41

Chers Hanna et Manfred,

Nous vous avons envoyé un télégramme hier pour vous remercier des billets que nous avons réceptionnés à Belem, et nous espérons recevoir un télégramme de vous à New York, car vos dernières lettres devront nous être transmises de Rio. Nous n'avons pas pu vous prévenir plus tôt parce que nous nous sommes décidés assez brusquement. Il faisait très chaud à Rio, nous n'avions qu'une seule pièce à l'hôtel, et perdions toute énergie pour travailler. Et comme de toutes façons Stefan devait se rendre à Bahia, nous avons décidé de prendre l'avion. Cela va faire une semaine que nous prenons l'avion – avec des pauses – et nous serons contents d'arriver à New York demain matin. Stefan vous a écrit depuis Bahia ; ça a été notre première escale depuis Rio – 6 heures trente d'avion. Nous avons été enchantés par Bahia, et les banquets officiels, etc., nous ont été épargnés grâce à l'énergie de notre compagnon – un jeune journaliste qui nous a accompagnés de Rio à Belem, un Brésilien très aimable, métisse[1]. Ce n'était pas aisé d'échapper à la compagnie permanente du directeur du département de la propagande à Bahia, chargé de nous faire visiter, et qui parlait abondamment – en portugais, et nous avons regretté d'avoir prétendu que nous comprenions cette langue, car il nous faut encore écouter attentivement pour suivre une conversation, et ça nous a demandé beaucoup de concentration. Avec notre compagnon, au moins nous pouvions parler espagnol, ce qui nous est un peu plus facile ; nous avions l'intention de voir les sites avec lui tout seul, mais cela n'a pas été possible. Les gouvernements des Etats de Bahia, Pernambuco et Pará voulaient faire de nous leurs hôtes, et leurs représentants ne voulaient pas perdre un moment de notre séjour, et nous avons dû nous faire photographier, bien sûr, partout sauf aux WC. Tout cela, plus le fait d'avoir parcouru d'immenses distances par avion, a été assez épuisant, et nous serons contents de nous poser tranquillement, mais le voyage même a été extrêmement intéressant, ça je laisse à Stefan le soin de vous le raconter, et je m'en tiendrai aux aspects personnels et pratiques. Vous allez je suppose jeter un œil à une carte pour suivre notre voyage et voir quelles incroyables distances nous avons parcouru, environ 4 000 km jusqu'à Belem, et au moins autant jusqu'à New York. Quant au temps passé dans les airs, il est tout à fait impressionnant également : Rio-Bahia, 6 heures et demie, Bahia-Recife 5 heures, Recife-Belem, 10 (!) heures, Belem-Trinidad 6 heures et demie, Trinidad-Miami 9 heures et demie,

1. Edigar D'Almeida Vitor, reporter pour le journal brésilien *A Noite*. En 1937, Vitor écrivit un bref ouvrage sur Zweig, intitulé *Stefan Zweig, reportagens sobre sua personalidade intellectual, sua vida e sua obra* (São Paulo, Cultura Moderna, 1937).

Miami-New York 9 heures. L'avion Belem-Miami est un gros clipper, avec d'énormes fauteuils, des plats chauds et du confort, des tables, des jeux, et de l'espace entre les sièges. Nous avons fait le trajet le long de la côte Rio-Belem par hydravion, avec de nombreux atterrissages dans des endroits assez obscurs, avec des beaux noms, un voyage intéressant mais assez inconfortable, car les avions étaient petits, étroits et mal ventilés, alors que le vol en clipper est extrêmement confortable mais sans intérêt, car soit il passe au-dessus des bancs de nuages, soit il survole l'océan. Cette nuit nous reprendrons l'avion jusqu'à New York – sans couchettes – après avoir passé l'après-midi à Miami. Nous sommes désormais devenus des lève-tôt, car la plupart des voyages commencent à 6 heures du matin, ce qui signifie qu'il faut se lever à 4 h 30 pour arriver à l'aéroport à 5 h 30. – Nous allons donc passer environ une semaine à New York, pour voir Eva, chercher un endroit où vivre, voir des gens pour le travail, et quelques amis. Je pense que nous allons prendre un appartement meublé pendant environ trois mois, et avoir un chez nous car Stefan veut conserver son allure plus svelte, qu'il a obtenue en transpirant sous la chaleur, et grâce à la nourriture insipide de l'Hôtel Rio. Nous allons essayer de voir Eva le plus possible, et, dès que nous aurons tous les éléments en main, de décider ce qui est le mieux pour elle. Si nous avions eu des projets précis au-delà des trois prochains mois, rien ne nous aurait fait plus plaisir que de l'emmener avec nous. Mais il faut que nous ayons une idée plus claire de notre situation aux Etats-Unis et de la situation générale pour pouvoir décider si nous retournons à Rio, quand, et pour combien de temps. Mais quoi qu'il arrive nous serons tout près d'Eva pendant les mois à venir et même auprès d'elle le plus souvent possible, donc vous n'avez plus de souci à vous faire. Elle ne se sentira plus seule, et vous aurez des comptes rendus. Bien sûr nous vous écrirons dès que nous l'aurons vue, nous allons enquêter de très près, décider avec soin, et choisir, avec encore plus de soin, s'il est préférable ou non de la placer ailleurs. – Les lettres que vous nous écrirez risquent d'être retardées au cours des semaines à venir, car elles devront nous être transférées depuis Rio, mais nous espérons avoir directement des nouvelles de vous par Eva. Notre adresse jusqu'à nouvel ordre :

Viking Press, 18 East 48th Street
New York
Affection et baisers

Lotte

Chers Hannah et Manfred, je vous écris de l'avion, qui est devenu depuis des jours le décor ordinaire de notre vie. Pour la première fois je dois avouer que je suis un peu fatigué, et cela n'a rien d'étonnant ; chaque jour il faut se lever à 5 h 30, ou même à 4 h 30. On est toujours entouré de gens, lorsqu'on arrive, et on est assailli par un photographe et un intervieweur pendant qu'on cherche ses valises. Vous n'avez pas idée de ce que ça signifie de voyager par les temps qui courent, et toutes ces belles choses que nous voyons, nous les payons par ces constants moments d'angoisse passés à nous demander si tout est en ordre pour les interrogatoires frontaliers divers. Nous transportons avec nous un sac entier rempli de papiers divers, nos passeports, nos cartes de résidents permanents au Brésil[1], qui nous aident pour les visas, nos carnets de santé, anglais ou brésiliens, les reçus et l'assurance pour nos valises, nos visas pour les Etats-Unis, nos empreintes, une douzaine de photographies, les lettres d'invitations aux conférences, et je ne sais plus quoi d'autre, et il faut en permanence remplir des papiers pour dire quel âge on a, et à bord de quel bateau on est arrivé, et à quelle date. Et de savoir que si un seul de ces papiers, qu'on passe son temps à présenter, vient à être perdu, on vous colle une amende et vous n'avez plus le droit d'aller ni en avant ni en arrière. Nous changeons à présent de pays plus que de

---

1. Il s'agissait de cartes de résidence permanente, que les Zweig avaient obtenues au retour de leur voyage en Argentine. Pendant leur séjour en Argentine (du 26 octobre au 15 novembre), on leur délivra des visas de résidents permanents au Brésil.

chemise, hier, nous avons versé des pourboires en Milreis[1] le matin, en centimes anglais et en dollars de Trinidad le soir (je ne savais pas qu'ils utilisaient une autre devise que la monnaie britannique), et maintenant le problème qui me préoccupe est de savoir comment changer mes habits coloniaux contre des vêtements chauds, car nos bagages sont dans l'avion, et je ne vais pas avoir le temps de me changer, je pense que je vais passer pour un guignol à New York, si j'arrive habillé d'un costume colonial blanc, d'étoffe légère, par moins 15. Cela vous suffit pour comprendre quel genre de distances nous franchissons à toute allure – ce soir, nous arriverons en Floride, après huit heures d'avion, devrons nous battre pour nous faire rembourser nos billets, et cheminer, sans couchettes, toute la nuit jusqu'à New York, où nous arriverons à 6 heures du matin – l'heure exacte à laquelle nous partons d'habitude. J'espère éviter que la nouvelle de mon arrivée ne parvienne jusqu'à un journal, car nous avons terriblement besoin de quelques jours de repos, et pas seulement des jours – ce dont nous avons besoin, c'est de quelques <u>semaines</u>, ou quelques <u>mois</u>, sans cette vie d'hôtel et toute cette publicité. Mais d'un autre côté c'est inespéré d'avoir pu faire tout cela, car la plus grande partie (le Brésil) du voyage nous a été payée, et c'est notre tendre famille qui a pris le reste en charge ; et il est impossible de décrire tout ce que nous avons vu sur notre route. Lotte est très courageuse, elle a fait très bonne figure à Rio, et elle a même été complimentée ; ça fait quelques jours que nous sommes un peu abattus, à cause du manque de sommeil, et à force de paroles, et de ces visites, lors desquelles nous ne sommes pas seulement des curieux... Mais aussi des curiosités ! Mais je suis sûr que quelques jours de repos sauront lui redonner son « pep », comme on dit ici ; malheureusement nous allons devoir passer toute une semaine, et chargée, à New York avant de pouvoir nous établir quelque part pour un bout de temps. Ce que nous ferons après ces semaines

1. La devise brésilienne de l'époque.

de repos ? Je n'en ai aucune idée. Nous vivons à une époque où il est impossible de faire le moindre projet un peu en avance, mais nous sommes plus près dorénavant, et vous aurez toujours de nos nouvelles.

Nous suivons les actualités avec la plus grande attention et il semblerait que nous n'ayons pas traversé toutes ces terribles souffrances en vain. Si ce diable d'Hitler finit par être vaincu, alors aucune perte, aucun prix, aucune souffrance n'auront été trop élevés, ni trop longs. Je suis très curieux de découvrir quel est l'état d'esprit aux Etats-Unis – vous savez combien nous avons, en juillet, été déprimés par l'indifférence qui y régnait. Mais à présent c'en est fini de tout cela, définitivement.

J'espère avoir des nouvelles de Friedenthal[1], et des quelques autres amis. Je suppose que Manfred, une fois achevée sa formation en radiologie, prendra un peu de vrai repos, et ira se reposer à Bath. Je ne sais pas encore si nous pourrons vous télégraphier aussi souvent qu'avant de New York, j'essaierai d'y veiller ; je sais que vous êtes impatients d'avoir des nouvelles de votre fille et Lotte se chargera de vous donner le plus de détails possible. Pour ma part j'aurai beaucoup à faire à New York et il faudra qu'elle fasse la première visite à La Rochelle[2] toute seule.

Au moment où j'écris cette lettre nous nous dirigeons vers Portorico[3], et dans quelques instants nous allons y atterrir et y jouir de 20 minutes de répit sur la terre ferme – cette stupide terre, qu'on aime sans savoir pourquoi. Toute mon affection à vous tous

Stefan Zweig

1. Richard Friedenthal, voir p. 285.
2. La Nouvelle Rochelle.
3. Puerto Rico.

DEUXIÈME PARTIE

L'interlude new-yorkais

24 janvier au 15 août 1941

A la suite de leur folle tournée de quatre mois au Brésil et en Argentine, les Zweig retournèrent à New York, où ils arrivèrent le 24 janvier 1941. Hormis quelques semaines à New Haven, dans le Connecticut, ils allaient y passer les sept mois suivants et s'y s'immerger dans leurs projets d'écriture : complétant à la fois l'édition allemande de *Brésil, terre d'avenir* (dont ils revirent aussi les traductions anglaise et française) et celle d'*Amerigo. Récit d'une erreur historique*, livrant le premier jet du *Monde d'hier* et s'attelant de nouveau à la biographie interrompue de Balzac. Ils continuèrent à écrire fréquemment à Hannah et Manfred, leurs lettres se focalisant désormais sur des problèmes pratiques et financiers. La maison de Bath continue d'être une source de préoccupation, tout comme l'aide (demande de visa, déclarations, travail, colis de nourriture, argent) à apporter aux amis et à la famille en Angleterre. Mais la plupart des lettres tournent autour du séjour new-yorkais d'Eva, la fille d'Hannah et Manfred, alors âgée de douze ans, qui a été évacuée d'Angleterre.

*

Après la chaleur oppressante de l'été brésilien, l'attrait nouveau que constituait le froid et la neige d'un hiver new-yorkais rigoureux se dissipa vite. Installés dans un établissement à l'élégance discrète, l'Hôtel Wyndham, sur la 58e Rue, à moins d'un pâté de maisons de Central Park, les Zweig, qui, après des mois sous les feux des projecteurs, voulaient du temps pour eux-mêmes, firent au départ de leur mieux pour rester aussi anonymes que possible. A New York, ils ne virent guère qu'Alfred Zweig (le frère de Stefan), Benjamin W. Huebsch (son éditeur chez Viking Press) et quelques amis comme Thomas Mann, Jules Romains et Friderike, la première épouse de Stefan. Sinon, ils s'arrangèrent pour éviter les mondanités, préférant se détendre et récupérer[1]. « Nous sommes ravis d'en avoir fini avec l'avion et les visites pour un moment, écrit Lotte à Hannah et Manfred, et le fait que cette fois nos chambres donnent sur un grand mur de pierre constitue presque un heureux contraste après toutes les belles choses que nous avons vues. Nous nous sommes acclimatés très facilement au froid, mais avons trouvé plus difficile de nous habituer au chauffage central[2] !! » Stefan, lui, considère que le climat est « aussi mauvais que possible »[3], en opposition complète avec le climat brésilien. En mars, leurs plaintes concernant le froid et le vent continuels s'intensifient[4] : Lotte avoue qu' « [ils en ont] déjà complètement marre de l'hiver »[5] et, à la fin du même mois, Stefan explique non sans frustration : « l'hiver a été dur et interminable, nous n'avons pas pu faire une seule promenade en plus de six semaines »[6].

*

1. LZ à HA&MA, New York, 25 janvier 1941. Friderike affirme être tombée sur Stefan Zweig au consulat de Grande-Bretagne, quelques heures seulement après qu'il fut arrivé à New York, une rencontre qu'elle met sur le compte du « destin » (Friderike Zweig, Stefan Zweig, Londres, W.H. Allen, 1946, p. 249).
2. LZ à HA&MA, New York, 27 janvier 1941.
3. SZ à HA&MA, New York, 27 janvier 1941.
4. LZ à HA&MA, New Haven, vers mars 1941.
5. LZ à HA&MA, New Haven, 19 mars 1941.
6. SZ à HA&MA, New York, 31 mars 1941.

Lorsqu'elle n'aidait pas Stefan dans son travail, la principale préoccupation de Lotte était de s'assurer que sa nièce recevait une bonne éducation et qu'on s'occupait bien d'elle. « J'ai rencontré la directrice aujourd'hui à New York, rapporte-t-elle, au moment où elle cherche pour Eva une école et un foyer convenables, une Juive un peu typique de Galicie, mais plutôt cultivée et intelligente[1]. » Bien qu'il ait pris une part moins active que Lotte dans l'aide au jour le jour à Eva, Stefan aussi a des idées bien arrêtées sur le type d'environnement qui serait approprié pour leur nièce ; il professe les mêmes stéréotypes que sa femme et affiche une certaine tendance à l'arrogance intellectuelle. Il est impressionné par l'atmosphère « philosophique et abstraite » qui règne à Amity Hall, le foyer pour enfants de Croton-sur-l'Hudson, dirigé par Olga Schaeffer et son mari, le poète Albrecht Schaeffer, où Eva a été placée. S'il accepte à contrecœur la nécessité pour Eva d'aller à l'école américaine (« Je suis sceptique sur les méthodes de l'éducation purement américaine, qui est superficielle et ne saurait former que des arrogants à demi cultivés »), il se dit qu'au moins les Schaeffer lui offriront le contrepoids d'une solide formation morale ; et en voit la preuve dans le fait que, Protestants plutôt que Juifs, ils ont choisi de quitter l'Allemagne par « dégoût et par besoin de liberté et non pour des causes raciales ou politiques ». « Ce sont des gens droits, écrit Stefan, dénués du ressentiment [...] des autres réfugiés à New York »[2]. Etre dans un tel environnement est, pour lui, de la plus haute importance, étant donné sa vision négative de la société américaine (« Vous ne pouvez pas vous imaginer combien nous sommes écœurés par l'impolitesse, la grossièreté, le comportement arrogant des enfants américains »[3]) et sa méfiance à l'égard des réfugiés.

1. LZ à HA&MA, New York, 29 janvier 1941.
2. SZ à HA&MA, New York, vers février 1941.
3. SZ à HA&MA, New York, 31 mars 1941.

*

Contrairement à Rio, ville adorée, New York a du mal à trouver grâce aux yeux de Stefan Zweig. Las des chambres d'hôtel, des restaurants, de faire et défaire ses bagages et du manque d'espace, il accepte en février une invitation à passer deux mois à l'université de Yale, à New Haven, à une heure et demie en train de New York[1]. Bien que les Zweig aient été incapables de trouver un appartement là-bas, se rabattant sur deux chambres d'hôtel[2] (comme les autres hôtels américains, de l'avis de Stefan, il offrait « une sorte de ressemblance avec une gare et était sans charme ni intérêt »[3], pendant un court moment, ils furent au moins satisfaits.

« Je profite de cette petite vie tranquille pour me reposer, écrit Stefan, vous ne pouvez pas vous imaginer combien je hais New York à présent, avec ses magasins de luxe, son “glamour” et sa splendeur – nous autres, Européens, nous souvenons trop de notre pays et de toutes les misères du monde. Ici, nous vivons, comme à Bath, au milieu de provinciaux et j'apprécie la possibilité que m'offre l'université de Yale d'emporter chez moi autant de livres que je veux – j'ai retrouvé un vrai appétit de lecture et d'étude[4]. » Mais comme ils n'étaient pas loin de New York, les Zweig pouvaient toujours voir leurs amis et connaissances quand ils le souhaitaient, tout en étant à même de se concentrer sur leur travail et de réfléchir à leur avenir :

> New Haven est une petite ville sans attrait, et on est perdu sans voiture dans une petite ville américaine. Si nous sommes invités, nous devons nous faire ramener chez nous car il n'y a pas beaucoup de bus – il est entendu que même les pauvres ont une voiture en Amérique (sauf à New York où paradoxalement il est impossible de conduire). Les avantages sont

1. LZ à HA&MA, New York, 27 janvier 1941.
2. LZ à HA, New Haven, 15 février 1941.
3. SZ à HA&MA, New Haven, 13 mars 1941.
4. SZ à HA&MA, New Haven, 13 février 1941.

> 1) la bibliothèque de l'université. Je peux emprunter autant de livres que je le souhaite et aller dans les rayons moi-même. Et c'est un grand plaisir pour moi, qui ai dû me passer de livres depuis pratiquement an. 2) Je ne suis pas dérangé par tous les gens dont New York est désormais encombré – tout Vienne, Berlin, Paris, Francfort et toutes les villes imaginables. J'ai donc du temps pour travailler et même pour penser. 3) Nous avons l'occasion de voir nos vrais amis rapidement. Scholem Asch[1], Joachin Maass[2], Jules Romains[3], Bertold Viertel[4] sont venus, vendredi c'est van Loon[5] qui vient, du beau monde comme vous le voyez. 4) C'est tout compte fait moins cher : pas l'hôtel, que je n'aime pas beaucoup, mais toutes les dépenses quotidiennes et les schnorrers[6]. Je m'occupe ici de quelques menus travaux et prépare un ouvrage plus important que j'écrirai à Rio si nous y retournons[7].

Au bout de deux mois au cours desquels ils complétèrent le court essai de Stefan sur l'explorateur Amerigo Vespucci, les Zweig étaient prêts à bouger de nouveau. « Nous sommes ravis d'être de nouveau à New York, écrit Lotte après leur retour dans la ville en avril, New Haven a eu au moins ceci de positif que j'aime de nouveau New York[8]. »

*

A New York, les Zweig persistèrent dans leur volonté de rester à l'écart de l'agitation, Stefan regrettant que la plupart de ses amis germanophones fussent en Californie. Cela dit, ils tissèrent des liens avec un cercle restreint « mais

1. Voir p. 283.
2. Voir p. 290.
3. Voir p. 293.
4. Voir p. 295.
5. Sur Hendrik van Loon, voir p. 290.
6. Terme yiddish désignant les « mendiants » ou les « parasites ». En allemand, il a fini par signifier « pique-assiette ».
7. SZ à HA&MA, New Haven, 12 mars 1941.
8. LZ à HA&MA, New York, 18 avril 1941.

intéressant » d'écrivains britanniques comprenant Somerset Maugham, A. J. Cronin, Bertrand Russell et W. H. Auden, qui résidaient tous de façon permanente ou temporaire à New York ou dans ses environs[1]. Sans doute à l'instigation de son ami Jules Romains, président du PEN, Stefan accepta – plutôt à contrecœur – de parler lors d'une soirée de collecte de fonds – « l'un de ces dîners énormes avec 1000 personnes, que j'ai évités toute ma vie »[2] – organisée à l'occasion de l'ouverture d'une section européenne du PEN à New York. Le PEN était l'une des rares organisations que Stefan était prêt à soutenir publiquement et il sentait qu'il ne pouvait refuser cette invitation – car « chacun doit accomplir son devoir » – même s'il avait été très critique envers la conférence du PEN de 1936 à Buenos Aires, qu'il avait jugée égocentrique[3]. Même dans ces conditions, il allait se montrer circonspect et « essayer d'éviter la phraséologie de la démocratie, qu'une demi-douzaine d'autres orateurs ne manquer[aient] pas de déverser ce soir[-là] »[4]. Etant donné la liste de ces orateurs, l'absence de Stefan Zweig aurait certainement semblé bizarre à quiconque savait qu'il vivait à New York : « Somerset Maugham[5] parlera – dix minutes précises, comme les suivants – au nom des écrivains anglais, Sigrid Undset[6] au nom des scandinaves, Jules Romains[7] au nom des français et moi au nom des germanophones, les autres auront une minute chacun ; je suis censé faire la moitié de mon discours en allemand, l'autre en anglais. L'ensemble sera diffusé à la radio partout dans le monde[8]. » Stefan jugeait que ce genre de réunion faisait ressortir l' « étroitesse d'esprit dont les écrivains font preuve en de telles occasions », ajoutant qu' « on se demande parfois si ce sont bien

1. SZ à HA&MA, New York, 12 mai 1941.
2. SZ à HA&MA, New York, vers avril 1941.
3. SZ à HA&MA, New York, début mai 1941.
4. SZ à HA&MA, New York, début mai 1941.
5. Voir p. 291.
6. Voir p. 295.
7. Voir p. 293.
8. SZ à HA&MA, New York, vers avril 1941.

les mêmes personnes qui ont écrit les vers magnifiques qu'on leur attribue et qui savent être sages et psychologues dans leurs livres »[1].

Selon Lotte, la soirée se passa bien – il semble même qu'elle l'ait beaucoup appréciée, peut-être parce qu'elle lui rappelait les événements similaires auxquels elle avait assisté en Argentine et au Brésil :

> Pour moi ce fut assez intéressant et distrayant parce que c'était mon premier grand dîner public et que j'étais assise à la table des célébrités entre Somerset Maugham (qui a été très agréable, et pas du tout guindé comme je le pensais) et le comte Sforza[2]. La plupart des écrivains européens que nous lisons étaient là et j'espère que le millier de personnes qui ont payé 3 dollars chacune pour y assister n'ont pas été trop déçues de constater que les écrivains n'ont pas du tout l'air différents des autres gens. Il y a eu de nombreux discours et, heureusement, pour tenir compte de la diffusion à la radio, les orateurs avaient un temps de parole strictement limité – Stefan, Jules Romains, Maugham, Dorothy Thompson[3], Sigrid Undset entre six et douze minutes, les autres, qui parlaient dans leur langue maternelle, deux minutes chacun. Puis il y a eu l'inévitable vente aux enchères afin de récolter de l'argent pour venir en aide aux réfugiés et nous avons été étonnés de voir le nombre de gens qui faisaient des dons de trois ou quatre cents dollars. Cinq mille dollars ont ainsi été récoltés et ils suffiront à peine à couvrir les frais de voyage de dix personnes puisque, depuis l'Europe, on ne peut plus rejoindre les Etats-Unis que par les itinéraires les plus improbables – *via* la Russie et le Japon ou *via* l'Afrique et la Martinique, et pour une minorité de privilégiés, directement depuis Lisbonne[4].

1. SZ à HA&MA, New York, 12 mai 1941.
2. Voir p. 293.
3. Voir p. 295.
4. LZ à HA&MA, New York, 1 juin 1941.

*

Dès le départ, Stefan eut du mal à supporter New York. « Je suis déprimé, écrit-il peu après son retour du Brésil, quand je vois ces magasins de luxe, le manque d'égards de tous ces gens, la stupidité des réfugiés et le manque de réelle compassion[1]. » En avril, à la suite du relatif isolement à New Haven, il avait glissé dans un état qui ressemblait fort à de l'apitoiement narcissique sur son propre sort :

> Nous voyons peu de monde, je suis las de la monotonie des conversations sur la guerre, les Juifs, les démarches pour obtenir un visa ; malgré mille variations, cela reste stérile. Je ne vais même pas au théâtre. Je ne me sens d'humeur pour aucune distraction tandis que l'Europe succombe sous les coups de la bête et que vous et tous nos amis en Angleterre êtes tous les jours en danger[2].

Alors même qu'il donnait des conseils et fournissait une aide matérielle, notamment financière, à ses amis et ceux de Lotte exilés en Angleterre ou ailleurs, Stefan pouvait aussi se montrer extrêmement intolérant. Il considérait les réfugiés, en tant que groupe, avec un mélange de suspicion et de contrariété, n'appréciant guère qu'on lui fasse perdre son temps pour lui demander des faveurs à cause de la richesse et de l'influence qu'on lui attribuait. Une personne représentait à ses yeux le summum du ridicule : l'écrivain viennois Paul Frischauer[3], une connaissance dont Stefan attendait l'arrivée imminente à New York, où il pourrait « rencontrer tous les autres Frischauer »[4] – allusion aux réfugiés déjà installés dans la ville. « Il possède une forme de génie, remarque Zweig à propos de Frischauer, qui lui permet de surmonter toutes les difficultés, et plus l'eau est sale, plus il

1. SZ à HA&MA, New York, vers février 1941.
2. SZ à HA&MA, New York, vers avril 1941.
3. Voir p. 286.
4. SZ à HA&MA, New York, vers mai 1941.

y nage à son aise. J'aimerais avoir sa ténacité et son courage. Nous ne sommes pas vraiment faits pour cette époque avec notre conscience morale "à fleur de peau"[1]. »

Peu de jours après son arrivée à New York, Stefan se rendit au consulat britannique pour y discuter de la possibilité de retourner en Angleterre mais on lui expliqua qu'il devait y renoncer car toutes les places sur les vols étaient réservées depuis des mois[2]. Ses pensées se tournèrent alors de plus en plus vers le Brésil. « Mais, songeait-il, qui peut faire des projets ? Qui peut dire "Je vais", "j'ai l'intention de" – on doit se contenter de vivre et j'ai besoin de toute ma volonté pour continuer à travailler au milieu du chaos[3]. » Pour Stefan, la vie était sur pause : « Nous vivons et attendons, attendons et vivons[4]. » Il pesait le pour et le contre de chaque décision de façon obsessionnelle, mais sentait qu'il lui serait impossible de maîtriser son avenir quelle que soit la décision qu'il prenne :

> Rien n'est sûr et nous ne faisons pas de projets. L'Amérique a ses avantages – des bibliothèques, des possibilités de revenus, etc. Mais le Brésil aussi – la beauté, une vie paisible et bon marché. Notre décision dépend de tant de choses, notamment de la tournure que prendront les événements dans le monde. La vie de chacun de nous n'est qu'un microbe dans ce corps monstrueux qu'on appelle la guerre. L'humanité retrouvera-t-elle un jour son bon sens[5] ?

Stefan continuait d'être consumé par le sentiment d'être pris au piège par la guerre et la bureaucratie :

> La grande difficulté est de s'assurer à l'avance qu'on pourra revenir [à New York] quand commencera l'été [brésilien],

1. SZ à HA&MA, New York, vers mai 1941.
2. SZ à HA&MA, New York, vers février 1941.
3. SZ à HA, New York, 10 février 1941.
4. SZ à HA&MA, New Haven, 15 février 1941.
5. SZ à HA&MA, New Haven, 12 mars 1941.

> car les visas de visiteurs ne seront pas valables (notamment en cas de déclaration de guerre). D'un autre côté, si nous prenions des visas d'immigrants, on pourrait se méprendre et croire que je veux changer de citoyenneté. Vous ne pouvez pas vous imaginer combien de fois par jour je me pose ce genre de questions et, en même temps, je dois m'occuper d'envoyer chaque jour des lettres et des télégrammes pour les déclarations sur l'honneur et les visas. Mais je continue à travailler, mon livre sur le Brésil (qui permettra peut-être de resserrer les liens entre les mondes latin et anglophone) va paraître ici en anglais à l'automne (le traducteur[1] est effroyablement lent) et j'ai d'autres travaux en cours ; nous n'avons donc pas de soucis matériels, mais les soucis moraux compensent largement. Les Etats-Unis vont fournir toute l'aide possible à l'Angleterre, l'ensemble du pays est transformé en gigantesque usine. Ce qui nous effraie, pour notre part, c'est d'être coupés de vous pendant la durée de la guerre ; cela nous fait peur aussi pour Eva, car personne ne peut prévoir combien de temps cela va durer[2].

La frustration domine ses pensées : « Nous perdons beaucoup de temps à réfléchir à ce que nous allons faire[3]. » Il accepte que beaucoup de ses amis européens semblent satisfaits de leur nouvelle vie en Californie, mais cette possibilité – qui était bien entendu ouverte aux Zweig – n'intéresse pas Stefan :

> Les autres se sont installés dans des petites maisons et ont commencé une nouvelle vie, tandis que nous, nous ne sommes pas sûrs : combien de temps resterons-nous et comment le décider – sera-t-il possible d'aller au Brésil ? Y aura-t-il encore des bateaux et des avions ?... Donc nous attendons, et l'attente n'est pas la meilleure des choses pour

1. James Stern (né dans le comté de Meath en Irlande en 1904 ; mort à Tisbury, en Angleterre en 1993), qui signait ses traductions du nom d'« Andrew St. James » ; il traduira aussi *Amerigo. Récit d'une erreur historique*.
2. SZ à HA&MA, New York, 31 mars 1941.
3. SZ à HA&MA, New York, vers avril 1941.

avancer dans son travail, mais j'ai été paresseux, on m'a fait plusieurs offres et j'ai plusieurs choix possibles[1].

Exprimant un point de vue qui reflète celui de son mari, Lotte hésite aussi terriblement pour décider si Stefan et elle doivent rester aux Etats-Unis, aller au Brésil ou, malgré les difficultés pratiques que cela impliquerait, retourner en Angleterre :

> Chaque pays a ses avantages – ici nous avons de vraiment bons amis, d'un bon niveau intellectuel, et les bibliothèques ; au Brésil la vie en elle-même est agréable et intéressante et le pays est stimulant pour Stefan. Les gens y sont extrêmement gentils et cultivés, mais cultivés d'une façon un peu désuète, et sur le plan intellectuel il y a une différence de niveau, pour ainsi dire. Il est difficile de décider, on doit tenir compte de beaucoup de choses – en premier lieu de la distance énorme et du fait qu'à cause des permis et visas nécessaires, ainsi que du trajet lui-même, il va sans doute devenir de plus en plus difficile de voyager. Il nous arrive de souhaiter retourner à « Rosemount », en dépit de tout ce qui nous a fait quitter cet endroit, nous nous demandons parfois si ce ne serait pas la meilleure solution. D'un point de vue rationnel, ça ne l'est probablement pas et sans doute Stefan se sentirait-il de nouveau inutile, ou alors on lui donnerait un travail insignifiant que d'autres feraient tout aussi bien, et par ailleurs il est pratiquement impossible de revenir en Angleterre sans raison officielle de force majeure. C'est juste un rêve et on ne peut qu'espérer qu'un jour les circonstances permettront sa réalisation[2].

Cependant, Stefan est de plus en plus sûr que c'est au Brésil qu'il veut être :

> L'avantage du Brésil, c'est que je pourrais y rester autant que je le désire et y avoir toutes les perspectives imaginables ;

1. SZ à HA&MA, New York, vers avril 1941.
2. LZ à HA, Ossining, 21 juillet 1941.

ce qui se passera ici en cas de déclaration de guerre ne sera de toute façon pas agréable, nous ne pouvons pas prendre d'appartement et je déteste faire et défaire mes bagages, cette vie qui, avec ses décisions et délibérations quotidiennes, empêche toute concentration. Et je ne crois pas que tout cela puisse prendre fin avant des années et des années[1].

*

Au début du mois de mars, peu après s'être installée à New Haven, Lotte eut une série de violentes crises d'asthme, les premières depuis deux ans[2]. Cette rechute allait compliquer les affaires des Zweig et retarder leurs projets de voyage car Lotte eut besoin de soins médicaux. « Lotte s'est très mal comportée la semaine dernière, rapporte Stefan après les premières crises, elle a des crises d'asthme aussi graves que celles qu'elle avait à Vienne », et il explique que ces crises sont une conséquence des écarts de température et que leurs chambres d'hôtel à New York et New Haven ressemblent à des hammams[3]. Quelques jours plus tard, il rapporte de nouvelles crises :

> Lotte s'est très mal comportée vis-à-vis de moi. Elle sait que je me suis retiré à New Haven pour travailler et, au lieu de m'y aider, elle a des crises d'asthme et même maintenant une grosse grippe, si bien que c'est moi, malheureux, qui dois m'occuper d'elle. J'espère qu'elle pourra quitter son lit demain. Dans tous les cas, elle doit être prudente car le temps est dégoûtant, les bourrasques sont mêlées de pluie et de glace, les rues si boueuses que moi qui hais cela depuis l'enfance j'ai dû acheter des bottes en caoutchouc[4].

1. SZ à HA&MA, Ossining, vers le 19 juillet 1941.
2. LZ à HA&MA, New Haven, vers mars ou avril 1941.
3. SZ à HA&MA, New Haven, 7 mars 1941.
4. SZ à HA&MA, New Haven, 12 mars 1941.

Toujours sur le même ton ironique – sans doute pour rassurer le frère et la belle-sœur de Lotte – Stefan rapporte les conséquences pour lui de l'état de sa femme :

> Lotte s'est très mal comportée vis-à-vis de moi, comme je vous l'ai écrit, et voilà qu'à présent elle se comporte d'une façon onéreuse. Comme ses crises d'asthme ont continué, nous avons été obligés de la faire examiner sans ménagement, car, pour mon travail et mes voyages, je veux une femme et une secrétaire en pleine forme[1].

Des examens vont être nécessaires, rapporte Stefan, pour trouver les « causes de l'allergie », et bien que « son état » ne soit pas « sérieux », il explique qu'il souhaite que Lotte, profitant de la présence à New York de spécialistes de l'asthme, subisse ces examens approfondis avant leur prochain voyage[2].

Se fondant sur son expérience, Lotte pensait qu'après les violentes crises d'asthme, la grippe et la fièvre, son état « s'apaiserait » pendant plusieurs mois[3]. Au bout de six semaines et après de fréquentes injections de calcium, les crises se calmèrent au point de lui permettre de dormir la nuit sans être réveillée[4]. Elle fait l'éloge du « pauvre Stefan » qui a été « si patient et secourable » et craint que son incapacité à remplir ses devoirs de secrétaire n'aggrave encore l'angoisse de son époux face au travail[5]. Les tests médicaux continuèrent et Lotte fit parfois des réactions violentes aux injections qu'on lui faisait pour trouver la cause de son asthme[6]. Une fois que ses médecins prétendirent avoir identifié l'allergène, un régime d'immunisation fut mis en place

1. SZ à HA&MA, New York, 5 avril 1941.
2. SZ à HA&MA, New York, 5 avril 1941.
3. LZ à HA&MA, New Haven, vers mars ou avril 1941.
4. LZ à HA&MA, New York, 18 avril 1941.
5. LZ à HA&MA, New Haven, vers mars ou avril 1941.
6. LZ à HA&MA, New York, 18 avril 1941; LZ à HA&MA, New York, 29 avril 1941 ; SZ à HA&MA, New York, 12 mai 1941; HA&MA, New York, 17 juin 1941.

consistant en des injections quotidiennes puis hebdomadaires, l'idée étant de les réduire à une tous les quinze jours, puis une par mois et, pour finir une tous les six mois. On avait expliqué à Lotte qu'au bout d'un an elle serait immunisée contre l'asthme[1].

*

A l'approche de l'été, les Zweig n'avaient toujours pas décidé s'ils retourneraient ou non au Brésil. Mais Stefan pouvait au moins se projeter dans les mois à venir. « NY est terrible en été, un appartement avec l'air conditionné serait la seule solution, mais les prix sont faramineux », se plaint-il[2]. Ce qu'il cherche là encore par-dessus tout, c'est la paix : « Je déteste la campagne ici autant que d'aller à l'hôtel [...] Je ne trouverais jamais d'endroit où travailler tranquillement[3]. » Trouver une retraite appropriée ne fut pas facile : il trouvait les maisons de campagne trop chères, et les lieux situés à proximité des gares (une nécessité sans voiture) surpeuplés[4]. Après quelques efforts, ils finirent par louer pour juillet et août une maison (avec une bonne) que Lotte jugea adaptée pour « des personnes travaillant chez elles » et « n'ayant pas de voiture », comme eux[5]. Elle était située au 7, Ramapo Road à Ossining, petite ville sur l'Hudson, connue pour accueillir la prison de haute sécurité de Sing Sing (« on essaie d'oublier ce détail », commente Lotte[6]). Pour Lotte, il n'y avait rien de particulier à voir ou à faire à Ossining ; hormis le climat, le calme et la tranquillité, le seul avantage de cette ville était d'être à dix minutes à peine de Croton où sa nièce Eva vivait avec Olga et Albrecht Schaeffer[7]. Outre les

1. LZ à HA&MA, Ossining, 25 juillet 1941.
2. SZ à HA&MA, New York, vers avril ou mai 1941.
3. SZ à HA&MA, New York, vers avril ou mai 1941.
4. SZ à HA&MA, New York, 17 juin 1941.
5. LZ à HA, New York, 25 juin 1941.
6. LZ à HA&MA, Ossining, 4 juillet 1941.
7. LZ à HA&MA, Ossining, 4 juillet 1941.

Schaeffer dont Stefan et Lotte appréciaient tous deux la compagnie, d'autres connaissances avaient élu domicile à Croton : René Fülöp-Miller et sa femme Erika, des amis que Stefan connaissait de Vienne[1], mais aussi l'ancienne épouse de Stefan, Friderike, qui venait d'arriver aux Etats-Unis depuis le Portugal. Cette dernière affirma plus tard que si les Zweig avaient décidé de prendre une maison à Ossining, c'était parce que Stefan avait besoin de la consulter fréquemment à propos de son autobiographie[2]. Selon Lotte, cependant, cette proximité avec « l'épouse numéro 1 »[3], comme elle désigne d'un ton léger Friderike, était une pure coïncidence.

A propos des relations avec Friderike, Lotte remarque :

> ce qui est étrange, c'est que nous sommes presque en meilleurs termes et sans doute en termes plus normaux avec elle qu'avec le frère de Stefan, qui est un égocentrique absolu. Je me souviens d'une conversation que j'ai eue avec vous au sujet des relations de la première et de la seconde épouse avec le mari, mais tout cela semble parfaitement naturel et normal, et peut-être la grande différence d'âge aide-t-elle à rendre la situation plus simple[4].

Au départ, Stefan fut soulagé de déménager à Ossining et de quitter la chaleur et l'humidité suffocantes de New York pour des températures un peu plus basses et des nuits plus fraîches[5]. Il était heureux d'être dans un environnement qui

1. LZ à HA, Ossining, 21 juillet 1941.
2. Friderike Zweig, *Stefan Zweig*, *op. cit.*, p. 252.
3. LZ à HA&MA, New York, 15 août 1941.
4. LZ à HA, Ossining, 21 juillet 1941. Il est impossible de savoir si ces rencontres à trois furent aussi détendues que le suggère Lotte. Il est certain que Friderike gardait un attachement intense – à ses yeux, spirituel – pour son ex-mari. Mais dans sa biographie de Stefan Zweig, elle a du mal à cacher qu'elle ne considérait pas Lotte comme son égale : tout en prétendant n'avoir pas « une once d'amertume » envers la jeune épouse de Stefan, elle se montre méprisante à l'égard de ce qu'elle considère comme « sa paisible et incurable simplicité » (Friderike Zweig, *Stefan Zweig*, *op. cit.*, p. 250).
5. SZ à HA&MA, New York, 1er juillet 1941.

allait lui permettre de se concentrer sur son travail, en particulier l'autobiographie qu'il voulait écrire. Il espérait que ce serait « un long livre très substantiel », le principal problème étant sa « grande difficulté à ne faire confiance qu'à [sa] mémoire alors qu'il [lui] manqu[ait] les lettres et les journaux intimes de cette époque révolue[1] ». Sinon, son inquiétude était que « la fin de l'ouvrage soit trop triste et déprimante[2] ».

Stefan s'immergea immédiatement dans l'écriture, Lotte soutenant que c'est sans doute « en partie parce qu'il veut travailler, en partie parce qu'il est déprimé par la guerre et ses conséquences destructrices pour l'humanité, en partie parce qu'il n'y a rien d'autre à faire ici »[3]. A la suite de l'invasion de l'Union soviétique par l'Allemagne le 22 juin, Stefan se sent toutes les raisons du monde d'être pessimiste :

> Cette nouvelle guerre qui est, c'est déjà ça, un soulagement pour la Grande-Bretagne signifie une nouvelle fois la destruction d'innombrables vies et bonheurs humains ; à cause d'elle, des millions de personnes vont être affamées, les Juifs des pays frontaliers en particulier vont souffrir plus que jamais. En Espagne, en France occupée, le manque de nourriture est terrifiant et, en Europe, ce n'est qu'un début – jamais un simple individu n'avait provoqué autant de misère dans le monde que cette bête d'Hitler. On a honte quand on voit l'abondance de nourriture et de toute chose ici – on pourrait nourrir tout un peuple rien qu'avec ce qui est gaspillé et jeté dans les restaurants. Cela fait qu'on n'est pas si heureux que ça d'être de ce côté-ci de l'Atlantique pour peu qu'on se sente un tant soit peu solidaire ! Et quand on se dit que tout ceci ne va faire qu'empirer [...] vous êtes beaucoup plus jeunes et, après la victoire, vous verrez un monde meilleur, mais moi, avec mes « trois vies »[4], j'ai le sentiment que ma génération est désormais superflue. Nous avons

1. SZ à HA&MA, New York, 1er juillet 1941.
2. SZ à HA&MA, Ossining, 4 juillet 1941.
3. LZ à HA&MA, Ossining, 12 juillet 1941.
4. « Meine drei Leben » (Mes trois vies) était le titre de travail de Stefan

échoué et n'avons plus le droit de donner des conseils à la nouvelle[1].

Stefan était en train de sombrer dans l'un de ses cycles dépressifs, ruminant sur l'état du monde, tout en ayant toujours en tête la perspective « terrifiante » de son soixantième anniversaire le 28 novembre, qui devait marquer, selon lui, le stade ultime de sa vie – et le poussait à « se dépêcher de faire ce qu'[il avait] à faire »[2]. Mais cette mauvaise humeur, Stefan lui reconnaît certains avantages. « Ma profonde dépression m'a fait travailler comme un fou »[3], remarque-t-il au moment où il se remet à son « monde d'hier », celui dans lequel il avait été heureux ou, du moins, compris. Tenant absolument à achever l'histoire de sa vie avant d'avoir atteint les soixante ans, il pouvait au moins avoir la satisfaction d'avoir « fait plus en trois semaines, dans cette petite maison, pour [son] autobiographie qu'au cours des trois mois précédents, en ne la quittant pas du matin jusqu'au soir et en ne voyant personne ». « Dans trois jours, ajoute-t-il, j'espère en avoir fini avec la Première Guerre mondiale – j'aimerais en avoir fini avec la Seconde dans trois mois[4] ! »

Stefan ne voulait pas spéculer sur l'avenir : « qui peut dire ce que réservent les prochains mois ? Pour le savoir j'aimerais m'endormir pour ne me réveiller que dans plusieurs années[5]. » Bien que se plonger dans le travail fût une distraction pour lui, il ne pouvait s'empêcher d'être rongé par « l'idée [qu'il aurait peut-être] à errer pendant des années, à faire et défaire ses bagages sans arrêt, sans [ses] livres, sans espace ni confort » et par sa culpabilité d'être « un si mauvais compagnon pour

---

Zweig pour son autobiographie. Les trois vies en question correspondaient à la période précédant la Première Guerre mondiale, aux quinze années turbulentes qui suivirent la guerre, et à l'époque hitlérienne.

1. SZ à HA&MA, New York, vers fin juin 1941.
2. SZ à HA&MA, New York, vers mai 1941.
3. SZ à HA&MA, Ossining, 31 juillet 1941.
4. SZ à HA&MA, Ossining, vers le 19 juillet 1941.
5. SZ à HA&MA, Ossining, vers le 19 juillet 1941.

la pauvre Lotte »[1]. Il exprime à Manfred et Hannah son chagrin de ne pas pouvoir lui « donner plus de temps, mais seulement des manuscrits à copier encore et encore », et d'être incapable de « lui procurer une existence tranquille, aussi modeste soit-elle », à l'instar de celle que beaucoup de ses amis ou collègues européens sont parvenus à se bâtir en Amérique[2].

Lotte, comme toujours, se montrait parfaitement compréhensive et soutenait son mari dans les angoisses qu'il traversait. Dans une lettre écrite à Hannah à l'insu de Stefan, elle tente d'expliquer les tourments de ce dernier et ce qu'il envisage pour l'avenir :

> Je suis un peu inquiète pour lui, il est déprimé non seulement parce qu'il est très désagréable de mener une vie si instable, à toujours attendre ce qui va se passer le jour suivant pour pouvoir prendre une décision à court terme, mais aussi parce que la guerre, qui est en train de devenir un véritable meurtre de masse, semble peser sans cesse sur son esprit. J'espère que cet état d'esprit lui passera vite et j'aimerais avoir le talent de ces gens qui savent parler aux autres d'un ton enjoué et leur insuffler du courage et de l'espoir. J'ai une qualité, je peux supporter n'importe quelle existence sans me plaindre et m'apitoyer sur mon sort, mais je n'arrive pas à le guérir de son humeur actuelle et dois me contenter d'attendre qu'il l'ait surmontée tout seul – comme il l'a fait en général les fois précédentes. Heureusement, cela ne l'empêche pas de travailler, au contraire, cela le pousse à travailler toujours plus[3].

*

Fin juillet – un mois à peine après être arrivé à Ossining et avoir commencé à travailler à ses Mémoires, Stefan pouvait dire : « J'ai fini mon autobiographie ce mois-ci, je l'ai écrite

1. SZ à HA&MA, Ossining, vers le 19 juillet 1941.
2. SZ à HA&MA, Ossining, vers le 19 juillet 1941.
3. LZ à HA, Ossining, 21 juillet 1941.

de ma propre main si rapidement que Lotte ne pouvait pas suivre[1]. » Il allait à présent mettre de côté le manuscrit, qui, comme il l'expliquait, s'arrêtait aux premiers jours de la Seconde Guerre mondiale, se laissant deux mois pour décider s'il y apporterait des changements. « Je ne suis pas pressé de le publier, écrit-il, je voulais seulement qu'il soit prêt[2]. »

Les progrès rapides dans l'écriture de son autobiographie permirent à Stefan de s'occuper sérieusement de ses projets de voyage au Brésil. Deux semaines après avoir emménagé à Ossining, il réserva deux places à bord d'un paquebot pour Rio, surmontant sa répugnance à négocier avec la bureaucratie en temps de guerre (« beaucoup de nouveaux règlements, des permis de sortie, des questions encore et encore, notre situation est effroyablement compliquée à tous égards[3] ! », négociations que son goût pour la liberté individuelle lui faisaient tenir en horreur. À la fois épuisé par « cette errance, cette éternelle indécision »[4], et heureux d'avoir achevé ses Mémoires, il se sentait certes éreinté émotionnellement et physiquement, mais plus résolu que jamais à se rendre au Brésil : « Ce dont j'ai envie, terriblement envie, c'est d'un peu de repos et New York n'est pas le bon endroit pour ça. J'ai travaillé dur et souhaite un peu de dolce farniente[5]. »

Le 5 août, les Zweig quittèrent Ossining pour New York. « Notre décision est presque prise »[6], écrit Lotte à propos des projets de retour au Brésil. Même à ce stade, Stefan restait indécis, se demandant s'ils seraient capables de quitter New York, mais il souhaitait ardemment pouvoir « se reposer tranquillement pendant quelques mois [car il se sentait] extrêmement fatigué et [était] un poids pour Lotte et

1. SZ à HA&MA, Ossining, 31 juillet 1941.
2. SZ à HA&MA, Ossining, 31 juillet 1941.
3. SZ à HA&MA, Ossining, vers le 19 juillet 1941.
4. SZ à HA&MA, Ossining, 31 juillet 1941.
5. SZ à HA&MA, Ossining, 31 juillet 1941.
6. LZ à HA&MA, New York, 6 août 1941.

pour lui-même »[1]. Il a besoin d'une période d'évasion, poursuit-il : « la guerre a duré trop longtemps pour mes nerfs, avec tous ces voyages, et j'ai l'âge que j'ai[2]. » Soulagé d'avoir enfin arrêté sa décision, le couple fit ses bagages à New York, commença à faire ses adieux et alla faire des courses :

> c'est typiquement américain : en août, il m'est déjà difficile de trouver des robes d'été. Ils ont commencé à les mettre en vente quand nous étions loin et les magasins n'en ont pratiquement plus. Maintenant, ils vendent des manteaux de fourrure et des vêtements pour l'hiver. C'est plus facile pour Stefan parce que les ventes ont commencé beaucoup plus tard pour les hommes et ne sont toujours pas finies. Tu as peut-être lu des choses dans les journaux à propos de la crise soudaine de la soie. Ça a été la panique quand son importation depuis le Japon s'est arrêtée, les femmes se sont précipitées pour en acheter et en stocker et c'est avec une sorte d'horreur qu'elles ont envisagé la nécessité de porter des bas en coton. Je reste assez insensible à cette hystérie et, à vrai dire, j'ai acheté moins que je n'aurais fait dans d'autres circonstances car les prix avaient déjà presque doublé. Je suppose que si vous vous débrouillez sans bas de soie, l'hémisphère Ouest pourra aussi s'en passer[3].

Résigné désormais à partir, le couple n'en éprouve pas d'excitation, encore moins de plaisir, comme Stefan l'explique à Hannah et Manfred dans sa dernière lettre de New York :

> Nos cœurs sont loin d'être légers, nous ignorons quand nous pourrons revenir car nous n'avons pu rester ici que grâce à des visas de visiteurs et tout dépend de l'entrée ou non de l'Amérique dans la guerre. Somme toute, cette période a été très éprouvante, ces derniers temps en particulier nous n'étions pas heureux du tout. Peut-être le Brésil

1. SZ à MA, New York, 6 août 1941.
2. SZ à MA, New York, 6 août 1941.
3. LZ à HA, New York, 11 août 1941.

nous aidera avec sa beauté – mais je doute de plus en plus de revoir un jour Bath. Il nous arrive de songer à tout quitter pour y retourner, mais je sens que je n'aurai plus jamais de vrai foyer de toute ma vie – si nous avions émigré ici comme les autres nous aurions pu nous dire : nous commençons une nouvelle vie ici, mais je suis enchaîné à ma nationalité, qui nous a causé et continuera à nous causer beaucoup de problèmes. [...] Mes chers Hannah et Manfred, je me sens parfois très déprimé et je doute que nous soyons un jour de nouveau réunis, je souhaite seulement que vous puissiez voir votre enfant grandir et avec plus de compassion que jamais – je redoute toujours de lire que cette guerre va encore durer plus d'un an, cette guerre qui a détruit tant de choses dans nos vies – je sais qu'il y en a des millions et des millions comme nous, mais chacun le prend pour soi. [...] J'ai aussi travaillé dur, ce qui signifie, comme toujours, que je suis de mauvaise humeur. Lotte est physiquement bien mieux à présent et peut-être le Brésil nous réserve-t-il une existence plus clémente : si seulement cette vie nomade pouvait finir, je serais prêt à vivre dans une hutte de nègre, à condition de savoir que je peux y rester. Espérons au moins que vous, la jeune génération, serez récompensés pour ces efforts gigantesques – pour moi, il est trop tard et je ne pourrais même plus apprécier la victoire. Mais vous et votre enfant, vous verrez un monde meilleur[1] !

Quelques heures plus tard, Stefan et Lotte s'embarquaient à bord de l'*Uruguay*, vers un avenir incertain au Brésil.

1. SZ à HA&MA, New York, 15 août 1941.

TROISIÈME PARTIE

Lettres du Brésil

24 août 1941 au 22 février 1942

POSTE AÉRIENNE
24 août 41
A BORD de l'*Uruguay*

Chers Hanna & Manfred,

Nous allons bientôt arriver à Rio et je suis heureux que nous ayons pris le bateau, ça a été très reposant, alors qu'un voyage par avion aurait été tout à fait épuisant. Eva vous a sans doute écrit que Madame Sch. l'avait conduite jusqu'au bateau pour qu'elle puisse nous dire au revoir, une palpitante manière de commencer à fêter son anniversaire – elles ont pris le train pour New York bien après l'heure d'aller au lit, et sont revenues vers deux heures du matin. (...) – nous avons passé un agréable voyage et nous sommes bien reposés, j'ai refusé de travailler, et Stefan n'a pas fait grand-chose non plus. A Rio je vais me mettre immédiatement en quête d'un appartement ou d'une petite maison où nous puissions nous installer pour quelques mois au moins.

J'espère que nous n'aurons pas trop à attendre pour avoir de vos nouvelles ici, et que ces nouvelles seront bonnes. Marta est-elle déjà venue à Bath, a-t-elle aimé y séjourner ? Et M. Honig, qui est rentré en Angleterre il y a un mois, est-il déjà venu vous voir ? Nous lui avons dit de venir vous voir à Bath, en cas de besoin. Nous avons passé beaucoup de temps avec lui et nous l'apprécions[1]. – Cette lettre n'est

1. Camille Honig, voir p. 287. Lotte Zweig avait été impressionnée qu'Honig ait été capable « de s'élever à la force du poignet, et s'y connaisse si bien en art et en littérature ». LZ à HA&MA, Ossining, 27 juillet 1941.

pas très cohérente je le crains, mais je vous écris depuis le salon, je viens juste d'entendre le bulletin d'information de la BBC, ainsi que les informations américaines, pendant que j'écrivais, et puis il y a tous ces gens qui passent, etc. Quoi qu'il en soit, vous savez que mes pensées vous accompagnent fréquemment. Cela va bientôt faire deux ans que la guerre a commencé, et cette époque est encore gravée dans ma mémoire. Toutes ces journées que j'ai passées sur le bateau, installée sur des chaises longues du matin au soir, je me suis souvent abandonnée à la rêverie, aux châteaux en Espagne, et j'ai imaginé combien j'aurais aimé que vous soyez à côté de moi sur une de ces chaises longues. Mais puisque c'est impossible pour l'instant, nous devons rester en contact par courrier, aussi, je vous en prie, écrivez souvent.

Toute mon affection et des baisers

Lotte

Chers H. & M., nous devons désormais économiser le papier, car la poste aérienne n'accepte de transporter que cinq grammes depuis Rio. Notre voyage a été extrêmement paisible, et nous sommes tous deux remis sur pied, après ce séjour harassant à New York – je n'ai jamais été aussi abattu que ces dernières semaines, et Lotte n'était guère fraîche non plus. Ce que nous souhaitons tous deux, c'est passer quelques mois dans un lieu paisible, et éviter la vie d'hôtel ; nous espérons trouver tout cela dans les environs de Rio. En Amérique cela commence à sentir la guerre, les préparatifs sont phénoménaux, notre vie y était devenue encore plus coûteuse qu'avant – je crois que nous avons contemplé pour la dernière fois la splendeur et le luxe, là-bas, car cette guerre va, malheureusement, être longue, et les dépenses occasionnées dépassent l'entendement. Nous voyageons aux côtés de la sœur de Morgentau, qui gère tous les préparatifs financiers, son mari est originaire de Vienne, et il est établi comme architecte à New York depuis plusieurs années ; je me suis mis au portugais, car nous allons passer au moins six mois ici – nous ne savons pas quand il nous sera possible de nous rendre aux Etats-Unis, et si ce sera une bonne chose, pour nous qui rêvons d'une halte après tous ces voyages ; nous avons eu du mal à laisser Eva derrière nous, mais il nous semble qu'elle est mieux là-bas, avec sa « tata » qu'avec nous, qui ne savons pas où nous allons ; il faudra peut-être que je refasse des conférences en Argentine. Je crois que j'ai bien fait de préférer le Brésil, où j'ai un droit de résidence permanente, à l'Amérique, où je n'avais que le statut de visiteur, et où, en cas de guerre, j'aurais subi toutes ces petites contrariétés qui accompagnent le statut d'étranger (même un étranger ami, en l'occurrence). J'espère que vous avez reçu ma lettre concernant la maison, c'est important pour moi que vous en disposiez de manière à pouvoir vous l'approprier entièrement – Ne pensez pas à moi, tout ce que j'avais, je l'ai jeté dans la cheminée[1] (comme on dit à l'école) et chaque fois que vous utilisez des affaires à moi, je suis heureux – mes vêtements, chaussures, meubles, et ainsi de suite ; on m'a dit qu'en Angleterre les habits, les costumes, etc., étaient difficiles à obtenir, aussi tu pourrais reprendre certains des miens pour Manfred, et certaines des affaires de Lotte pour ton propre usage. Ici, nous ne voulons rien de tout cela, et je sens que je n'en aurai plus jamais l'usage. Je vous en prie, faites-moi le plaisir de tout utiliser, et je dis bien tout, comme si c'était à vous. Dès que nous aurons une adresse définitive nous vous enverrons immédiatement un télégramme. Tendres pensées pour vous tous. Vôtre, Stefan Zweig

C'est toujours depuis le paquebot que nous vous écrivons tout cela, et vous aurez bientôt des nouvelles de nous. Mon livre vous sera envoyé directement par l'éditeur, et j'espère venir bientôt à bout de l'autre, que j'ai écrit à Ossining.

1. Référence à l'expression idiomatique « etwas in den Rauchbang schreiben », qui signifie « Je me suis détaché de toutes choses » (« rauchbang » est le terme autrichien pour dire « cheminée »).

*

HOTEL CENTRAL
c/EDITORA GUANABARA
132 RUA OUVIDOR
RIO DE JANEIRO
BRÉSIL

31.8.41

Chers Hanna et Manfred,

Nous sommes bien arrivés ce mercredi et sommes contents de nous trouver ici, dans une ambiance un peu plus calme. Rien n'a changé en notre absence, nous avons la même chambre, dans le même hôtel, la même grande terrasse avec la vue splendide sur la baie sur laquelle Stefan passe la majeure partie de son temps, à travailler, et même la nourriture est restée la même. Deux jours après notre arrivée nous nous sommes rendus en voiture à Petropolis – un peu plus d'une demi-heure, sur une belle route, bien entretenue – et nous sommes mis en quête d'une petite maison. Cela s'avère plus difficile que prévu, parce que toutes les vieilles familles, ou du moins les familles aisées, y ont leur propres maisons, et qu'il en reste très peu à la location. Nous allons y retourner mardi, et nous avons l'espoir d'y trouver quelque chose. Si c'est le cas, nous nous installerons à Petropolis d'ici une quinzaine de jours, et ne redescendrons à Rio qu'une ou deux fois par semaine. Il y a tout un tas de bus qui font la liaison, et aussi une voie ferrée qui a déjà atteint un âge vénérable. Se rendre immédiatement à Petrop. pour s'y installer présente l'énorme avantage de nous éviter un déménagement de plus quand l'été commencera, en décembre. Petrop. est la destination estivale prisée par tous ceux qui ne veulent pas s'éloigner de Rio, encore plus que Brighton et Eastbourne pour Londres. Nous profitons de notre séjour prolongé à Rio pour recommencer peu à peu à voir nos amis, et comptons également prendre des cours de portugais. Nous le lisons couramment et le comprenons assez bien, mais maintenant il faut que nous commencions à le parler. – New York nous semble bien loin, après ce long voyage en bateau de douze jours, et, mis à part le fait qu'Eva me manque (et Amity Hall aussi, un peu), je ne regrette pas d'avoir une fois de plus quitté les Etats-Unis. C'est étrange : presque tous les Européens, ici en Amérique du Sud, rêvent d'aller aux Etats-Unis, alors que parmi ceux qui y sont, beaucoup trouvent qu'il est très difficile de s'adapter à ce pays, et rêveraient de le quitter pour aller vivre en Amérique du Sud. – A notre arrivée à Rio votre lettre du 8 août nous attendait, renvoyée depuis New York, et j'espère que nous aurons bientôt de vos nouvelles, et que nous pourrons en savoir davantage sur toi et sur le travail de Manfred.

Toute mon affection et des baisers

Lotte

*

Cela va faire quatre jours que nous sommes arrivés et nous nous sentons bien – ce serait excessif de dire heureux car je ne peux me faire à cette vie de nomade, sans maison et sans livres, nous restons à jamais des Européens, et nous sentirons étrangers partout ailleurs. Je n'ai guère de « pep », comme disent les Américains, et puis cela va être difficile d'écrire, après l'autobiographie – tout ce que j'ai à dire est si éloigné de ce que l'Amérique aime lire et entendre. Lotte va un peu mieux, mais nous passons notre temps à rêver que nous sommes frais, et pleins d'allant, sans parvenir à trouver le bon « élan* » – la guerre est trop longue pour moi, et encore loin d'être terminée. Notre vie à Petropolis (ou ici) sera une vie solitaire, car nous n'aimons plus la société, et parce que j'ai refusé d'apparaître en public avant un certain temps – nous allons apprendre le portugais pour être plus à notre

* En français dans le texte (NDT).

aise et j'espère continuer à travailler. A New York il y avait trop de gens, ici, il y a trop de

[Lettre de Stefan Zweig incomplète]

*

Vendredi 4 septembre 41
HOTEL CENTRAL
RIO DE JANEIRO
BRÉSIL

Très chère Hanna,

Je t'en prie, arrête de te faire du souci pour nous, nous allons nous en sortir, et même si les choses ne tournent pas toujours comme nous le voudrions, et si nous nous plaignons de temps à autre, ne prends pas cela trop au sérieux. Ces dernières semaines aux Etats-Unis, toute cette indécision, ont été difficiles, mais maintenant que nous sommes là nous allons pouvoir de nouveau nous installer. Nous avons déjà trouvé une maison à Petropolis qui correspond très bien à ce que nous cherchons. Elle est petite – genre bungalow – possède une large terrasse avec une belle vue sur les montagnes, on y monte depuis la rue, en empruntant d'innombrables marches, il y a un petit jardin, et elle est meublée correctement. Nous sommes satisfaits de l'avoir trouvée, car c'est loin d'être facile, et la plupart des maisons sont soit affreusement laides, soit affreusement chères. Le problème des domestiques, qui à ce qu'on m'a dit est également épineux, semblerait devoir se régler provisoirement, car le couple qui garde la maison en ce moment va sans doute rester jusqu'à ce que je trouve ce dont j'ai besoin. A Petropolis il est fort désagréable de ne pas avoir de domestiques, car les fours ont exactement les mêmes dimensions que ceux des dînettes pour enfants, et il faut les surveiller constamment. Nous espérons que nous pourrons monter à Petropolis le week-end prochain, et nous comptons repasser à Rio assez fréquemment. C'est encore très calme à Petr., et l'air rappelle celui du printemps européen. Nous vous télégraphierons l'adresse dès que nous y serons, et je la remets ici :

34 Rua GONCALVEZ DIAS
Petropolis, Brésil

Mais retenez bien que c'est uniquement pour les télégrammes. Les lettres, continuez je vous prie à les envoyer à Editora GUANABARA, un courrier professionnel nous les transmettra de là-bas, ce qui est plus sûr que de les confier aux hasards de la petite voie ferrée et au service postal de Petropolis. [...] – Je dois conclure, à présent, d'abord notre professeur de portugais vient d'arriver, et ensuite je n'ai plus que quelques minutes avant la levée pour le départ en paquebot de demain. – Nous avons reçu aujourd'hui votre lettre du 20 août, et celle de maman datée du 22 août, ce n'est pas si mal, dans le fond, quinze jours seulement.

Mon affection à vous tous, bonne chance pour résoudre vos soucis de domesticité à Bath,

Lotte

Chers Hannah & Manfred, aujourd'hui, le 4 septembre, nous avons reçu votre lettre du 20 août. Je suis désolé que la maison de Bath vous cause tant de tracas – surtout que je doute de plus en plus de pouvoir un jour la revoir. Je vous en prie, ménagez-vous, et ne vous donnez pas trop de peine, nous aurons besoin de toute notre force pour affronter les temps qui s'annoncent. Quant au père Wilmot[1], je vous ai déjà écrit de ne pas vous faire trop de soucis ; je suis convaincu que j'aurai avec lui de sérieuses discussions et je n'ai aucune envie que vous soyez pris dans mes petits soucis privés. Merci beaucoup d'avoir donné mon Balzac à Cassels[2] ;

1. L'avocat de Zweig à Londres.
2. L'éditeur anglais de Stefan Zweig.

ce serait merveilleux si je parvenais à le récupérer un jour et à poursuivre mon travail promptement. Lotte vous fera part de notre intention d'aller à Petropolis ; j'ai absolument besoin de quelques mois de repos, et quoi qu'il arrive je ne ferai pas de conférence avant le printemps. Nous ne supportons plus la vue des malles, des valises, nous sommes las des hôtels, des changements. – J'aimerais pouvoir vous annoncer que Lotte va très bien. Malheureusement il est rare qu'elle passe une bonne nuit et je ne peux qu'espérer que le traitement va lui permettre une guérison complète. C'est peut-être aussi la faute de cette vie nomade, des risques qu'elle comporte en termes de climat, et d'environnement, tout ça ne nous a pas fait de bien – J'ai achevé l'autobiographie en toute hâte, uniquement pour l'avoir achevée avant de quitter New York, et je vais maintenant y travailler paisiblement. Nous espérons demeurer à Petropolis au moins six mois – Vous savez combien j'aime les voyages, mais là nous avons le sentiment d'en avoir abusé. Ce sera une vie absolument retirée, sans mondanités, sans théâtre et (mon seul regret) sans livres et nous ne voulons même pas nous demander ce que nous ferons ensuite. Ici, à Rio, les seules nouvelles que nous avons reçues sont que le pauvre comte Huyn[1] est mort des suites d'une angine (empoisonnement par streptocoques) – Frischauer a téléphoné mais nous ne l'avons pas vu, il a écrit un livre sur le président et va recevoir beaucoup d'argent de subventions diverses : vous savez combien j'admire ce talent chez lui. J'ai vu tellement de gens, parmi les meilleurs à New York, incapables de gagner un centime, que je trouve virtuose sa manière d'inventer sans cesse de nouveaux expédients pour vivre à son aise. Transmettez mes meilleurs sentiments à Eisemann. Mon indifférence à l'égard des livres, etc., vient du fait que je ne les verrai plus jamais et que je souhaiterais que vous les gardiez pour vous, les meilleurs du moins. Nous

1. Jusqu'à l'*Anschluss*, le comte Huyn fut attaché de presse à l'ambassade autrichienne de Londres. En 1939, il devint chroniqueur pour le département allemand de la radio de la BBC.

sommes tous assurés de la victoire finale, plus, bien plus qu'avant, mais il est certain que cela va prendre du temps – des années peut-être – et les énormes préparatifs des Etats-Unis vont tourner à plein régime à partir de maintenant. Ici tout le monde est du côté de l'Angleterre, mais vous, là-bas, devrez encore subir de nombreuses épreuves.

Tendres pensées,

Stefan

EDITORA GUANABARA
~~WAISEMANN KOOGAN LTDA.~~
~~LIVREIROS E EDITORES~~
~~RUA DO OUVIDOR, 132~~
~~TELEPH. 22-7231~~
RIO DE JANEIRO
END. TELEG. : EDIGUA – BRÉSIL

Chers Hanna et Manfred,

Pas de nouvelles de vous cette semaine, mais pour l'instant deux lettres d'Eva, ils sont déjà dans la nouvelle maison et elle a l'air très joyeuse. [...] – Pas grand-chose à raconter de notre côté. J'ai eu un rhume et je ne suis pas beaucoup sortie la semaine dernière, et Stefan passe entre quatre et six heures par jour chez le dentiste. Le seul « travail » régulier que nous avions ici c'était les cours de portugais chaque jour, occupation plutôt barbante, car nous n'avons ni l'un ni l'autre beaucoup d'attirance pour cette langue, et la subissons plutôt – l'espagnol aurait été tellement plus pratique et plus simple, alors que nous sommes certains que nous n'arriverons jamais à maîtriser la prononciation du portugais. En tout cas il faut le faire, sur le long terme, les Brésiliens préfèrent bien évidemment qu'on utilise leur langue plutôt que le français, et pour tenir une maison il faut absolument maîtriser le portugais. J'ai donné plus de détails sur la maison de Petropolis dans la lettre ci-jointe adressée à maman, et vous en saurez plus sur nos expériences une fois que nous serons là-bas. – J'ai repensé à ce que tu m'as écrit sur le projet qu'avait maman de venir vous rendre visite à Bath, et à mon avis il n'y a absolument rien qui justifie sa visite là-bas alors que tu as une maisonnée à entretenir et des problèmes de domestiques. Je peux comprendre qu'elle souhaite revenir à Londres et que le fait d'être à proximité de Manfred, de toi et de ses amis l'emporte à ses yeux sur sa propre sécurité, qui, j'en suis de plus en plus convaincue, ne justifie pas les ennuis et la solitude qu'on s'impose en son nom. D'un autre côté, j'aurais sans doute agi comme toi, j'aurais décliné toute responsabilité et je lui aurais conseillé de plutôt rester là où elle se trouvait. Mais je ne vois vraiment pas pourquoi elle irait à Bath en ce moment, et je suis sûre qu'elle n'en a même pas envie. Elle a eu son content de vie campagnarde pour un bout de temps, elle n'a pas besoin de repos, et qu'est-ce que Bath et Rosemount ont d'autre à lui offrir, à présent qu'il n'y a ni nous ni Eva là-bas ? Donc ne t'inquiète pas pour ça en ce moment. Si mère[1] revient effectivement à Londres – elle ne m'a pas fait part de ce projet et je n'ai pas abordé le sujet dans mes lettres – et doit à nouveau y passer un hiver, le problème pourra se poser, mais combien de choses peuvent arriver d'ici là ? – J'espère que vous allez bien tous les deux, et que Manfred trouvera bientôt l'emploi qu'il désire. Ne vous faites pas trop de souci pour nous et pour nos problèmes, par les temps qui courent il n'y a pas un Européen qui n'ait pas ses inquiétudes d'une manière ou d'une autre, et si seulement la guerre tourne bien, tout aura valu la peine. Donc ne t'inquiète pas si Rosemount doit être négligé quelque temps, et ne consacrez ni excès de temps ni excès de pensées à des affaires qui nous concernent. Nous savons que vous gérez toutes ces choses aussi bien, voire mieux que nous ne pourrions le faire, et nous ne pouvons que haïr l'idée que nous vous encombrons avec nos histoires, vous qui avez sans doute assez à faire avec les vôtres.

Mes salutations chaleureuses à vous tous, et mon affection pour vous.

Lotte

1. Therese Altmann, voir p. 282.

*

Rio, 13 septembre 41
EDITORA GUANABARA
~~WAISEMANN KOOGAN LTDA.~~
~~LIVREIROS E EDITORES~~
~~RUA DO OUVIDOR, 132~~
~~TELEPH. 22-7231~~
RIO DE JANEIRO
END. TELEG. : EDIGUA – BRÉSIL

Ma très chère mère,

J'ai reçu tes deux lettres du 19 août (envoyée à l'adresse de New York) et du 22 et j'espère avoir à nouveau de bonnes nouvelles de toi, et apprendre que tu peux rester dans cette maison que tu sembles aimer. Nous avons loué une maison à Petropolis, et allons y emménager dans le courant de la semaine prochaine. C'est assez petit, un simple bungalow à vrai dire, avec des logements séparés pour les domestiques, comme toutes les habitations ici – une survivance, je suppose, de l'époque de l'esclavage – mais elle nous plaît. Elle est bâtie sur le flanc d'une colline, et on a une vue magnifique sur les montagnes, depuis une grande terrasse couverte, où j'imagine que Stefan va passer ses journées à travailler. On y accède par un certain nombre de marches, qui traversent un agréable petit jardin dont la propriétaire nous a promis qu'il serait couvert d'hortensias cet été. Juste derrière la maison il y a la colline, mais quelques marches plus haut le jardinier est en train d'établir un plateau, et il a promis qu'il construirait également un petit pavillon d'hiver – dont je pourrai faire ma résidence la journée, et peut-être que plus tard, quand la haute saison commencera, j'échangerai de place avec Stefan pour le protéger des visiteurs importuns. J'ai eu beaucoup de chance jusqu'ici car la propriétaire a réglé le problème des domestiques à ma place. Le jardinier et sa femme continueront à habiter dans le bâtiment réservé aux domestiques, et il s'occupera du jardin, servira d'homme à tout faire, et se chargera des courses si nécessaire. Il travaille dans une usine et c'est après son travail qu'il s'occupe de nos affaires, et, mis à part le fait qu'ils vivent chez moi, je n'aurai aucun contact avec eux – ils font leur propre cuisine, etc. Pendant la journée, une dame viendra pour la cuisine et l'entretien de la maison, elle s'occupera de la préparation des repas et du ménage. Tous nos amis, et ça partait sans doute d'un bon sentiment, m'ont prévenue, on a du mal avec les domestiques à Petropolis. Ceux de Rio refusent de grimper jusque-là, car c'est trop rudimentaire – on fait la cuisine sur des cuisinières à l'ancienne mode, qu'il faut chauffer au bois, les logements des domestiques sont très rudimentaires, etc. – et les domestiques de Petr. sont, paraît-il paresseux et inefficaces. Mais ça ne me fait pas peur. Je sais que le jardinier vit dans la maison, je n'aurai pas à faire tout le travail toute seule, et je pense qu'après l'Angleterre et les Etats-Unis, je n'attends plus grand-chose des domestiques. En tout cas, nous avons la ferme intention de rester ici au moins quelques mois, et d'y mener une vie paisible et retirée. Nous n'avons ni l'un ni l'autre en ce moment la moindre envie de voir des gens ou de sortir. Même ici à Rio, que nous aimons tant tous deux, nous sortons très peu, et nous contentons de la vue depuis notre terrasse, elle compense tous les défauts de cet hôtel qui est propre, a un bon service, mais suit trop à la lettre les principes de la Haushaltungschule[1], en particulier en ce qui concerne la nourriture et les économies de bouts de chandelle. – Pour l'instant nous avons tous deux été plutôt fatigués, et un rhume déplaisant m'a clouée au lit pendant quelques jours. Aussi avons-nous décliné toutes les invitations à des réceptions, des cocktails, etc. et nous contentons-nous de voir quelques amis, dans l'intimité. Nous prenons chaque jour des cours de portugais, et pouvons nous exprimer dans cette langue pour les choses essentielles, même si nous faisons beaucoup d'erreurs, et même tenir une conversation, en cas d'absolue nécessité. Mais c'est

1. Ecole où on apprend à tenir une maison.

une langue assez laide et c'est vraiment dommage que ce pays-là n'appartienne pas au monde hispanophone. L'espagnol est tellement plus simple pour nous, et c'est tellement plus beau comme langue. L'adresse mentionnée plus haut demeurera valide même lorsque nous serons à Petr[1].

Affection et baisers

Lotte

*

HOTEL CENTRAL
RIO DE JANEIRO
BRÉSIL

Chers H et M. Nous partons pour Petropolis dans deux jours et espérons y mener une vie paisible quelque temps. Auparavant, j'ai beaucoup pensé à ce que vous avez dû endurer chez le dentiste car j'ai dû me faire poser pas moins de deux prothèses – me voici devenue un vrai Britannique, qui doit enlever ses fausses dents chaque soir. Je suis tombé sur un excellent dentiste viennois qui a fait des merveilles, et a confectionné, avec l'aide de son artisan, ces deux grosses prothèses en six jours au lieu de six semaines, et sans me causer la moindre souffrance. A présent c'est fait, et si Lotte parvenait à se débarrasser de son asthme, nous pourrions vivre et travailler en paix, après ces longs mois de tracas et d'épreuves.

J'ai rencontré le beau-frère de Manfred[2]. Il est arrivé il y a un an, a vécu quelque temps aux Etats-Unis, et a l'intention de passer les mois à venir ici, au moins la moitié de l'année. L'année passée il était encore attaché à son ancien patron,

1. Petrópolis.

2. Dans la mesure où Manfred n'avait de beau-frère ni au Brésil, ni aux Etats-Unis, on ne voit pas très bien de qui il s'agit ici. Il est possible que Stefan Zweig fasse référence à son propre ex-beau-frère, Siefried Burger (le frère de Friderike), qui vivait à l'époque à Rio de Janeiro avec sa femme et son fils.

et il espère qu'en s'établissant ici et s'étant vu accorder un « droit de séjour permanent » depuis novembre 1941 il sera délivré de ses obligations antérieures pour l'année à venir. Vous n'imaginez pas combien cela complique une situation, d'être à la fois attaché à sa nouvelle entreprise, l'américaine, et à l'ancienne, et il espère qu'un jour il pourra clarifier sa situation à l'égard de l'ancienne. Il aimerait louer un appartement pour de bon – pour notre part, nous avons loué la petite maison à Petropolis pour seulement sept mois, mais si nous nous y plaisons, nous la garderons plus longtemps, afin d'avoir une adresse permanente et un lieu de résidence fixe. Il est possible que je fasse quelques conférences en Argentine au printemps, mais nous garderons la résidence pendant ce temps-là ; elle comporte en tout 3 ou 4 petites pièces, plus une large terrasse qui me servira de bureau, et nous aurons une domestique noire qui habite près de la maison et si ces gens se révèlent aussi compétents qu'ils sont bon marché, nous serons bien contents. L'essentiel à mes yeux, pour le moment, c'est de finir l'autobiographie qui est presque prête, mais doit encore être retravaillée et développée, et puis d'essayer de recommencer à écrire des nouvelles ou un roman, quelque chose de solide, et si le manuscrit du Balzac arrive à bon port, tout ira bien pour moi. Merci pour tout chère Hannah, et je t'en prie, use de tout à Bath comme si c'était à toi ; j'espère que cet hiver sera meilleur que le dernier, quant à la grande décision, les chances sont à présent de votre côté, et quoi qu'il arrive, un monde sans Hitler sera un meilleur monde. Vôtre

Stefan

*

Aux bons soins de EDITORA GUANABARA
132, RUA OUVIDOR
RIO DE JANEIRO
PETROPOLIS (BRÉSIL)
(34, RUA GONÇALVEZ DIAS)
3.10.41

Ma chère Hanna,

Nous venons de recevoir ta lettre, celle de Manfred et celle de Victor[1], datée du 7 septembre, et personne ne peut comprendre ce que tu ressens pour Eva, et la situation en général, mieux que nous, qui, de notre côté, vivons exactement la même alternance d'états dépressifs, puis raisonnables, et parfois optimistes, parfois résignés. Et nous savons, d'expérience, que dans de tels moments de dépression, la seule réponse raisonnable – que nous devrions être heureux que nos craintes se soient avérées exagérées, et nos précautions, peut-être superflues – ne nous fait pas nous sentir mieux. Mais j'espère qu'entre-temps tu auras déjà changé d'état d'esprit, qu'à présent, tu en as moins gros sur le cœur et que tu n'as pas de problème urgent à résoudre. J'imagine combien tu as dû hésiter avant d'en arriver à la décision de renvoyer Ursula à ses parents, même si, d'un autre côté, il semble normal qu'ils la gardent chez eux plutôt que de vivre séparés d'elle[2]. J'espère, surtout pour toi, et aussi parce que Miller[3] me semble faire partie de Rosemount, qu'il s'est rétabli, et j'apprécie à sa juste valeur le fait que tu continues à lui verser son salaire, pour lui permettre de se rétablir complètement au lieu de se remettre trop vite à travailler. Mais je déplore qu'à une période comme celle-ci le jardin te donne tant de travail et si peu de plaisir, et je voudrais vraiment être auprès de toi et faire ma part. Au lieu de ça, je suis assise, ici, dans notre petit bungalow, à apprendre,

1. Victor Fleischer, voir p. 285.
2. La nièce de Hanna, Ursula Mayer (voir p. 291) vivait dans la maison des Zweig à Bath.
3. M. Miller, le jardinier des Zweig à Bath.

une fois de plus, à cuisiner en montrant à la bonne comment faire, et, en dépit des difficultés linguistiques, ce n'est pas le plus dur, car ce qui m'occupe la plupart du temps, c'est de réécrire des fragments de l'autobiographie pour Stefan, et lorsque le temps s'y prête – ce qui est rare, pour l'instant – nous sortons nous promener. Nous sommes déjà tout à fait installés ici, Stefan a son barbier, ses cafés, son bureau, et moi, je connais toutes les boutiques, et tout le vocabulaire nécessaire à l'entretien de la maison et aux courses. Je n'ai pas besoin de te dire que cela fait parfois vraiment bizarre d'habiter dans une petite ville de montagne au Brésil, mais nous sommes très heureux ici et avons assurément bien fait de venir ici plutôt que de rester aux Etats-Unis. [...] – Entre-temps, il se peut que tu aies déjà reçu le livre sur le Brésil et tu vas pouvoir mieux comprendre les raisons de notre amour pour ce pays. Bizarrement, nous avons à présent, pour la première fois, de nouveau de nombreux livres dans notre propre langue, il y a deux bibliothèques de prêt à Rio, et nous avons rencontré un certain M. Stormberg, qui vient de Berlin, et a tous les ouvrages modernes qu'il convient d'avoir chez soi. Et comme jouer aux échecs nous prend aussi du temps chaque jour, nous sommes très occupés, même sans compter tous les gens qui avaient promis de venir nous rendre visite. Demain, je pense que Paul[1] va monter nous voir. La dernière fois que je les ai vus, avec Maritza[2], à Rio, ils m'ont semblé incroyablement modestes, bourgeois, et normaux. Maritza était propre sur elle, et bien habillée, les cheveux soigneusement peignés, occupée à des travaux de couture, à jouer aux échecs avec Stefan, et Paul aussi avait l'air tout à fait inoffensif et tout à fait amical.

Mes tendres pensées, très affectueusement,

Lotte

1. Paul Frischauer, voir p. 286.
2. La femme de Paul Frischauer.

Dis à Friedenthal que nous avons trouvé ici, à la bibliothèque de prêt, son ouvrage *Maria Rebscheider*[1], que nous l'avons lu et relu avec grand plaisir, et avons regretté plus encore qu'avant que son nouveau roman ne soit pas encore achevé. Pourrais-tu chercher – peut-être en passant par Hirschfeld, à Fairhazel Gdns[2] – ce que devient Lotte Schiff[3]. Je n'ai pas de nouvelles d'elle depuis juin, malgré les nombreuses lettres que j'ai envoyées à l'adresse de Raebaun à la campagne, et je m'inquiète.

*

Chers H. et M., je peux vraiment vous confirmer que nous menons ici, dans notre petite maison aux allures de bungalow, exactement la vie que je souhaitais après ces moments difficiles passés à New York etc. Une vaste terrasse couverte, qui donne sur les superbes montagnes, me sert de bureau, les environs sont très primitifs, donc pittoresques, les pauvres sont d'une gentillesse inimaginable ; notre bonne à tout faire noire est silencieuse (elle se met à chanter, là), diligente, propre, et pleine de reconnaissance envers nous, car elle découvre des choses qu'elle n'avait jamais vues de toute sa vie – pour eux, les pommes de terre sont déjà un luxe, et le poisson, un animal inconnu. Elle emporte nos boîtes de conserve vides chez elle comme un trésor, et en fait des verres pour sa maison. Mais malgré cela elle est propre, et ce sont cette civilisation, cette humanité frustes, que j'admire tant dans ce pays. Lotte est occupée ; vous n'imaginez pas, alors même que nous nous promenons assez peu, et ne voyons personne, comme le temps passe vite, nous avons du mal à croire que nous sommes ici depuis déjà trois semaines. Je suis heureux que Lotte apprécie ce mode de vie autant que moi ; seule sa santé continue à me préoccuper. Elle m'a déjà

1. Le roman de Richard Friedenthal, publié en 1927, *Marie Rebscheider.*
2. Faihazel Gardens, près du quartier de Swiss Cottage, au nord de Londres, où de nombreux juifs d'Europe centrale s'étaient installés.
3. Lotte Schiff, une amie intime de Lotte Zweig, de Francfort.

lésé en ne m'apportant pas de dot, maintenant c'est en perdant du poids, à cause de ce satané asthme, qui est un peu moins virulent mais le reste assez pour que chaque nuit s'instaure un dialogue entre elle et le chien d'une maison éloignée. Chaque fois qu'elle commence à tousser le chien se met à aboyer, car il n'y a pas un souffle de vent et les sons se propagent sur de très grandes distances. J'insiste pour qu'elle fasse une cure pour prendre du poids, car ici la vie est si paisible et si facile que j'aimerais qu'elle fasse des réserves pour les heures difficiles qui nous attendent. Dans l'ensemble, je ne peux vous dire combien nous sommes heureux d'avoir quitté New York, où notre vie ne nous appartenait plus, et où nous avions toutes sortes de problèmes, tandis qu'ici nous vivons oubliés, et oublieux du temps qui passe, et du monde (vous exceptés). Frischauer continue d'être l'objet de mon admiration la plus fervente, il gagne ici, avec son livre sur Vargas, au moins vingt fois ce que j'ai tiré de mon livre, avec toutes ces subventions, sans compter que ce n'était pas facile, de venir ici sans connaître qui que ce soit et sans parler un mot de portugais[1]. Combien je regrette de ne pas être arrivé au Brésil il y a cinq ans, vous ne pouvez imaginer combien le pays a prospéré – une maison qui valait 100 livres il y a cinq ans en coûte à présent 500, voire mille, mais la vie reste bon marché, tous les produits locaux sont d'excellente qualité car les gens n'ont pas encore appris à se servir d'ersatz. Et nous vous avons déjà dit combien nous payons, même en payant plus que les prix normaux – 5 dollars par mois pour notre bonne, alors qu'en Amérique il fallait débourser 60 ou 80, avec deux jours fériés par semaine. Je ne suis pas avare, en règle générale, mais vous comprenez le soulagement que cela procure de savoir qu'il y a encore des endroits où on peut vivre pour pas cher, sans dépendre des journaux et des agents. Que vous aimeriez

1. Getúlio Vargas : président du Brésil entre 1930 et 1944, et de 1950 à 1954. Le livre de Paul Frischauer, *Presidente Vargas*, fut publié à New York par Random House en 1942, et à São Paulo par la Companhia Editora Nacional en 1944 ; voir p. 286.

ce pays, si coloré et paisible, à une époque comme celle-ci. – je peux vous dire que vos lettres sont guettées avec la plus grande attention – j'espère que cet hiver ne sera pas trop rude. Transmettez mon affection à Eisemann, il faudrait vraiment que je lui écrive, ce n'est pas les tarifs postaux exorbitants, mais le sentiment que chaque lettre va mettre plus de temps à arriver, qui fait que l'on n'écrit pas aussi facilement que des Etats-Unis.

Mon affection, et mes salutations à tous ! Stefan

*

Aux bons soins de EDITORA GUANABARA
132, RUA OUVIDOR
RIO DE JANEIRO
PETROPOLIS (BRESIL)
(34, RUA GONCALVEZ DIAS)
11.10.41

Vous pouvez utiliser l'adresse de Petropolis
mais au nom du ciel n'oubliez pas d'écrire
« Brésil », très lisiblement, mon pire cauchemar
serait que la lettre atterrisse en Grèce.

Chers Hanna et Manfred,

En attendant que Stefan se mette à me faire la dictée, je commence à répondre à votre lettre du 18 septembre qui ne servait qu'à confirmer la réception de notre lettre envoyée du bateau. Que le temps a passé, déjà, depuis notre voyage, et M. et Mme Wiener, avec qui nous avions fait le voyage jusqu'ici, doivent déjà retourner à New York d'ici quinze jours. Nous vous avons déjà parlé d'eux dans nos lettres – elle, c'est la fille du vieux M. Morgenthau[1], lui, c'est un architecte viennois qui vit à New York depuis de nombreuses

1. Alma Wiener, qui était mariée à l'architecte et urbaniste Paul Wiener, voir p. 296.

années. [...] Nous voici à présent complètement installés, la maison correspond exactement à ce que nous cherchions en termes de taille et de situation, la bonne s'améliore à vue d'œil en cuisine et s'acquitte du reste correctement, et seul le climat est déplorable, jusqu'ici. Stefan a travaillé dur, et du coup, moi aussi, et nous sommes tous deux très satisfaits. Nous avons eu une ou deux visites de Rio, malgré le temps, les premiers, ça a été Paul et Maritza[1], et – comme je vous l'ai déjà écrit – ils semblent vraiment différents de l'image que j'avais d'eux – gentils, normaux, modestes et bienveillants, Maritza était bien peignée, elle avait même du vernis rouge aux ongles, et je ne sais pas s'il faut y voir la marque de leur immense capacité à s'adapter à leur environnement, ou bien d'une volonté délibérée de devenir respectables, ou autre chose. Il semble être en train d'écrire son livre sur Vargas, elle projette d'acheter du terrain, de se lancer dans la production de jus de tomate, et étant donné l'homme avec qui elle veut le faire, que je connais, cela pourrait même être du solide. Et comme elle parle déjà couramment portugais, et que ses travaux de couture sont vraiment magnifiques, je l'ai enviée de toute la force de mes instincts de femme au foyer, qui sont en train de se développer à une allure alarmante – quand je rencontre une femme, je m'empresse de discuter entretien de la maison, prix, et recettes, et parmi mes livres de chevet il y a ce livre de cuisine portugais où je découvre des recettes parfaitement extraordinaires. – Ici à Petr., pour l'instant, nous avons vu assez peu de gens. Il y a une femme très gentille qui vit ici, Gabriela Mistral[2], auteure chilienne, et nous sommes allés la voir l'autre jour. L'ennui c'est qu'elle parle espagnol, et que donc mon charabia esperanto a encore empiré. Nous fréquentons aussi un notable réputé, c'est notre voisin, et nous le voyons le week-end, lui aussi il est très gentil, c'est un promoteur immobilier, un constructeur, ou un spéculateur, si vous préférez, il est

1. Paul et Maritza Frischauer, voir p. 286.
2. Voir p. 292.

d'origine allemande, vit ici depuis plusieurs années, veut nous inviter, et nous a été recommandé comme étant favorable aux Alliés, et pour l'instant c'est tout, c'est bien suffisant. – J'ai appris avec plaisir que Honig[1] était arrivé sain et sauf et que vous alliez le voir. Je me demande s'il vous a plu, j'ai mis du temps, au début, à découvrir que c'était vraiment quelqu'un de très bien. – J'espère que Miller va mieux et qu'il sera bientôt capable de se remettre au travail. Dans le cas contraire, ne vous préoccupez que de ce qui est absolument essentiel pour votre nourriture. – Est-ce que tout est arrangé pour le départ de Peter ? Et où vont-ils ?

Affectueusement, des baisers

Lotte

Je vous ai demandé des nouvelles de Lotte [2] l'autre jour, mais j'ai reçu une lettre d'elle la semaine passée. Elle travaille chez Lyons[3] à présent, et elle vit avec sa mère.

*

Aux bons soins de EDITORA GUANABARA
132, RUA OUVIDOR
RIO DE JANEIRO
PETROPOLIS (BRESIL)
(34, RUA GONCALVEZ DIAS)

Chers Hannah et Manfred, nous sommes redescendus à Rio pour une journée, afin de faire nos adieux à nos amis les Wiener Morgenthau[4] qui partent pour New York dans deux jours. Cela nous fait vraiment bizarre, de nous retrouver dans une grande ville, nous qui menons une vie si rustique à Petropolis. Tout est rudimentaire – Lotte a dû vous donner des détails sur la cuisine – mais cela a beaucoup de charme ;

1. Camille Honig, voir p. 287.
2. Lotte Schiff.
3. Chaîne de salons de thé et de restaurants à Londres.
4. Paul Wiener (voir p. 296) et sa femme, Alma Wiener, née Morgenthau.

l'isolement, dans des moments comme ceux-là, est une forme de bonheur, et là-bas j'en reviens à ma vie normale, je lis, je travaille, et me sens tellement plus utile qu'à New York. Nous avions vraiment besoin de repos après ces longs derniers mois, et je suis, hélas, persuadé que nos nerfs, en prévision des mois et des années à venir, doivent être en état d'affronter des moments difficiles ; je suis heureux que Lotte apprécie cette vie retirée autant que moi. Pour l'instant, je ne peux m'imaginer vouloir mener une autre existence que cette vie d'ermite, mais qui peut prédire ce qui nous attend tous ? Dans ce pays, on a le sentiment de pouvoir vivre à très peu de frais, et on ne demande vraiment pas grand-chose à la vie, tandis qu'à New York on est tellement plus accaparé par les choses matérielles. Un étranger qui ne saurait rien de nous jugerait sans doute que notre vie est monotone et ennuyeuse, mais vous savez combien nous apprécions les promenades paisibles, les lectures paisibles – en tout, nous ne sommes allés qu'une seule fois au cinéma, et nous n'avons guère envie d'avoir des nouvelles, à part de vous. Je me suis vraiment résigné à l'idée que je ne reverrais rien de ce que je possédais auparavant, et je me sens tellement mieux, depuis que ni espoirs ni crainte ne viennent plus me troubler ; à mon âge, il faut apprendre la « vita contemplativa », et laisser à d'autres la gloire et la richesse. Nous hésitons encore à prendre un chien – nous avons juste peur de nous attacher à lui, au cas où nous aurions un jour à déménager, ou à partir de nouveau. – J'espère que vous avez suivi mon conseil, et cessé de vous inquiéter pour la maison de Bath, je ne vois pas pourquoi vous perdriez votre temps pour des objets perdus et en outre je suis sûr que Mme Raumann saura la maintenir en bon état. Chère Hannah, je sais combien ta vie est remplie, et je sais tout ce que vous avez à faire, avec Manfred, il m'est désagréable d'avoir le sentiment que vous vous faites du souci pour nos biens, qui sont, comme tous les autres, soumis aux aléas du sort, et constitueront plus tard un fardeau plus qu'un plaisir. Je vous en prie, n'y allez que si cela vous fait plaisir à vous, et pas parce que vous avez l'impression de nous devoir quelque chose à nous. Nous espérons que tu nous donneras des nouvelles de Manfred, nous voulons savoir s'il va trouver un emploi qui lui convienne. Rien de plus à raconter sur notre petite vie sans histoires – rien d'autre donc que nos plus tendres pensées pour tous et notre affection pour vous deux. Stefan

*

[Petrópolis, sans date, sans doute écrite fin octobre ou début novembre 1941]

Chers H. et M., si on m'avait dit que je passerais ma soixantième année assis dans un petite village brésilien, servi par une jeune fille noire marchant nu-pieds, à des kilomètres et des kilomètres de tout ce qui constituait autrefois ma vie, les livres, les concerts, les amis, les discussions. Mais nous nous sentons extrêmement heureux ici, de notre petit bungalow, avec sa vaste terrasse couverte (notre vrai salon) on a une vue splendide sur les montagnes, et juste en face se trouve un minuscule café, le « Café Elegante », où je peux boire un délicieux café pour un demi-centime, en compagnie des muletiers noirs. La vie est très bon marché ici, et on a peu d'occasions de dépenser. Je travaille, et à mes moments perdus je me divertis en rejouant les grandes parties que propose mon livre d'échecs – on se sent loin de tout, même de la guerre. Il était vraiment nécessaire de nous stabiliser pendant un certain temps, nous étions tous deux épuisés, Lotte, plutôt par son asthme, moi, par des dépressions psychiques ; ici, dans la solitude, nous espérons reprendre des forces, car, hélas, nous en aurons besoin. Les nouvelles d'Europe sont si déprimantes, pas les nouvelles militaires, Dieu merci, mais celles qui arrivent des territoires occupés – je crains que des milliers de gens ne meurent de faim, alors qu'ici tout n'est que paix et prospérité complète. Un nationalisme tout nouveau est en train d'émerger, le Brésil sent qu'il va jouer un rôle, dans la guerre et dans la paix, mais les gens restent très gentils. Nous essayons de parler portugais, mais c'est difficile pour moi à cause de mon espagnol, qui interfère constamment. – J'ai reçu une lettre de Wilmot[1] et il me semble qu'il essaye de clarifier ma situation pour l'année à venir. Globalement, je considère que tous mes biens sont perdus, et je serais content que vous profitiez de tout ça le plus longtemps possible – personne n'a la moindre idée des énormes changements économiques que cette guerre va entraîner, et l'Amérique aussi sera un tout autre pays après la guerre. Pour vous, qui êtes d'une génération plus jeune, tout cela a un intérêt pratique, mais pour moi ce n'est plus le cas – dans quatre ans, peut-être trois, je ne serai plus capable, ni même désireux de m'adapter à ce monde nouveau, il appartient à votre fille, qui pourra, je l'espère, voir et apprécier des jours meilleurs. J'aimerais qu'il nous soit possible de vous envoyer du chocolat ou du café et du sucre, tout cela est ridiculement bon marché, ici, mais pour l'instant nous n'avons trouvé aucun moyen d'y parvenir. Je réitère mon souhait, mon souhait ardent, que vous utilisiez tous les vêtements, sous-vêtements, tout le linge, tous les manteaux, et tout ce que nous possédons là-bas – ça n'aurait pas de sens de s'en resservir des années plus tard, et puis je suis sûr que je n'aurai plus jamais l'usage de tout cela. Vous me rendez service, ni plus ni moins, et vous verrez que cette pensée me fera me sentir beaucoup mieux. Ainsi, j'aurai moins de regrets pour ces choses que je ne verrai jamais plus.

Votre Stefan

*

Petropolis, 28.10.41

Chers Hanna et Manfred,

Merci pour votre lettre de Bath (6 octobre), que nous avons reçue en même temps que la lettre de Victor[2] et que

1. L'avocat de Zweig à Londres.
2. Victor Fleisher, voir p. 285.

votre compte rendu concernant les changements qui se sont produits à Bath. C'est vraiment regrettable que Rosemount te cause sans cesse tant de tracas et que Marta, qui apprécie Bath, et te faciliterait tant les choses là-bas, ne soit pas autorisée à s'y rendre[1]. Quand je me remémore l'année passée, il me semble qu'environ toutes les semaines tu as dû faire face à un nouveau problème, jamais très simple, ça me fait me dire que peut-être, après tout, cet endroit ne vaut pas toutes les pensées, tout le temps, tout le travail que tu sembles y consacrer. Cela ne m'a pas posé de problème, tant que j'ai eu le sentiment que tu en retirais davantage, en termes de repos, de plaisir, et de fruits et légumes, que ça ne te coûtait, mais il semble à présent que tu laisses trop Rosemount engloutir ton temps et tes pensées, et j'aimerais sincèrement que tu ne le fasses pas. S'il n'y a rien à faire, alors que cet endroit soit fermé, ou même réquisitionné ; qu'importe, en des temps comme ceux-ci, que quelques livres s'égarent, ou bien que les meubles soient un peu abîmés ! Il est plus important, et tout à fait en accord avec nos volontés, que tu ne te laisses pas envahir par les problèmes de ce lieu, et il est évident que tu ne devrais pas passer plus de temps là-bas que tu n'en as vraiment envie. Aussi je t'en prie – si elle t'éloigne de Manfred, ferme la maison, néglige-la, ou bien abandonne-la à son triste sort. – En ce qui concerne les changements : je suis désolée que Miller soit toujours malade, et j'espère une fois de plus qu'il va se rétablir. Entre-temps, j'espère que l'autre jardinier se charge de toutes les tâches essentielles pour que tu n'aies pas à te préoccuper de tout ça. – Ce n'est peut-être pas plus mal, pour toutes les parties en présence – si tu peux vraiment te reposer sur Hilda[2] – que les Rauman soient partis, et s'ils décident de prendre en charge Lorle[3], et de l'aider à s'en sortir sans la gâter

1. Martha Kahn, voir p. 288. Pendant la guerre, de nombreuses sections de l'Amirauté furent déplacées à Bath, où, pour des raisons de sécurité, les « étrangers ennemis » étaient interdits de résidence.
2. Hilda Miller, la fille du jardinier des Zweig à Bath.
3. Lorle était la nièce et la fille adoptive de Martha Kahn.

totalement, Marta aussi devrait y trouver son compte. Quant à toi, je pense qu'Hilda te sera bien plus utile si elle parvient à s'occuper seule de l'entretien de la maison, sans ton aide, et sans que tu doives t'inquiéter du moindre petit détail. J'imagine qu'en fait il fallait en permanence demander à Lore de faire les choses, et qu'elle n'en faisait pas plus que ce qui lui était demandé. Quant aux nouveaux arrivants, je ne peux qu'espérer que vous vous entendez bien, et que de chaque côté l'origine sociale différente de l'autre constitue une source d'intérêt et non de conflit. C'est une bonne chose, que tu aies eu autrefois l'habitude de lire le bulletin quotidien de la Cour ainsi tu es moins ignorante que tu n'aurais pu l'être. Ont-ils déjà suggéré d'autres gens, que vous pourriez accueillir chez vous également ? Au fait, que devient Lizzie[1], elle a totalement disparu de tes lettres ? Est-elle toujours à Londres ? – Tu demandes si nous recevons toutes vos lettres. J'espère que oui, et je n'ai pas repéré d'espacement notoire entre elles, elles arrivent en général par intervalles de dix à quatorze jours. – Je suis contente pour toi que les Smollett puissent rester, je comprends parfaitement que tu ne veuilles pas subir plus de changements que nécessaire. Nous aussi, nous avons eu notre dose, et sommes satisfaits de mener ici une vie paisible et solitaire, sans même avoir hâte de voir les rares personnes vraiment sympathiques que nous connaissons ici. Nous avons beaucoup travaillé, et continuons à le faire, pour finir l'autobiographie, et je dois maintenant me remettre au travail. On dirait presque que je mets plus de temps à recopier, modifier et taper à la machine, que Stefan à faire les changements.

Mon affection et des baisers

Lotte

Dis à Manfred qu'il n'a pas besoin de lire cette lettre, qui ne concerne et n'intéressera que toi, Hanna.

1. Litzi Philby, voir p. 292.

*

[Sans date – entre le 28 octobre et le 1er novembre 1941]
PETROPOLIS (BRESIL)
(34, RUA GONÇALVES DIAS)

Chers Hannah & Manfred, avant d'en venir à mes nombreux remerciements, je viens juste de recevoir une lettre de Viking press qui m'annonce que le manuscrit de Balzac est arrivé à bon port, et j'ai demandé qu'on nous le fasse suivre ; je ne peux bien sûr pas le terminer ici, je n'ai ni livres, ni matériaux, dans cette contrée vierge, mais je peux y faire des révisions, et – si je puis dire – « jouer » avec ce livre, et préparer, pour certaines parties, la forme définitive. Notre vie ici, vue de l'extérieur, est très monotone, nous travaillons, sortons nous promener sans voir personne, et il n'y a donc rien à raconter ; au fond de nous, nous avons, comme vous, le sentiment que cette guerre nous prive de ce qu'il y a de meilleur dans nos vies – je peux comprendre combien votre fille vous manque, et parfois nous nous demandons si nous n'aurions pas mieux fait de l'emmener avec nous. Mais comment pourrions-nous lui proposer une vie aussi isolée, pendant ces années où un enfant a besoin de la compagnie de ses amis et d'« anregung »[1], et puis – nous ne pouvons deviner tout ce qui va nous arriver, où nous allons devoir aller, ni quand nous pourrons décider de quoi que ce soit – l'ampleur de cette guerre dépasse nos facultés humaines d'anticipation et je m'efforce (en vain) de ne pas penser à l'avenir lointain ; j'écris mes livres comme une sorte de tour de force, uniquement pour me convaincre moi-même que j'existe toujours, mais je sais parfaitement que mon vrai public a disparu, qu'il ne reviendra jamais, et que je suis semblable à ce personnage de Grillparzer[2], qui continue à vivre après son propre enterrement. Il est bon de lire

1. Terme allemand pour dire « stimulation ».
2. Franz Grillparzer (1791-1872) : dramaturge autrichien, connu essentiellement pour ses tragédies.

Montaigne en des jours comme ceux-là, et tous les auteurs qui nous donnent de bonnes leçons de résignation. Auriez-vous la gentillesse de transmettre la lettre ci-jointe à Maria Budberg[1], j'ai perdu son adresse, pourriez-vous lui faire savoir que je me suis empressé d'écrire quelques lignes pour l'anniversaire de H.G. Wells. A jamais vôtre

Stefan

*

Petropolis, 7. XI. 41

Ma chère Hanna,

Ça fait vraiment longtemps que je n'ai pas eu de nouvelles de toi, et tes lettres me manquent vraiment. J'espère que c'est juste un délai postal, et qu'il n'y a aucune raison particulière qui t'a empêchée de m'écrire. Aujourd'hui, nous avons reçu le manuscrit du Balzac, qu'on nous a envoyé de New York, où il était arrivé, semble-t-il, au début du mois dernier. Nous n'arrivons pas à nous mettre d'accord, avec Stefan ; il pense que le manuscrit est complet, jusqu'à l'endroit où il s'était arrêté, et moi je crois me souvenir que cela finissait avec sa mort. Mais il est certain que vous nous avez envoyé tout ce qu'il y avait, et j'espère que ça ne t'a pas pris trop de temps de l'apporter à Sir Newman Flower[2], et que cela t'a, peut-être, donné des choses à raconter aux nouveaux occupants de Rosemount. Il me tarde de savoir si tu t'entends bien avec eux, et s'ils te conviennent. Je serais si heureuse de savoir qu'à Bath, au moins, tu possèdes un foyer stable, sans qu'un nouveau problème ne surgisse chaque semaine, et surtout, que ce n'est plus pour toi un « devoir », mais un plaisir, de te rendre là-bas. Est-ce qu'Hilda Miller te donne satisfaction ? S'est-elle révélée vraie

1. Voir p. 283.
2. Sir Walter Newman Flower, voir p. 285.

femme d'intérieur, ou t'ennuie-t-elle avec la moindre question de courses ou de menus ? Quant à M. Miller, j'espère qu'il s'est rétabli, entre-temps, quoi qu'il en soit transmets-lui nos meilleures pensées. Tu te souviens comme nous penchions, toi et moi, pour qu'on embauche un autre jardinier ? Et à présent tu te reposes essentiellement sur lui, et sur sa famille. – Pas grand-chose à dire à propos de nous. Petropolis est encore calme, et ne va pas se remplir avant Noël. Nous connaissons quelques personnes ici, mais nous ne les voyons pas beaucoup, et ils forment un drôle de mélange – une poétesse chilienne (qui est aussi consul pour le Chili, dans nos montagnes), une femme très gentille et intelligente, un réfugié allemand, dont le grand sujet de fierté réside dans la réputation que sa famille avait autrefois à Spandau, un émigré allemand qui s'est installé après la guerre, et est un ardent opposant au nazisme, et un intellectuel franco-brésilien qui vit ici avec sa vieille mère[1]. Et demain nous sommes invités dans la maison de gens qui un jour nous ont arrêtés dans la rue sous prétexte que la femme avait écrit un jour un article sur le livre de Stefan. Ils ont l'air gentils, et ils parlent français, donc nous passerons peut-être une soirée agréable. Mais nous n'avons pas particulièrement envie de voir des gens, ni même de sortir nous promener, car le temps est redevenu mauvais dernièrement, même si, heureusement, il ne fait plus froid. – je t'ai donné de si longues informations au sujet de mes ennuis domestiques du début que je voulais te signaler qu'à présent j'avais surmonté ces difficultés, et également le complexe domestique qui m'a possédée pendant quelques semaines, pendant lesquelles mon unique désir, lorsque je rencontrais des gens, était de discuter des prix et de la cuisine. Ma bonne n'est pas un génie, mais elle a appris (et moi aussi) à faire des

1. La « poétesse », c'était Gabriela Mistral (voir p. 292) ; l'« intellectuel franco-brésilien », Domenico Braga, que Stefan Zweig avait rencontré à Paris lorsque Braga travaillait à la commission internationale de coopération intellectuelle à la Société des Nations ; il n'a pas été possible d'identifier les autres connaissances des Zweig.

Palatschinken[1], des Schmarren[2] et des Erdapfelnudeln[3], et d'autres plats « européens ». Lorsque j'ai le temps et que je me sens bien, je prends même un certain plaisir à lui montrer de nouvelles choses, et sinon je fais le menu soigneusement de manière à ne pas avoir à lui donner de consignes. Je plonge sans cesse plus avant dans mes souvenirs domestiques, et Marta[4] pourrait me donner de bons conseils grâce à ce dont elle se souvient des premiers temps à Ettlingen. Nous avons un plancher en bois très simple, et dernièrement le jardinier est venu le cirer. Pour ce faire, ils ont sorti tous les meubles, placé les pauvres petits tapis quelque part dehors, et les ont battus avec un bâton ; mon linge est soigneusement entretenu au Waschblau[5], la mayonnaise est de nouveau faite à la main, au lieu de sortir d'une bouteille, quant au poulet, on l'achète vivant au marché, et on le tue chez soi – mais pour l'instant je n'ai pas eu le courage d'aller en acheter un et de le ramener à la maison, dans un morceau de papier, fourré sous mon bras, et ma bonne est trop modeste pour savoir acheter. Bientôt, je suppose, je me mettrai à faire mon propre fromage blanc (ils ne connaissent pas ça ici) et à saler ma viande. Le souvenir de notre bonne vieille crème de citron essaye également de refaire surface parfois, et j'aimerais pouvoir acheter de la préparation pour crème anglaise, ou savoir la faire moi-même à partir d'ingrédients naturels. Mais je t'en prie, crois-moi – je ne suis pas une femme au foyer ardente et possédée, et d'ailleurs je n'en aurais pas le temps, car j'ai travaillé dur comme secrétaire, à nouveau, et je pense que ça va continuer. A part ça je joue aux échecs et je lis quelques classiques, tandis que l'étude du portugais s'est trouvée quelque peu négligée, même si, bien sûr, les journaux ne sont écrits qu'en portugais, et que

1. A peu près l'équivalent des crêpes.
2. Crêpes épaisses, qu'on sert découpées en petits morceaux.
3. Boulettes de pommes de terre.
4. Martha Kahn, voir p. 288.
5. Eau de Javel artisanale, de couleur bleu vif.

notre radio ne parvient à capter que des stations portugaises. Si tu vois Frederik Kuh[1], tu pourras lui dire que pendant un moment il y a eu des articles de lui chaque jour dans le *Correio da Manhã* [2] que je lis avec un grand intérêt. Il y en a eu très peu dernièrement, et je le regrette. – Il y a une quinzaine de jours nous avons envoyé un colis contenant un assortiment de chocolats, et je suis curieuse de savoir si vous le recevrez, quand, et dans quel état. On n'a le droit d'envoyer qu'une livre, emballage compris. Cela vous intéresserait-il – si les règlementations l'autorisent – de recevoir des paquets de ce genre, avec du riz, ou du café, ou du sucre ? Les cigarettes, je le crains, sont interdites. Je sais que vous n'êtes pas trop mal lotis en matière de nourriture, et pourtant c'est tellement dommage, semble-t-il, d'avoir une telle profusion de tout ici, et ça donne envie d'envoyer paquet après paquet, pour partager. Le chauffage central fonctionne-t-il encore cette année ? Et dans votre appartement ?

Nos amis les Wiener[3] doivent être rentrés chez eux, à New York à présent, et j'espère qu'ils iront voir Eva bientôt, et lui transmettront notre amour, et un petit paquet. Et ils ont même promis de m'écrire comment elle allait. – Ces derniers jours nous attendons l'arrivée d'un homme de New York qui avait fait la traversée avec nous et que, depuis, nous avons revu dans chaque pays. Il s'est même rendu à Amity Hall, car il connaît les Schaeffer[4], mais je ne suis pas sûre qu'il ait vu Eva, car c'est un homme d'affaires, et il n'y est allé qu'en soirée. Mais il aura sans doute quelque chose à nous dire à propos d'elle.

---

1. Frederick Kuh (1895-1978), journaliste d'origine américaine, était un correspondant fort respecté pour le journal *Chicago Sun*, et pour l'agence UPI (United Press International).
2. Le *Correio da Manhã* était un quotidien important, publié à Rio de Janeiro de 1901 à 1974.
3. Paul et Alma Wiener, voir p. 296.
4. Olga Schaeffer (voir p. 293) dirigeait l'orphelinat de Croton-on-Hudson, à New York, où demeurait la nièce de Zweig, Eva Altmann.

Je t'en prie, écris-moi vite, et s'il te plaît, essaye de profiter plus de Bath et d'y faire seulement le minimum.

Affectueusement, des baisers

Lotte

Stefan est en train de travailler, et comme notre jeune employé est sur le point de partir à la poste – nous ne confions jamais nos lettres à une boîte aux lettres ordinaire – j'envoie, pour une fois, cette lettre sans ses salutations. Je regrette de vous avoir ennuyés avec le second exemplaire du Balzac. Je pensais que le premier était perdu, et j'avais hâte de le récupérer.

*

Petropolis, 7. XI. 41

Chère Marta,

Je ne t'ai pas encore remerciée pour ta lettre, pourtant je pense souvent à toi. Tout particulièrement quand Hannah m'a écrit que Lorle[1] était revenue à Londres, où elle travaille au bureau de R. J'imagine que d'un côté, tu es contente, que les Rauman la prennent sous leur aile (peut-être même qu'ils vont essayer de lui trouver un mari, comme au bon vieux temps), et d'un autre, mécontente de leurs méthodes d'éducation. Où Lorle vit-elle à présent ? Et Kate ? Tu ne m'as jamais écrit ce qu'elle faisait, ni si tu avais des nouvelles de son frère. Hanna m'a écrit que tu n'avais pas le droit d'aller à Bath autrement qu'en visite, et j'en suis désolée, même si je me demande si tu ne préfères pas habiter à nouveau à Londres. J'aimerais t'avoir à mes côtés, ce n'est pas que j'aie besoin de ton aide, mais j'ai tellement pris l'habitude de t'avoir dans la maison avec moi, et nos conversations domestiques et autres, me manquent. Je l'ai écrit à Hanna – ici, tu aurais l'impression de te retrouver chez ta grand-mère ; tout est fait à la main, et fait maison, et j'ai eu du mal, au début,

1. Lorle était la nièce et fille adoptive de Martha Kahn, voir p. 288.

à me souvenir des vieilles recettes, car sur ma cuisinière primitive (chauffée au bois, et, les jours fastes, au charbon de bois) il n'y a pas moyen de griller ou de gratiner comme j'en avais l'habitude. Détail amusant, ici, à Petropolis, on peut acheter partout de bons Streuselkuchen[1] et des Bolus[2] et nos biscuits à l'ancienne mode, on en trouve des faits maison dans la moindre pâtisserie. Cela vient du fait qu'il y a eu au siècle dernier une immigration allemande à Petrop, et ces gens n'ont pas oublié leurs traditions[3]. Est-ce que tu fais encore beaucoup de travaux de couture ? Maritza[4] fait de belles pièces au crochet, des sets de table, et elle me les a montrés, mais ce petit bungalow, si agréable soit-il, ne mérite pas des travaux de couture aussi sophistiqués. Donc je vais peut-être me lancer dans la confection d'un pull-over pour les fraîches soirées d'été – il paraît qu'en été il pleut presque chaque après-midi (tandis que pour l'instant il pleut à longueur de journée) – mais qui le finira si je ne vais pas jusqu'au bout ? J'ai aussi laissé à Eva une paire de chaussettes pour les soldats anglais, la première était presque terminée quand je suis partie, mais j'ai des doutes sur le sort de la seconde. Mais elle a une excuse, elle m'a écrit qu'elle avait peint des décorations sur les meubles de la nursery, et maintenant elles font des tapis, des choses comme ça. Les travaux de couture sont passés de mode, on dirait.

Reçois mes tendres pensées, et tous mes vœux pour ton anniversaire qui doit arriver bientôt,

Tienne,

Lotte

1. Crumble.

2. On appelait « bola » en Angleterre un gâteau à base de levure, proche de la brioche. « Bolos » est le terme portugais pour dire « gâteaux ».

3. Les immigrés allemands commencèrent à s'installer dans la région de Petrópolis en 1837, et furent rejoints pendant la décennie suivante par quelques centaines de colons supplémentaires. Ouvriers, artisans ou fermiers et cultivateurs, ils eurent un impact non négligeable sur le développement de la petite ville et de son arrière-pays.

4. Maritza Frischauer, voir p. 286.

*

10. XI.41
PETROPOLIS (BRÉSIL)
(34, RUA GONÇALVES DIAS)

Chers Hannah et Manfred, nous vous remercions tellement de vos gentils vœux – vous avez tout à fait raison, j'étais d'humeur mélancolique quand ils me sont parvenus. Tout espoir d'une fin rapide de cette guerre serait idiot, et vous imaginez bien que ma position là-dedans n'est guère avantageuse. Nous n'avons plus d'éditeur pour la version originale du livre, la France, l'Italie, et la plupart des autres pays, sont perdus, les Etats-Unis ne sont guère friands des écrits comme les miens, et cela n'a guère de sens de piger pour des magazines, dès lors que 27 % seront déduits à la source, plus 10 % pour l'agent, et une partie pour le traducteur. Mon Balzac ne peut être achevé ici, sans une ample documentation ; grâce à Dieu, l'autobiographie est enfin prête, mais quand donc sera-t-elle traduite, et comment – toute la saveur, tout le tempo, toute la couleur, auront disparu. Mais j'ai déjà commencé à travailler à de nouvelles œuvres, et la vie est si facile, ici. Je vais vous décrire nos journées ; le matin, un délicieux café brésilien, puis du travail et de la lecture sur la véranda, un déjeuner rudimentaire, une partie d'échecs, une promenade, et à nouveau du travail – nous ne dépensons presque rien, cela va faire un an que je ne suis pas allé au théâtre, six mois au concert, je ne vois strictement personne depuis des semaines, mais les alentours sont merveilleux, le climat agréable, c'est une vie monacale, mais très saine, et c'était nécessaire. Je dois avouer que j'ai fait une dépression nerveuse, à force de ruminer des idées noires sur tout ce qui risquait d'arriver (et certaines choses risquent d'arriver). Lotte, pendant des semaines, n'était plus que des os et de la toux ; à présent, les contrariétés et les tracasseries ne m'atteignent plus, et Lotte a bien meilleure mine, nous vivons comme des tourtereaux, et essayons d'oublier le monde, et j'aimerais que le monde entier nous oublie. Tous mes efforts pour apprendre le portugais sont inutiles mais je ne puis m'adapter à l'Amérique – bien davantage au Brésil et dans les autres pays hispanophones [...] – Je suis tellement désolé pour Eisemann[1], d'autant plus que j'ai traversé des phases de désespoir semblables. Et je sais à quel point son frère attend sa venue, et ferait n'importe quoi pour lui ! Je t'en prie, ne te fais pas de souci pour la maison, ne perds pas ton temps avec mes satanées affaires, je déteste penser que tu te sens responsable de l'entretien, et je crains que tu ne récoltes que des inquiétudes en échange de ton dévouement. Laisse les choses suivre leur cours, rendre la vie de Manfred aussi joyeuse que possible constitue déjà une lourde tâche pour toi – « Ich hab mein Sach'auf nichts gestellt »[2], comme le dit la vieille rengaine, et je suis sûr que je m'en sortirai sur le long terme. J'espère que tu gardes trace des dépenses occasionnées par les trajets à Bath, et je sais que quoi qu'il arrive j'aurai une dette, morale et matérielle, envers toi.

Tendres pensées à tous, et toute mon affection, de la part de

Stefan

*

Petropolis, 10.XI.41

Ma chère Hanna,

Nous venons de recevoir votre lettre du 22 octobre, que nous attendions impatiemment, car votre dernière lettre datait du 6 octobre. – [...] – Stefan t'a donné des nouvelles de nous. Il exagère un peu. Je n'étais pas en si mauvais état,

1. Heinrich Eisemann, voir p. 284.

2. « Je ne compte plus sur rien » : le premier vers du poème de Johann Wolfgang von Goethe, « Vanitas ! Vanitatum Vanitas ! » (Traduction des Œuvres de Goethe par Jacques Porchat, Circé, 2001 – NDT).

bien que j'aie fait une espèce de rechute en arrivant ici, mais tout cela semble terminé, et me voilà prête à gravir des montagnes. Il n'y a pas ici de vraies excursions comme on en trouve dans nos villégiatures d'Europe, mais en suivant une petite route, on se retrouve dans une campagne superbe, avec des panoramas et des beautés naturelles très variés. Nous avons travaillé dur, dernièrement, et l'autobiographie est terminée. Je n'ai pas fini d'incorporer les corrections sur les copies carbone, mais Stefan travaille déjà sur autre chose, et on n'a pas le temps de s'ennuyer. Je ne consacre pas beaucoup de temps à mon intérieur, ma bonne a appris un tas de plats – qu'elle juge exotiques et la maison elle-même donne fort peu de travail. Nous avons eu quelques belles journées, et ces jours-là je suis parvenue à me lever entre six et sept heures parce qu'il faisait vraiment beau dehors. Les jours de pluie – et il y en a eu beaucoup – 9 heures trente me semble un horaire assez matinal – j'espère que ta prochaine lettre m'annoncera que Manfred a obtenu le travail qu'il cherchait et que la famille Miller fait effectivement tout le travail à Bath, pour que tu n'aies plus à t'en faire.

Affectueusement, des baisers

Lotte

*

15.XI.41
PETROPOLIS (BRÉSIL)
(34, RUA GONÇALVES DIAS)

Chers Hannah & Manfred, nous rentrons juste d'une belle promenade à travers les forêts vierges et sous des myriades d'étoiles. Vous n'imaginez pas à quel point c'est beau, dans les pays tropicaux, à présent que la saison des pluies est terminée. Nous menons notre vie primitive, à travailler toute la journée sur notre terrasse fraîche, à regarder les palmiers, et les ânes qui apportent des fruits, et de gros chargements de bananes, aux marchés – les oranges sont transportées en automobile car elles sont très bon marché (50 pour 5 centimes). Le soir, nous entamons nos promenades, et nous retrouvons, souvent au bout d'une demi-heure de marche, au milieu de paysages absolument parfaits. Souvent, nous nous répétons combien il serait beau de posséder ici une maison bien à nous, malheureusement la prospérité énorme de ce pays a fait énormément monter le prix des terrains – lors de mon premier séjour ici, il y a six ans, j'aurais pu obtenir des maisons pour le dixième de ce qu'elles coûtent aujourd'hui, mais la vie reste très bon marché. Nous dépensons le tiers, ou le cinquième de ce que cela nous coûterait à New York, et nous sommes bien plus tranquilles et en meilleure santé, car nous sommes dehors du matin au soir. Bien entendu – s'il n'y avait pas mon travail, je ne saurais pas quoi faire, car à part la nature, il n'y a rien, sauf quelques cinémas qui passent tous des films américains. Aucune trace de la guerre ici, à part ce que nous en lisons dans les journaux, ni rationnement, ni grands changements dans les prix, comme cela se produit aux Etats-Unis, où la vie devient très chère et où – ce qui m'atteint très directement – les impôts à la source pour les œuvres littéraires ont été augmentés de 27 % (il y a six ans, ils étaient de 4 %, et avant, de zéro). Heureusement j'ai, pour la première fois depuis près de deux ans, la possibilité de travailler et de lire à mon aise ; s'il n'y avait pas la peur d'être dérangé par des désagréments venus du dehors, et si notre santé continue à être bonne, nous aurons fait le meilleur choix possible. Que nous aimerions qu'il vous soit possible de jouir de quelques-unes de nos paisibles journées, et de profiter de ce climat doux et ensoleillé, alors que vous avez des centaines de motifs d'inquiétude, et les nuées de l'hiver et de la guerre au-dessus de vos têtes ! Je vous suis si reconnaissant d'avoir tout arrangé avec l'éditeur pour mon livre ; c'est un si brave homme et j'ai toujours été en excellents termes avec lui, tout comme avec les Américains ; le seul de la part duquel je m'attends à des mauvaises surprises, c'est Wilmots[1] [- ?] mais c'est peut-être par ma faute. Le nouveau livre, l'autobiographie, va sans doute être traduite en Amérique car je ne sais pas si les Blewitt[2] (qui ont vu beaucoup mieux) pourraient accepter ce travail, et il est extrêmement difficile de leur faire parvenir le manuscrit. Nous aurons dans tous les cas une édition espagnole, et une portugaise, et une suédoise, si Hitler épargne ce pays – il faut renoncer à toutes les autres traductions, tant que cette bête sera en position de faire régner la terreur en France et en Italie. Mais essayons d'oublier toutes ces mauvaises choses. Je ne vous ai pas encore remerciés de vos bons vœux, que nous essayons d'exaucer. Lotte va beaucoup mieux, son asthme ne la fait plus autant souffrir et j'espère que le bon air parfumé y mettra bientôt un terme définitif – moi-même, je me sens très bien, à part mes tempes grisonnantes, et un joli lot de fausses dents que je retire chaque nuit pour me rappeler que je ne suis plus le jeune homme radieux de jadis. [...] Lotte vous parlera plus longuement de notre vie monacale, mais ne nous prenez pas en pitié, je me souviens que Tolstoï avait dit qu'un homme de soixante ans devrait se retirer dans le désert, et c'est une très belle solitude que la nôtre – Je ne me suis jamais trouvé dans un cadre si beau qu'ici, au Brésil, et les gens sont si gentils ; l'année dernière, ils nous ont couverts d'invitations et de festivités, et cette année, comme nous avons dit à tout le monde que nous voulions travailler, ils nous laissent totalement en paix. Si j'avais avec moi mes livres et mes notes, je me passerais avec plaisir de tout ce que j'ai jamais possédé, les collections, les tableaux – heureusement, nous avons trouvé ici une petite bibliothèque, pas du niveau des américaine et des anglaise bien sûr, mais suffisante pour éviter à l'esprit de s'assécher complètement. Je vous prie de transmettre notre affection à tous les amis. Le roman de

1. L'avocat de Zweig à Londres.
2. En Angleterre, Phyllis et Trevor Blewitt avaient traduit en anglais *La Pitié dangereuse*, de Stefan Zweig, publié en 1939. *Le Monde d'hier* fut traduit en Angleterre par Cedar et Eden Paul, et y fut publié en 1943.

Körmendi[1] est-il terminé à présent ? Et où en est Friedenthal[2] ? Est-ce qu'il a enfin réussi à achever un livre ? Oh mes chers, nous avons parfois l'impression que c'était il y a une éternité que nous possédions une maison et pensions posséder un foyer ; nous savons désormais que tout cela ne reviendra plus jamais et je ne puis me représenter la nouvelle vie qu'il me faut entamer, ni comment, et où le faire. Mais pour le moment nous sommes parfaitement heureux d'avoir pour encore quatre mois ce petit bungalow pour y travailler et nous y reposer et nous nous interdisons de réfléchir à de nouveaux projets. N'oubliez pas que pour nous, les lettres sont plus précieuses que jamais – nous en recevons très peu car nous avons perdu nos contacts internationaux avec les éditeurs, quant aux amis d'Amérique et d'Angleterre, ils ont leurs propres soucis et ne tiennent guère à écrire des lettres qui mettent des semaines à arriver. Nous regrettons si terriblement de ne pouvoir vous envoyer de ce « pays de Canaan »[3] du café, du sucre, etc., qui sont si bon marché et en telle abondance, mais les choses ne sont pas organisées comme aux Etats-Unis, et nous avons honte de voir ces denrées ici sans pouvoir en déposer une partie sur votre table de Noël. Notre affection pour vous tous !

Stefan

Chère Hanna, la lettre ci-jointe adressée à maman t'est tout autant destinée à toi, bien qu'elle ne comporte ni ton nom ni celui de Manfred. J'ai vraiment commencé à m'inquiéter pour notre mère, sa dernière lettre datait de fin septembre. Mais tu m'aurais prévenue si elle était malade.

Mon affection pour vous tous,

Lotte

---

1. Ferenc Körmendi, voir p. 289.
2. Richard Friedenthal, voir p. 285.
3. Canaan, la terre promise des Israélites. En dépit des difficultés que les réfugiés juifs rencontraient pour obtenir des visas au Brésil, il ne faut voir aucune ironie dans l'emploi de ce terme par Zweig ici.

*

PETROPOLIS (BRÉSIL)
(34, RUA GONÇALVES DIAS)

16 novembre 1941

Chère mère,

Cela fait très longtemps que je n'ai pas de nouvelles de toi et j'espère non seulement qu'aucune maladie ne t'a empêchée de m'écrire, mais aussi qu'aucune lettre ne s'est égarée en chemin. J'ai toujours peur de ça, à cause de cette adresse inhabituelle, et je voudrais te redire que si tu m'écris à l'adresse de Petropolis (où le courrier semble arriver toujours à l'heure) il faut écrire « Brésil » très lisiblement pour éviter que la lettre ne parte dans un autre pays, ou même dans un autre continent. C'est arrivé à un ami à nous, sa lettre, adressée à Charlotteville aux Etats-Unis, s'est retrouvée, à cause de la manière dont il avait écrit l'adresse, en Afrique, a traversé plusieurs barrages de censure, et a continué à errer pendant environ quatre mois, avant de lui revenir enfin. Notre vie continue ici, toujours aussi paisible. Stefan a fini de revoir son autobiographie et je continue à reporter les modifications sur d'autres copies, etc. Pendant ce temps, il s'est déjà mis à travailler sur d'autres projets, donc aucun risque pour moi de me retrouver tout d'un coup sans rien à faire. Cependant je projette de commencer des travaux de couture, sans doute un pull-over, car je n'ai rien trouvé de mieux, ou de plus utile, à confectionner. Et comme on m'a dit qu'en été les soirées étaient toujours fraîches, je pourrai en avoir l'usage – si je le finis à temps, car l'été va bientôt commencer et je n'ai personne ici capable comme toi, ou Hanna, ou Marta, de le finir à ma place si je l'abandonne. A quoi travailles-tu en ce moment ? Des chaussettes pour les soldats, ou quelque chose pour toi ? Est-ce qu'il fait déjà froid, est-ce que tu pourras rester dans la maison après décembre ? Tu m'as écrit que c'était peu probable. M. Eisemann est-il encore à Harrogate[1], et comment va-t-il ? Les vois-tu ensemble, ou vois-tu seulement sa belle-mère ? Nous avons eu, après une période de pluies torrentielles, extraordinaires pour la saison, quelques très belles journées, ces jours ensoleillés sont vraiment exquis, et je regrette toujours que tu ne puisses nous accompagner jusqu'à toutes nos promenades, car les Brésiliens marchent peu, et nous disent que les cinquante marches qui mènent de notre maison à la rue mettent déjà leur cœur en péril ! Mais si on quitte les rues principales et qu'on suit un chemin, ou un plus petit sentier, plus défraîchi, on se retrouve toujours, en quelques minutes à peine, au cœur de la nature sauvage tropicale la plus pittoresque, la jungle, les huttes primitives, les fleurs sauvages, des petits cours d'eau, et au milieu de tout cela des vues étonnantes sur les montagnes. Car Petropolis n'est pas située dans une large vallée, mais entre de nombreuses vallées distinctes, ce qui fait que partout où on va, on a une vue différente, sur des montagnes différentes, depuis des vallées entièrement différentes. Par chance, ces vallées plus éloignées sont pour la plupart habitées par des gens plus modestes, ce qui fait que ces districts sont desservis par des bus, et que nous n'avons jamais à craindre de nous perdre complètement, ou de refaire tout le chemin à pied en sens inverse. Nous avons maintenant quelques connaissances ici, des Brésiliens, des Chiliens, des Français et des réfugiés, tous très gentils et délicats – en d'autres termes, nous avons été invités partout, et pour l'instant n'avons pas retourné les invitations, car nous étions très occupés, mais ils sont tous compréhensifs et nous laissent tranquilles autant que nous le désirons. De toutes façons, je ne peux lancer de vraies « invitations » car ma bonne n'est pas parfaite, et ne le sera jamais, bien qu'elle soit très gentille et fasse tout ce que je lui dis. Mais contrairement à ce que j'avais entendu dire sur les bonnes de couleur, elle n'est pas particulièrement douée pour la cuisine et je dois lui montrer

1. Les parents de Heinrich Eisemann (voir p. 284) étaient très amis avec la mère de Lotte, Thérèse Altmann (voir p. 282), qui se trouvait également à Harrogate pour échapper aux bombardements de Londres.

encore et encore les choses pour qu'elle les fasse correctement. Dans un sens, ça me fait une excellente pratique, car je m'habitue à faire les choses et à les montrer, et aussi à expérimenter de nouveaux plats, mais ça ne m'incite pas à inviter des gens car chaque plat nouveau, ou sortant de l'ordinaire, me force à me concentrer davantage vers la cuisine et la table que vers mon travail pendant la matinée. Mais je suis assez satisfaite d'avoir quelque chose à faire en plus de mes travaux de dactylo. L'un dans l'autre, les choses se passent bien, et les tâches domestiques ne me donnent pas trop de tracas. Parfois nous nous rendons à Rio pour la journée, mais avec deux heures de trajet dans les deux sens, et des tonnes de choses à faire à Rio, c'est une entreprise fatigante, et non un voyage d'agrément, comme nous nous l'étions figuré au départ. Pour l'agrément, il faudrait passer une nuit à Rio, or nous n'avons pas encore dépassé notre hantise des hôtels et des bagages, et préférons nos propres lits durs.

J'espère avoir bientôt de tes nouvelles, avec toute mon affection,

Lotte

*

24.XI.41

Chers Hanna, et Manfred,

Nous n'avons pas reçu de lettre de vous la semaine dernière, et en espérons une cette semaine. Il est maintenant presque temps, très chère Hanna, de t'envoyer nos meilleurs vœux – je suis désolée de ne rien pouvoir envoyer d'autre, et j'aimerais que tu t'achètes quelque chose de bien de notre part – pour ton anniversaire, et j'espère que tu passeras cette journée agréablement, et que tu auras le moral. Espérons que pour le prochain, Eva sera déjà rentrée chez elle ! [...] – Votre lettre pour l'anniversaire de Stefan a voyagé très vite et nous est arrivée il y a quelque temps. Cette semaine, il va nous falloir traverser cette journée difficile, et nous comptons la passer avec l'éditeur à Friburgo, une autre petite ville de montagne, à 3 ou 4 heures d'ici. – A part ça il n'y a rien à raconter à propos de nous. Nous avons reçu une ou deux visites, avons été invités une ou deux fois, continuons à jouer aux échecs (bien que Stefan ne soit pas satisfait de mes progrès), et la seule nouveauté, c'est que j'ai commencé à tricoter un pull, et appris à ma bonne à faire des Semmelknoedel[1]. Ne te moque pas de moi si je te demande de m'envoyer la recette de la Linzertorte et de la crème de citron. Je ne peux pas lancer de grandes invitations, mais je ressens le besoin de me perfectionner, car les choses qu'on achète ici sont toujours les mêmes – des Streusselkuchen[2], ou bien une sorte de Petit-Four[3], et moi je préfère les choses faites maison. Et si la Sachertorte est un gâteau assez lourd, et, je crois, impossible à confectionner dans ma cuisinière, en revanche la Linzertorte je pense ne nécessite pas beaucoup de chaleur, ni une chaleur régulière. Ne va pas t'imaginer que je me transforme en parfaite femme au foyer – bien que je sois allée au marché samedi dernier. Cependant, je songe vaguement à confectionner de la viande salée, et un vrai thé, entre dames, agrémenté de stupides conversations domestiques, serait le bienvenu. Mais je pense qu'après décembre ce sera simple, car beaucoup d'amis brésiliens envoient leurs familles ici.

Mon affection la plus tendre, et mes vœux les plus sincères pour ton anniversaire

Lotte

Cela fait longtemps que je n'ai pas de nouvelles de notre mère. Mais Eisen[4] m'a écrit il y a quelques jours qu'il la

1. Boulettes de pain.
2. Crumble.
3. En français dans le texte (NDT).
4. Heinrich Eisemann, voir p. 284.

voyait presque chaque jour (et il semble qu'il se rétablit), donc j'espère qu'elle va bien.

*

24 nov. 41 Chers Hannah et Manfred, le jour funeste[1] se rapproche, et nous le passerons non pas chez nous mais en excursion dans un petit endroit dans la campagne ; j'ai demandé à tous mes amis de ne pas en faire mention dans les journaux (où on imprime même les anniversaires des enfants, avec des flopées de phrases pathétiques) mais il vaut mieux être loin. Ici, nous nous sentons déjà un peu chez nous, Lotte va beaucoup mieux, et nous attendons l'été qui sera délicieux ici, car on échappe aux nuits trop chaudes, tout en gardant la porte ouverte à longueur de journée (depuis six mois, nous gardons nos fenêtres ouvertes, et ne fermons pas les portes à clé quand nous partons – nous voilà revenus aux temps de nos ancêtres). D'Eva, nous avons eu des nouvelles de New York. Il est malheureux que Mme Schaeffer[2] se soit cassé le bras à ce moment précis, alors qu'on avait besoin d'elle pour la nouvelle installation, mais nous vivons tous plus ou moins dans l'instant, pourquoi en irait-il autrement pour Eva, et c'est peut-être une bonne chose qu'elle apprenne à surmonter les petites difficultés. Elle a passé le week-end chez ma belle-sœur, qui a les meilleures intentions du monde ; malheureusement ils sont tous deux, mon frère et elle, habités par une peur incessante un peu pathologique. Lui – à côté duquel j'étais, même pendant mes périodes fastes, un pauvre – redoute de mourir mendiant (ils n'ont même pas d'enfants !), elle fait la cuisine et le ménage, alors que tous les autres trouvent des domestiques – je suis désolé qu'ils soient comme ils sont, et beaucoup de choses auraient été plus simples, même pour moi, s'ils étaient différents, mais au moins elle semble prête à faire quelque

1. Stefan Zweig redoutait de longue date l'arrivée de son soixantième anniversaire, le 28 novembre 1941.

2. Olga Schaeffer, voir p. 293.

chose, tandis que les autres, on ne peut pas compter sur eux (ils ont tous leurs inquiétudes là-bas, et tout le monde finit par se retrouver avec une dizaine de parents réfugiés sur le dos, au minimum). Je suis contente que Mme Wiener[1] l'ait invitée et qu'elle ait déjeuné avec son père, le grand Morgenthau[2] (dans des assiettes en or et en argent). Nous aimerions bien sûr qu'elle puisse avoir un vrai ami à New York, et je serais heureux si ma belle-sœur, en dépit de toute sa gaucherie, s'attachait à elle – mes chers, que la vie serait simple si les gens étaient tout à fait normaux, mais je ne suis pas sûr de l'être moi-même. Si on la laissait plus longtemps avec ma belle-sœur, elle l'emmitouflerait dans des pantalons en flanelle et la gaverait de médicaments à longueur de journée (ils ont tué trois chiens à force de leur donner des médicaments en permanence) et au moindre rhume ils iraient consulter des docteurs et des spécialistes – sa peur névrotique exagère tout et ce ne serait pas une bonne [?] pour Eva ; mais d'un autre côté, je suis content que quelqu'un se fasse du souci pour elle, puisqu'hélas nous sommes loin d'elle. Donc ne vous faites pas de souci pour elle, elle est en excellente santé et elle a le moral, elle aime sa maison, sa tante Olga[3] et son école ; c'est le plus important, si ce n'est qu'il se peut qu'elle se languisse de vous secrètement, comme vous le faites ouvertement. Vôtre

Stefan

*

[Sans date – Octobre/Novembre 1941 ; les pages 1 et 2 sont manquantes]

Au sujet des affaires et des dispositions financières dont vous avez dû vous charger en notre nom avec Wilmot etc.,

1. Alma Wiener, voir p. 296.
2. Henry Morgenthau.
3. Olga Schaeffer, voir p. 293.

je suppose que Stein[1] vous écrira lui-même. Je suis sûre que vous avez tout arrangé au moins aussi bien que nous l'aurions fait nous-mêmes, et je crains que vous n'y ayez consacré autant de temps et de pensées que Stefan l'aurait fait. Merci beaucoup, beaucoup ! Tabori[2] nous a écrit une lettre il y a quelque temps, pour nous dire qu'il n'a pas le droit d'avoir le moindre contact avec les gens en Hongrie, et que l'argent que l'éditeur hongrois a ou avait en Angleterre est bloqué, donc il ne faut pas compter sur le moindre versement[3]. J'ai écrit plus que ma part et je dois laisser le reste de la page à Stefan. Envoyez, je vous prie, les deux premières pages de cette lettre à mère pour que je n'aie pas besoin de me répéter.

[Lotte Zweig – non signée]

Chers H. et M. Nous nous plaisons beaucoup ici. C'est la vie telle que la menaient nos parents et nos grands-parents, et les gens sont extrêmement gentils, et propres, en dépit de leur grande pauvreté. La nourriture n'est pas encore devenue artificielle, le boulanger cuit son pain et ses (excellents) gâteaux lui-même et nos dépenses quotidiennes représentent un tiers de ce qu'elles étaient en Amérique. D'autres pourraient dire que Petropolis, hors saison, est un endroit à périr d'ennui, mais pour quelqu'un comme moi, qui ne veut rien d'autre que travailler et lire tranquillement, c'est la perfection, de faire d'agréables promenades dans les superbes environs. Vous n'imaginez pas la variété de paysages qu'on découvre en vivant au Brésil, je l'apprécie énormément après la monotonie des rues américaines. Chère Hannah, tu comprendras qu'on devienne de plus en plus sceptique envers la « civilisation », à en juger par ses résultats glorieux,

1. Un avocat anglais qui conseillait les Zweig.
2. Paul Tabori, voir p. 294.
3. Le 20 novembre 1940, la Hongrie rejoignit le pacte tripartite, se rapprochant de l'Allemagne, de l'Italie et du Japon. Au milieu de l'année 1941, la pression exercée par l'Allemagne sur la Hongrie augmenta, entraînant un isolement croissant, notamment financier, de la part de l'Angleterre. Le 7 décembre 1941, la Hongrie et la Grande-Bretagne se déclarèrent la guerre.

et que cette vie paisible, plus primitive, plus naturelle, prenne un attrait nouveau ; le seul point faible, ce sont les livres, mais j'ai acheté un Shakespeare, un Goethe, un Homère, et entre ça et quelques autres que je peux emprunter à des gens, il est possible de vivre quelque temps, surtout si on en écrit soi-même. Ce qui me manque, ce sont les manuels de référence, lorsque j'ai besoin de détails, et dans les cas urgents, je dois attendre 4 à 6 semaines pour obtenir des informations de New York. Quant aux choses matérielles, je me sens bien plus libre et insouciant que là-bas ; il y avait certaines choses, certaines craintes, qui me tourmentaient beaucoup et que je ne puis vous expliquer car elles sont trop compliquées, mais je répète que d'ici tout semble bien plus indifférent, et nous apprenons de plus en plus à oublier les mauvaises éventualités que nous réserve l'avenir. Cette guerre prend de telles proportions que toutes les anticipations, toutes les craintes sont futiles, l'idée d'une quelconque vie après la guerre, ou de conséquences quelconques à tirer des erreurs passées, est vaine. Je fais mon travail tranquillement et j'espère en avoir fini avec mon autobiographie dans quelques semaines, j'ai achevé, quand j'étais encore à Ossining, le deuxième jet. – La santé de Lotte s'améliore quelque peu, aussi n'avons-nous pas à nous plaindre ; je voudrais que vous puissiez voir notre petit bungalow dans les montagnes. Lotte avec sa cuisinière noire, moi, dans le café « Elegante » (qui est en réalité un minuscule café, pauvre mais pittoresque, où je suis presque le seul homme blanc, et où Lotte fait sensation, car aucune autre femme blanche n'oserait entrer dans un endroit aussi populaire). Peut-être même que nous allons adopter un chien ! Vôtre, Stefan

J'ai eu des informations de première main par Wilmot[1]. Pour l'instant, tout est en ordre, espérons que cela va continuer comme ça à l'avenir.

1. L'avocat de Stefan Zweig à Londres.

*

Rio, 2.XII.41

Ma chère Hanna,

En nous rendant à Rio pour la journée, nous avons trouvé votre lettre du 8 novembre, et celle de la famille Mayer[1]. j'ai été très heureuse d'avoir de nouveau de vos nouvelles après une pause de 3 semaines (votre dernière lettre datait du 22 octobre et nous en attendions une autre depuis quinze jours) et tandis que Stefan est occupé à voir des gens, à se faire raser, puis photographier, je reste dans le bureau personnel de notre éditeur, dans la librairie, pour t'écrire. Stefan te prie de l'excuser de ne pouvoir t'écrire aujourd'hui, je ne le retrouverai qu'à Petrop. et je veux poster cette lettre de Rio. – je suis très heureuse qu'il se sente mieux, et qu'il ait surmonté cette phase pendant laquelle il trouvait que tout était vain à cause de la guerre et de ses conséquences, et où il avait même perdu totalement le goût de travailler. Dieu merci, tout cela semble définitivement derrière lui, son travail l'intéresse de nouveau, et aujourd'hui il est même allé rendre visite à certaines personnes pour qu'elles lui donnent des informations et lui prêtent des livres dont il a besoin. C'est une chance, qu'à Ossining, ayant passé beaucoup de temps en compagnie des Fuelop[2] et aussi de Schaeffer[3], j'ai appris que la dépression de Stefan n'était pas un cas isolé, mais avait touché plusieurs écrivains européens – et puis les avait quittés – les uns après les autres. Cela n'a pas consolé Stefan, mais en un sens cela m'a aidée, car j'ai compris pourquoi les écrivains, à cause de leur imagination, et parce qu'il leur est possible de s'abandonner au pessimisme au lieu de travailler, sont plus susceptibles que d'autres d'être affectés

1. Probablement la famille de Heiner Mayer, voir p. 291.
2. René et Erica Fülöp-Miller, voir p. 286.
3. Albrecht et Olga Schaeffer, voir p. 293.

par ce genre de dépressions, et – comme Viertel[1] l'a dit à Stefan – ces crises spirituelles en des temps comme ceux-ci sont même nécessaires pour un écrivain qui se doit de sentir, et douloureusement, même des choses qui ne le concernent pas directement, dans sa vie – Mais tu imagines combien je suis heureuse, et reconnaissante, de le voir se sentir plus joyeux, et reprendre goût à son travail. L'autobiographie est terminée, et Stefan s'occupe avec divers projets, sans savoir tout à fait dans lequel il va vraiment se lancer. J'ai réussi à trouver une édition complète de Balzac en français ici, et je la lui ai offerte pour son anniversaire et je suis très heureuse que la première copie du manuscrit soit arrivée saine et sauve. Il manque quelques pages – c'est ma faute, encore – et la prochaine fois je te donnerai le nombre exact de pages et de chapitres, pour que tu puisses les envoyer à l'occasion. Inutile d'ennuyer Cassel[2] avec ça, écris juste « feuillets d'un manuscrit sur Balzac » sur la couverture et envoie-les par courrier ordinaire ou par avion. J'ai une autre requête pour ton prochain séjour à Bath, je ne voulais pas te demander cela sans l'accord de Stefan, et donc à présent que j'en ai parlé à Stefan, c'est trop tard, et Fried[3] est déjà reparti. – Stefan a laissé toutes ses notes sur Balzac à Bath, une partie se trouve dans un ou deux cahiers reliés en in-quarto. Je crois même en avoir tapé une partie à la machine et dans ce cas il doit y en avoir une copie dans une pochette en carton. Je pensais – et Stefan est d'accord – que Friedenthal (en l'intelligence, la discrétion, et la compréhension duquel il a toute confiance) pourrait emporter les notes et les recopier à la machine à écrire, en partie pour faciliter le travail des censeurs[4], et en partie pour diminuer le risque de perte par

1. Berthold Viertel, voir p. 295.
2. Cassell, l'éditeur britannique de Zweig.
3. Richard Friedenthal, voir p. 285.
4. Tout le courrier envoyé et reçu en Grande-Bretagne était soumis à la censure officielle. Lotte prenait évidemment acte de la difficulté pour les censeurs de lire les notes manuscrites que Zweig avait prises sur Balzac, lorsqu'elle suggérait que Richard Friedenthal les tape et en conserve une copie. Mais en dehors de l'intérêt d'avoir ces notes, il est probable que l'idée de Lotte avait plu à Stefan,

le courrier, et ensuite qu'il pourrait les envoyer à Stefan. Cela prendra du temps, je suppose, et je te laisse le soin, d'abord, quand tu seras à Bath, d'emporter les notes, ensuite de t'arranger pour les transmettre à Friedenthal, et enfin de les lui faire parvenir, toi-même, ou en passant par Cassel. Fais ce qui te donne le moins de tracas. – Tu peux peut-être en profiter pour m'envoyer la bibliographie, la partie qui a été imprimée et tapée à la machine (celle que Heiner[1] a écrite).

[...] Bien sûr, si la guerre et notre séjour ici se prolongent encore beaucoup – et ce sera le cas, je le crains –, la question de savoir si nous prendrons Eva avec nous va se poser avec plus de force. Il est trop tôt pour en parler et il nous faudrait repasser en revue tous les éléments avec vous par écrit, donc ne vous inquiétez pas encore pour ça. Eva est en de bonnes mains et il valait certainement mieux, même si nous aurions aimé la prendre avec nous, lui éviter d'être arrachée à son environnement, d'accomplir un changement complet, de langue, d'éducation, et de milieu, sans être sûre qu'elle aurait le temps de se stabiliser à nouveau. Si nous restons, et nous installons à Rio ou à Petrop, alors seulement je pourrai vous donner des détails sur tout cela, et vous faire une proposition, car bien sûr la décision, pour un changement si décisif, vous appartiendra. Alors il faudra mettre en balance l'avantage de l'avoir auprès de nous contre un changement de langue, et de système éducatif, mais comme je le dis il est encore trop tôt, et de toutes façons, ne t'inquiète pas pour ça. Nous essayons de faire de notre mieux pour Eva, et je consacre de nombreuses réflexions à cette question, dans toutes les directions, et je rassemble toutes les informations possibles sur les possibilités de scolarisation (publique, privée, couvent, écoles mixtes, etc.).

C'est une bonne chose, que tu sois intéressée par mes histoires domestiques. Au début, je le crains, quand ce n'était pas encore très facile pour moi, c'est Stefan qui a dû écouter

---

car elle lui permettait de prêter secours financièrement à Friedenthal sans l'offenser.

1. Heiner Mayer, voir p. 291.

tous mes problèmes, car il fallait bien que j'en parle à quelqu'un, et pour l'instant je n'ai pas trouvé d'amie pour discuter de ces choses-là. Je connais quelques femmes à Petrop. mais soit ce sont des femmes d'intérieur enragées, soit elles sont trop peu intéressées, et il faut que j'attende janvier, quand les hommes de Rio expédient leurs familles là-haut, à Petropolis. En tout cas, mes soucis domestiques sont derrière moi, pour la plupart, et après des débuts difficiles, où il a fallu, dans une langue que j'avais du mal à comprendre et que je n'avais jamais parlée auparavant, apprendre à une bonne qui ne savait rien, des choses que je maîtrisais mal moi-même, je n'ai plus peur de rien. Ma bonne me convient désormais, même si elle ne sera jamais parfaite, et l'entretien de la maison me prend peu de temps. Un changement important s'est produit, sous la forme d'un fox-terrier à poil dur âgé de dix mois, que Stefan a reçu de la part de son éditeur pour son anniversaire (ils n'ont pas l'air d'avoir d'épagneuls au Brésil)[1]. Stefan vous en parlera sûrement dans sa prochaine lettre, d'ici un jour ou deux, et il faut que j'attrape le bus pour rentrer chez moi – autrement dit, dans la belle, mais assez pluvieuse, Petropolis. Mon affection la plus tendre à toi et à Manfred, et de nouveau, meilleurs vœux pour ton anniversaire,

Lotte

Qu'est-ce qui se passe, avec mère ? Sa dernière lettre date d'avant les vacances. Je n'ai pas de nouvelles d'elle depuis des semaines.

*

1. Le chien, Pluckee (ou Plucky), était un cadeau d'Abrahão Koogan, l'éditeur brésilien de Stefan Zweig. Zweig avait eu un épagneul, à Salzbourg.

[Sans date – Petropolis – Décembre ? 1941[1]]

Chers Hannah et Manfred, en réponse à votre lettre, je voudrais vous faire part de ma crainte qu'Hannah ne se sente excessivement responsable de la maison à Bath. Bien sûr, cela me fait plaisir qu'elle passe quelques jours là-bas, mais je ne veux pas qu'elle ait des inquiétudes de matrone. Il m'est tout à fait égal que la maison soit plus ou moins bien entretenue et les Raumann y veilleront eux-mêmes – vous n'imaginez pas combien je suis devenu indifférent à l'égard des choses matérielles et combien cette maison est loin de mes pensées, à quel point je me suis résigné à ne plus revoir mes livres ; en concluant mon autobiographie, j'ai fait mes adieux au passé. Pour moi, il n'y a qu'une chose qui compte – me concentrer, après de nombreux mois de voyages, et de dépression due à la guerre. J'ai perdu tout goût pour le divertissement, nous ne sommes pas allés une seule fois au cinéma et je suis si reconnaissant envers Lotte d'accepter sans rechigner ce mode de vie assez monacal. C'est un soulagement pour moi de penser que je vais demeurer ici, sans bouger, pendant six mois ; il se peut que je sois importuné par le monde extérieur, mais tout ici est beaucoup plus simple, tout m'est beaucoup plus indifférent, et cela ne me dérangerait pas de mener une vie retirée, oublieux du monde, oublié de lui. Pour vous, cette guerre est ce que la dernière était pour moi – un intervalle – et bientôt, ses terreurs et ses atrocités vous permettront d'aimer davantage la vie, surtout si vous récupérez votre fille, plus heureuse que jamais, et riche d'expériences. Pour ma part je ne peux plus vivre dans l'expectative, j'ai besoin de savoir que je n'aurai plus à changer et n'aurai plus de soucis. C'est ici, pour l'instant, que j'ai les meilleures chances de trouver ce genre de vie retirée absolue, et c'est pour cela que nous ne voulons pas changer. Croyez-moi, j'ai l'esprit très clair, et si je

1. Puisque Stefan Zweig écrit qu'« ici l'été commence », cette lettre fut probablement écrite entre début et mi-décembre.

n'exauce pas votre vœu, vous rendre Lotte avant Eva, c'est parce que j'anticipe l'éventualité de complications futures ; nous devons tous être patients, désormais, et moi-même, je ne me plaindrais pas, même si notre petite vie ici se poursuivait pendant des mois. Je suis content d'avoir quitté New York. Ici, je peux travailler mieux, la vie est plus facile, et on peut trouver un grand charme à cette forme de rusticité. Quant aux questions matérielles, je tiens à ce que vos frais de voyage, etc., vous soient remboursés régulièrement ; au cas où il n'y aurait plus d'argent liquide, ne vous inquiétez pas, on vendra alors une partie des investissements ; il est important que vous et votre famille puissiez avoir tout ce que vous souhaitez. J'aimerais qu'il nous soit possible de vous envoyer des paquets, d'ici, mais pour l'instant nous n'avons trouvé aucun moyen de le faire. Je sais que le problème de la nourriture est nettement moins critique qu'avant, mais si vous saviez comme le sucre et le café sont bon marché au Brésil, vous comprendriez notre désir de vous en envoyer des spécimens. Transmettez nos tendres pensées à Victor[1], peut-être qu'il me pardonnera de ne pas lui écrire – mais quand je n'écris pas de lettres, cela signifie toujours que j'écris des livres. Espérons que cet hiver (ici, l'été commence tout juste, à présent) ne sera pas trop rude, et, si les heureux présages ne m'induisent pas en erreur, j'espère que ce sera le dernier hiver de la guerre, et que toutes nos attentes seront comblées. Donc courage – c'est nous, les vieux, qui devons nous résigner, pas vous. Vôtre, Stefan

*

1. Victor Fleischer, voir p. 285.

10. XII 1941

PETROPOLIS (BRÉSIL)
(34, RUA GONÇALVES DIAS)

Chers Hannah et Manfred, au moment où nous vous écrivons cette lettre, nous sommes encore sous le choc de la déclaration de guerre japonaise, qui va peut-être nous isoler encore davantage de notre foyer et de vous ; on ne sait pas encore si le Brésil va également déclarer la guerre au Japon, mais quoi qu'il en soit la vie ici n'est pas si influencée que ça par la guerre, puisque le pays est autosuffisant[1]. Nous sommes si heureux de ne pas être aux Etats-Unis, au milieu de cette terrible effervescence, et je suis si content que Lotte aussi aime tant ce pays, notre petite vie paisible, et sa belle solitude. Le nouveau membre de la famille, le petit chien « Plucky », s'avère un compagnon très tendre ; il est heureux avec nous, sauf le soir, lorsque les êtres cruels que nous sommes le mettons de force dans la salle de bain ; il aimerait passer également toute la nuit avec nous, et gémit de ne pas être autorisé à dormir avec nous. Donc quand vous pensez à nous, soyez assurés que nous avons, sans l'avoir méritée, une meilleure place, et même la meilleure, en comparaison de celle des autres ; nous nous sommes souvent demandé si nous aurions dû emmener Eva avec nous, mais notre vie serait trop morne pour elle et je suis sûr qu'elle dispose d'une bien meilleure éducation chez Mme Schaeffer[2]. Vous pourrez constater sur les photos qu'elle est en parfaite santé, et s'épanouit à merveille. Nous attendons impatiemment que vous nous donniez de bonnes nouvelles de Manfred – je vous prie d'avoir la gentillesse de transmettre les lettres ci-jointes

1. Les Etats-Unis déclarèrent la guerre au Japon le 8 décembre 1941, deux jours après l'attaque aérienne japonaise contre Pearl Harbor. Le 11 décembre, l'Italie et l'Allemagne déclarèrent la guerre aux Etats-Unis. Le Brésil ne déclara pas la guerre au Japon avant le 6 juillet 1945, bien qu'il ait déclaré la guerre à la fois à l'Allemagne et à l'Italie le 22 août 1942.

2. Olga Schaeffer, voir p. 293.

à Warburg[1] et Eisemann ; les timbres et les frais de port nous coûtent plus que nos besoins quotidiens, aussi envoyons-nous toujours les lettres à trois personnes à la fois. Je laisse maintenant la parole à Lotte ! Mon affection pour vous tous

Stefan

*

Chers Hanna et Manfred,

Il y a peu de choses à raconter sur nous en ce moment. Sauf que je commence à m'inquiéter vraiment car je suis sans nouvelles de mère depuis vraiment très longtemps, et en plus cela fait longtemps que vous ne la mentionnez pas dans vos lettres. J'espère qu'elle n'a rien de grave. – Entre-temps vous avez dû recevoir les photos d'Eva, grâce à elles vous pourrez vous faire une meilleure idée de son apparence actuelle. Et les photos amateur d'Erica Fueloep[2], qu'elle a promis d'envoyer bientôt, vous montreront, je l'espère, un peu mieux la maison et ses occupants. C'était gentil de la part de Mme Sch. de faire prendre ces photos, sans que je le lui demande, et cela vous confirme qu'elle s'intéresse de près à Eva. Ah, et Mme Wiener[3] m'a écrit pour me dire qu'Eva était auprès d'elle et qu'elle était « un amour ». J'espère que vous êtes en bonne santé et joyeux,

Vôtre

Lotte

*

1. Le courtier de Stefan Zweig à Londres, qui était également un ami.
2. Erica Fülöp-Miller, la femme de René Fülöp-Miller, voir p. 286.
3. Alma Wiener, voir p. 296.

[Le cachet de la poste indique le 21 décembre 1941]

Chers Hannah & Manfred, il n'y a rien à raconter, car nous n'avons pas de nouvelles de vous ; le courrier a été assez irrégulier au cours des dernières semaines, depuis la déclaration de guerre aux Etats-Unis, et à cause des envois de Noël. Entre-temps, mon livre est paru en Suède, à la fois en suédois et en langue originale, mais je n'ai pas reçu d'exemplaires – j'espère que vous avez reçu, de New York, la conférence de Romain[1], consacrée à mon humble personne, en anglais ; il y a aussi une version française, mais nous n'en avons pas reçu d'exemplaire ; nous sommes presque, pour ce qui est des livres, coupés du monde entier, et l'idée que cela va continuer pendant deux ou trois ans est presque aussi difficile à supporter pour moi que l'est, pour vous, celle d'être loin d'Eva. Transmettez je vous prie cette lettre à Neumann[2]. Ici, notre vie reste identique, tout est paisible, mais la perspective de vivre des années dans cette solitude brésilienne n'est pas vraiment ce que j'aurais autrefois espéré pour mes vieux jours.

Affectueusement à vous tous !

Stefan

Tendres pensées de la part de notre petit chien !

*

PETROPOLIS (BRÉSIL)
(34, RUA GONÇALVES DIAS)

31. XII 1941

Chers H. & M., nous avons reçu aujourd'hui vos lettres du 21 novembre et du 17 décembre en même temps ; le courrier est plus irrégulier à présent, à cause de l'extension de la

1. Jules Romains, voir p. 293.
2. Robert Neumann, voir p. 292.

guerre, et il m'est tout à fait impossible de voir mes propres livres qui sont à l'étranger. Nous n'avons pas beaucoup de nouvelles à raconter. Lotte va un peu mieux, mais ses nuits ne sont pas tout à fait calmes, et son poids ne me plaît pas beaucoup. J'avais espéré que le fait que nous vivions jour et nuit, hiver comme été, avec les fenêtres ouvertes, ou sur la terrasse, soignerait son asthme parce qu'il n'y a pas du tout de poussière, mais il nous faut encore attendre. Ça ne la handicape en rien, et elle a le moral – autant qu'on peut l'avoir en des temps, et dans un monde comme les nôtres. Notre chien se comporte bien, sauf qu'il imite un peu trop son maître ; hier il s'est enfui du jardin, et où donc s'est-il rendu tout seul ? Au Café Elegante ! A présent Petropolis commence sa haute saison, toutes les rues sont remplies d'enfants, et même la grande réunion de consultation panaméricaine des ambassadeurs à Rio, le 15 janvier, ne parviendra pas à entraver ce flux, cette fuite vers les montagnes. Nous avons déjà reçu nos premières visites, après notre longue solitude. En ce qui concerne le contrat, Lotte vous a déjà délégué notre consentement pour six ans – mais en réalité, savons-nous ce qui arrivera dans six mois ? Je doute fortement, comme vous le savez, qu'après la guerre quiconque parvienne à tirer une quelconque source de revenus de son métier, elle est loin, l'époque de nos pères et de nos grands-pères, celle où l'on était sûr d'avoir une garantie pour ses vieux jours. Je continue mon travail lentement mais sûrement, mais je ne vois pas mes propres livres, lorsqu'ils sont publiés en Suède et au Portugal, et moins encore ce qu'ils devraient me rapporter. Tout devient de plus en plus compliqué ; je dois maintenant envoyer mes manuscrits par avion, et je crains que les frais de port ne me coûtent davantage que ce qu'ils me rapporteront. Mais que je suis heureux, de pouvoir continuer à nourrir l'espoir vague que si la guerre trouve une fin victorieuse, je pourrai retrouver mes éditeurs. Tout est provisoire désormais, ce que nous faisons, ce que nous nous préparons à faire – nous ne devons pas oublier que nous vivons dans la plus grande catastrophe de l'Histoire, et que c'est un miracle que la vie continue au milieu de cette épreuve – une pauvre vie, minable, sans envergure, individuelle, car nous sommes, tous, fixés, comme avec des clous, en un endroit, et coupés du vaste courant de la vie, mais nous vivons, nous espérons, nous gémissons, et sommes ici, dans ce petit endroit, où nous jouissons au moins de cette faveur, une nature splendide. Nous aurons tous d'autres grandes inquiétudes, des difficultés, avant de pouvoir nous regarder à nouveau tranquillement, et joyeusement, dans les yeux, je suis préparé à tout, et vous aussi, et tous les pays aussi ; la question, pour moi, est de savoir si après la guerre il me restera assez de force et de raison pour apprécier la vie. Vous, grâce à votre fille, vous en aurez, et cette idée me rend heureux pour vous. – Je joins quelques mots pour Friedenthal[1] et Victor[2]. J'espère parvenir un jour à leur écrire davantage, et plus longtemps, mais en réalité il n'y a pas grand-chose à dire, car notre vie privée n'a pas d'importance, et les événements publics ont été assez commentés. Je suis content que Manfred soit avec toi, lui qui n'est pas seulement ton mari mais ton enfant : gâte-le, à son âge ça ne peut plus faire de mal ! Affectueusement, vôtre

Stefan

*

Petropolis, 10. I. 42

Ma chère Hanna,

J'espère que tu as passé des jours, ou mieux, des semaines de congés de Noël agréables à Rosemount, et que dans l'ensemble les choses prennent la tournure que tu désires. Sur notre vie, je dois pour l'instant répéter encore et encore la même histoire : il pleut presque tout le temps, ce qui explique que la saison soit si mauvaise, et que presque aucun

1. Richard Friedenthal, voir p. 285.
2. Victor Fleischer, voir p. 285.

de nos amis ne soit encore arrivé. Aussi continuons-nous à mener notre vie paisible, avec notre chien pour unique compagnie, et à sortir nous promener lorsque la pluie s'interrompt pour quelques heures. Je laisse à Stefan le soin de décrire nos promenades. C'est évidemment à lui, l'écrivain, de te donner une idée de la manière dont, en s'éloignant de la ville pendant dix minutes, on peut se retrouver dans un paysage presque entièrement sauvage, au milieu d'une vie primitive, dans une vallée solitaire, entourée de panoramas superbes et variés, avec des tas d'enfants autour de pauvres petites huttes. Il va sans dire que là où nous allons, aucun de nos amis n'a jamais posé le pied. – La semaine prochaine, il y a la grande Conférence panaméricaine à Rio[1], mais les Brésiliens ont déjà été tellement comblés d'attention et de visiteurs l'années précédente que ça ne leur fait pas grand effet. – Les communications avec les Etats-Unis continuent comme avant, seules les lettres mettent plus de temps à arriver, j'espère donc que le cardigan que j'ai tricoté pour Eva et que j'expédie lundi arrivera à temps (et qu'il lui ira). En y travaillant, j'ai pensé à toutes les fois où nous avons fait de la couture ensemble, et souhaité que tu sois là. Le brouillard, qui nous entoure souvent, et tous les lainages anglais qu'il m'oblige à porter, ravivent également les souvenirs. Enfin, un jour nous reparlerons de tout cela. Heureusement, le temps passe réellement à toute allure, et bientôt il nous faudra nous demander ce que nous ferons lorsque notre contrat expirera, en mai. Je pense que nous allons essayer de rester dans ce petit endroit, qui présente beaucoup d'avantages par rapport à nos besoins. – N'oubliez pas de beaucoup nous écrire !

Avec toute mon affection,

Lotte

1. La Conférence panaméricaine se tint à Rio du 15 au 28 janvier 1942. L'objectif de la conférence, où se réunirent les représentants de vingt pays d'Amérique latine, et des Etats-Unis, était de convaincre les pays d'Amérique latine de rompre leurs relations avec l'Allemagne, l'Italie et le Japon.

*

10.I.42

Chère Marta,

Je dois profiter de l'espace qui me reste pour t'écrire quelques lignes, et t'assure que je pense à toi, non seulement en tricotant, ou en faisant de vrais Shinkenknödel, et en essayant de préparer du Powidl[1] mais, comme pour Hanna, en de nombreuses autres occasions, et que tu me manques. Je suppose que tu es très occupée à faire les courses et à inventer de nouvelles recettes, mais j'aimerais cependant que tu me parles de Lore et de Kate, et me dises si tu trouves qu'elles grandissent correctement. Elles doivent être presque devenues des grandes personnes, elles pourront bientôt te présenter leurs petits copains, et je me demande quel effet cela te fait. As-tu prévu de retourner à Bath bientôt, pour te reposer ? Et à quel genre de travaux de couture es-tu occupée en ce moment ? Je pourrais même faire une nappe au crochet, maintenant que nous avons décidé de garder la maison pour une plus longue période, et que la bonne cuisine assez bien pour nous permettre de recevoir des invités de temps en temps, à la bonne franquette. Dernièrement, il a fait un temps d'été splendide, et parmi ces montagnes isolées, la guerre semble encore loin, malgré les journaux, la radio, et le fait que notre esprit est constamment tourné vers les événements récents ou à venir.

Avec mes tendres pensées,

Lotte

*

1. Confiture de prune.

Petropolis, 16 janvier 42

Chers Hanna & Manfred,

Je regrette qu'on vous ait fait croire qu'à cause de l'extension de la guerre, les liaisons postales seraient coupées entre nous. Au contraire, nous avons reçu votre lettre du 29 décembre dès le 14 – un record, après les longs retards des derniers mois. Je pense aussi que vous n'avez pas à craindre qu'Amity Hall soit en quoi que ce soit affecté par la guerre ; j'en avais un peu peur aussi pendant les premiers jours, mais toutes les lettres que nous avons reçues des Etats-Unis indiquent que la vie revient presque à la normale, après le grand choc du début, et personne, parmi les gens qui ont dit vouloir inviter Eva pour Noël, n'a même évoqué quoi que ce soit de ce genre. – Il semble que vous ayez passé un Noël cent pour cent anglais cette fois, et j'espère que cela vous a plu. Je suis contente, en tout cas, que vous ayez pu le passer à Bath. – Depuis, Hanna, tu as probablement commencé à travailler, d'une manière ou d'une autre, et j'imagine que travailler pour les enfants aux côtés d'Anna Freud[1] te convient parfaitement. Je comprends parfaitement que tu n'aies pas aimé travailler au sein d'un comité. Il faut que tu nous racontes en détail ce que tu fais exactement. Je crois que madame Laquer, que j'avais eu comme professeur à l'école, travaille également là-bas – dans un autre département, bien sûr. Même si ta vie ne te donne pas pleine satisfaction pour le moment, je suis très contente que la maison de Rosemount tourne toute seule à présent, sans te prendre de temps en permanence, et je souhaite le meilleur à la famille Miller, pour eux, et surtout pour vous. – [...] Le centre de Petropolis, où tout le monde rencontre tout le monde, a radicalement changé d'aspect, avec l'arrivée des estivants, et on porte à présent aussi bien des pantalons ou des robes en coton que des robes en soie aux coupes

1. Hanna avait fait des études de médecine en Allemagne, et commençait à se spécialiser en psychiatrie. Pendant un temps, à Londres, elle travailla avec des enfants aux côtés d'Anna Freud.

sophistiquées. Pour l'instant nous n'avons vu que peu de monde, il faisait trop mauvais, et la conférence interaméricaine a sans doute aussi joué un rôle, pour les diplomates, à cause du travail à accomplir, et pour les autres, d'un point de vue mondain, les réceptions, les dîners, etc. Mais le mauvais temps et les pluies incessantes semblent être enfin passés, et nous avons eu quelques journées d'été parfaites, et pleinement apprécié ces quelques rayons de soleil et ce temps sec et chaud. Entre-temps, vous aurez sans doute rendu visite à mère, elle m'a écrit qu'elle se réjouissait grandement de votre visite. – Dites je vous prie à Koermendy[1] que Stefan n'a jamais reçu sa lettre ; pendant la première phase de la guerre japonaise, beaucoup de lettres envoyées par nous, ou que d'autres nous avaient envoyées, ont été perdues, ou extrêmement retardées, et ça m'a fait d'autant plus plaisir que la vôtre arrive si rapidement. « Il n'y a rien d'autre à dire », comme écrirait Eva, donc seulement mon affection la plus chaleureuse, et mes tendres pensées pour tout le monde,

Lotte

Aujourd'hui, seulement mes plus tendres pensées et mon affection pour vous tous. Lotte passe la moitié de ses journées à jouer avec le petit chien et nous admirons tous votre « pep », le nom qu'on donne aux Etats-Unis à l'entrain de la jeunesse. Stefan

Chère mère,

Cela fait quinze jours que j'ai l'intention de t'écrire une lettre vraiment longue et détaillée, mais j'ai été très paresseuse intellectuellement ces dernières semaines, nous avons dû inviter quelques personnes de Petropolis pour la soirée, or c'est le moment que je consacre à ma correspondance personnelle, et pendant la journée, la pluie incessante nous

1. Ferenc Körmendi, voir p. 289.

a rendus fébriles, et incapables de nous concentrer sur quoi que ce soit. A présent l'été semble être arrivé pour de bon, et avec lui, les derniers estivants. Petro s'anime un peu, et, même si nous n'avons pas encore eu beaucoup de visiteurs, le simple fait que Stefan refuse de s'habiller et reste assis sur la terrasse en pyjama suffit à rameuter des gens, qui veulent l'apercevoir en déshabillé. Cette semaine nous sommes allés passer un jour à Rio, et l'avons de nouveau trouvée magnifique, nous avons eu la chance de tomber sur une journée dégagée, ensoleillée, et pas trop chaude. – J'espère qu'entre-temps tu as reçu toutes tes visites et que cela t'a fait plaisir de les revoir. Nous ne savions pas que la fille d'Eisemann[1] allait se marier. De laquelle s'agit-il ? Pardon pour l'état du papier, ces feuilles très fines se prennent dans la machine à écrire, en dépit de toutes les précautions que l'on prend pour l'éviter.

Mon affection et des baisers Lotte

*

[Petrópolis, sans date, vers mi-janvier 1942]

Chers Hannah & Manfred, un petit événement a interrompu notre existence monotone et paisible ; la femme de notre jardinier (il travaille à l'usine toute la journée), qui vit dans la petite hutte derrière notre bungalow, a eu un enfant aujourd'hui, et cela aurait été instructif pour Manfred – de voir combien cette chose, si compliquée dans notre monde, se passe ici de manière primitive. Dans une petite pièce, qui fait la moitié de mon bureau à Bath, se trouvaient, au moment fatidique, le mari, la sage-femme, une sœur, son enfant, un chien, si bien que ce n'était plus du tout une pièce ; tout manquait, jusqu'au plus infime confort, comme l'eau courante, dans ce petit espace, qui contient aussi un

1. Heinrich Eisemann, voir p. 284.

four, et en dépit de tout cela, un bébé brun y est venu au monde, un enfant très calme, qui ne fait, jusqu'à maintenant, pas le moindre bruit. Lotte était tout excitée, le mari, nettement moins, il est tranquillement allé au café tout de suite après. On est toujours abasourdi par la pauvreté de ces gens, et on prend conscience que beaucoup de choses dans nos vies sont superflues – je me rappelle l'enfant de René Fulops[1], avec toutes ces stérilisations et ces protections ; ici, une sage-femme noire fait tout le travail (pas très proprement, il est vrai), et ça n'empêche pas les enfants de pousser comme des champignons – notre bonne noire n'en a pas moins de cinq. Habiter ici est une leçon de vie, tout (sauf dans les quartiers luxueux de Frischauer[2]) y est comme il y a deux siècles, ce qui donne un grand charme à l'existence ; les gens vivent comme les familles d'autrefois, ils sont heureux d'avoir une douzaine d'enfants, et ne se préoccupent pas de savoir comment ils les nourriront, ils s'en remettent à Dieu. Cela nous ferait bizarre de revenir aux conceptions européennes et nord-américaines après toutes ces expériences – le grand avantage, c'est qu'on n'a plus si peur de devenir pauvre. Dans ces pays, on peut vivre de très peu, si on accepte d'oublier ses exigences passées. Nous n'avons pas eu très beau temps ; cela fait quarante ans qu'il n'a pas plu autant au Brésil, mais nous profitons de chaque éclaircie pour faire de longues marches (souvent avec notre chien) et nous découvrons sans cesse des paysages pittoresques ; la nuit, on peut contempler toute la forêt, qui scintille comme un sapin de Noël. Dans l'ensemble nous sommes tous deux très heureux d'être ici plutôt qu'en Amérique du Nord, et Lotte se sent un peu mieux – je ne suis pas encore tout à fait satisfait, mais j'espère que sa musique de nuit[3] cessera bientôt, surtout maintenant que l'été commence. Je n'ai pas tellement travaillé – déprimé par cette guerre sans fin, la pluie quotidienne, mais

1. René Fülöp-Miller, voir p. 286.
2. Il semblerait que Zweig fasse référence au traitement spécial que Paul Frischauer (voir p. 286), d'après lui, comptait recevoir au Brésil.
3. Les crises d'asthme de Lotte.

j'espère commencer maintenant, car cela n'a pas de sens, d'attendre des temps meilleurs, une, deux, trois années. Nous avons de très bonnes nouvelles d'Eva, et nous avons, comme auparavant, toute confiance en Mme Schaeffer – je pense qu'il valait mille fois mieux qu'Eva grandisse auprès d'enfants de tous âges, de toutes sortes, toutes religions, langues, et soit obligée de faire toutes sortes de choses toute seule, au lieu de rester toujours chez elle, enfant unique – je vous envie le moment où elle vous reviendra. J'espère que vous avez passé un très bon moment, et que mes ennuis ne vous donnent pas trop de souci – pour ma part, j'ai jeté tout ce que j'avais dans la « Rauchfang »[1] et septembre 1939[2] demeure pour moi un événement opaque. Nous espérons recevoir bientôt d'heureuses nouvelles de vous. Stefan.

*

21. I 1942
Petropolis (Brésil) 34 rua Goncalvez Dias

Chers Hannah & Manfred, [...] Le temps a fini par s'améliorer et nous faisons de longues marches, Lotte se sent beaucoup mieux, ses crises ont presque cessé, elle se réveille (et me réveille) seulement la nuit, une ou deux fois, pour tousser un peu, et son poids est loin de me satisfaire, mais je n'ai pas le choix, je dois la garder, à présent, car la loi ne me permet pas de la renvoyer sous le seul prétexte qu'elle pèse deux ou trois kilogrammes de moins qu'avant. La Conférence de Rio[3], nous n'en voyons guère plus que ce que vous en lisez dans les journaux, notre petit chien est mignon, mais il se comporte mal, il baguenaude dans les environs, surtout dans les cafés, et dans les maisons où il y a des enfants, et c'est la troisième fois que des nègres nous le ramènent.

---

1. Terme autrichien pour « cheminée », voir note 1, p. 197.
2. L'Allemagne envahit la Pologne.
3. La conférence panaméricaine.

Peut-être qu'il trouve la vie un peu morne, aux côtés d'un couple, et moi-même, il m'arrive de la trouver un peu lassante ; nous avons des livres, mais on se sent un peu isolé – d'un autre côté, il n'y a aucun endroit dans ce monde dément, où on ressente moins l'influence de la guerre. L'inconvénient de cette solitude, c'est que mon portugais ne s'améliore absolument pas – cela tient aussi à une résistance souterraine en moi ; lorsque j'apprenais le français, l'anglais, et l'italien, à quinze ans, je savais que je faisais un effort pour quarante ou cinquante ans, et que ça valait la peine. Mais pour combien, ou, mieux, combien peu d'années, étudierai-je le portugais. Lotte l'apprend beaucoup mieux car les questions domestiques l'obligent à faire la conversation. Je crois vous avoir dit que l'ouvrier qui vit dans une hutte rattachée à notre bungalow avait eu un bébé, minuscule créature ; cela pourrait fournir un « ersatz » à Lotte, ça et le chien, mais ça ne l'intéresse pas autant que je l'aurais pensé. – Nous ne manquons pas une ligne, dans les journaux, sur tout ce qui concerne l'Angleterre et la guerre. Cela nous rassure qu'il n'y ait pas eu de bombardements depuis des mois, mais tout semble indiquer que cette guerre va encore durer très longtemps, car les préparatifs sérieux, aux Etats-Unis, qui sont énormes, ne portent pas encore pleinement leurs fruits dans les combats, mais on mesure mal leur ampleur. Je continue à travailler, aux Etats-Unis nous n'avons pas encore trouvé de traducteur adéquat pour l'autobiographie, mais le mois prochain, le petit livre sur Amerigo Vespucci va sortir, et je travaille à un autre livre. Nous saurons bientôt si nous pouvons conserver ce bungalow au-delà d'avril – la maison est assez humide, et les chaussures, et tout ce qui est en cuir, même les livres, moisissent après un jour de pluie, mais nous haïssons le changement, les valises, les nouvelles adresses, et voudrions rester. Bon, je n'ai écrit que sur nous, rien sur vous, mais vous savez que tous nos vœux vous accompagnent. Affectueusement à tous

Stefan

*

Petropolis, 21.I.42

Chers Hanna & Manfred,

[...] A mon sujet aussi Stefan a tout raconté, et il me laisse très peu de choses à vous dire. Au début, il s'est moqué de moi, juste avant que le bébé arrive, car j'étais un peu excitée et ensuite je lui ai raconté en détail que je l'avais vu au moment où il était sorti des instruments du docteur – et c'est vraiment signe que les choses vont mal, ici, quand on appelle un docteur pour une naissance – avant même qu'il n'ait pris son bain, toute la famille, y compris le chien, était déjà de retour dans la chambre. A présent, je me contente d'aller le voir tous les deux ou trois jours, et de faire des comparaisons entre ce bébé et l'enfant de Fuelop[1], pour qui, même au bout d'un an, la moindre cuillère, la moindre casserole, était stérilisée avant ou après chaque repas, et que ses parents, pendant des semaines, n'ont eu le droit d'approcher qu'avec un masque. Celui-ci dort tout simplement dans le lit de ses parents, et lorsqu'il a faim, la mère ouvre sa robe et lui donne à boire. – Merci pour la recette de la Linzertorte. Je n'ai pas encore eu l'occasion de la faire, car le poêle marche encore plus mal que d'habitude, en outre il y a des jours où j'évite ma bonne car j'ai horreur de devoir parler portugais avec elle, c'est si inutilement difficile, avec cette grammaire compliquée, et cette prononciation, et je ne suis pas toujours d'humeur. Mais de temps à autre j'essaie quand même vos nouvelles recettes, seulement, chaque fois que je demande à Stefan ce qui lui ferait plaisir, c'est toujours quelque chose qui nécessite du Powidl[2] (dis-le à Marta, ça lui rappellera le bon vieux temps). Et un jour, je vais probablement céder et en confectionner à partir de prunes séchées. – La lutte contre

1. René et Erica Fülöp-Miller, voir p. 286.
2. Confiture de prune.

la moisissure, qui s'attaque au cuir, aux robes et aux costumes noirs, et à certains livres et papiers, est sans répit, et pire en été qu'en hiver ; qui est censé être froid (5-8 degrés Celsius au-dessus de zéro) et sec. Ça n'abîme pas vraiment les tissus, mais ça donne beaucoup de travail, parce qu'il faut tout étaler au soleil, retirer toutes les traces à la brosse – et quelques jours après, tout recommence. Tout notre quartier a la réputation d'être particulièrement humide, et d'avoir plus fréquemment qu'ailleurs de la brume et du brouillard ; mais d'un autre côté, c'est très pratique d'être plus proche du centre, et, à notre avis, plus joli que la plupart des quartiers censés être plus secs. Et nous nous sommes habitués à notre bungalow, et lui trouvons de nombreux avantages. Et nous nous sommes aussi habitués à notre soi-disant « jardinier » (il ne fait pas grand-chose dans le jardin à part tailler les hortensias lorsqu'ils menacent de tout envahir) et à sa famille, et aussi à notre bonne – si je ne l'ai pas renvoyée le premier jour, c'est seulement parce que je n'avais pas le courage de faire passer un entretien à une autre, ni la force de l'initier à nos usages étrangers dans mon portugais approximatif. La haute saison n'a pas encore commencé à Petropolis cette année, d'abord à cause du temps, et ensuite à cause de la conférence, qui retient les gens à Rio. Et pour l'instant, notre crainte d'avoir trop de visiteurs impromptus est restée sans fondement, et nous accueillons ceux qui viennent à bras ouverts. – A tous égards, votre vie est plus trépidante que la nôtre, et vous êtes certainement plus à la page que nous dans tous les domaines. C'est une raison de plus pour nous écrire davantage, et des lettres encore plus longues qu'avant, aussi, je vous en prie, accordez cette faveur à votre tendre sœur, belle-sœur, amie, et parente.

Lotte

*

Petropolis (Brésil) 34 Goncalvez Dias. I.II.1942

Chers Hannah & Manfred,

Le courrier a été irrégulier ces dernières semaines, en raison de la conférence, et de l'extension de la guerre, mais je vous écris sans espérer de réponse de votre part. La haute saison à Petropolis ne modifie en rien notre vie, nous voyons très peu de gens, seul l'été a mis plus de vie dans notre maison. La femme de l'ouvrier qui a une chambre à côté de chez nous a un bébé, nous avons un chien, le chien a des puces, que nous attrapons, avec en prime des piqûres de moustique, d'araignées, et d'autres petits animaux, et deux serpents sont apparus dans notre jardin (pas des dangereux, à ce qu'on nous a dit/donc nous avons un bel échantillon d'été tropical, et cela se voit sur notre peau, surtout sur celle de Lotte, que les animaux adorent autant qu'elle adore notre petit chien – tous ses instincts maternels réprimés se déversent sur lui. Sa santé ne me donne pas encore satisfaction, et nous allons peut-être lui faire faire des injections dans le foie, pour compenser le poids qu'elle a perdu – de toutes nos pertes, c'est celle qui m'affecte le plus. J'imagine qu'aucun de nous ne se sent très heureux, par les temps qui courent, surtout dans la mesure où il faut supposer qu'ils vont continuer, et que le vrai, le lumineux temps de paix (et je parle aussi de paix sociale, et privée) est très loin de nous, mais d'un autre côté nous nous sommes résignés à tant de choses qu'au moins, grâce à cette vie au grand air, nous nous accoutumons à la guerre, à l'incertitude, et à l'isolement. Mon petit livre sur Amerigo Vespucci va vous être envoyé ce mois-ci par mon éditeur américain[1] – Je lui rappellerai de le faire ; ce n'est pas un gros ouvrage, et j'ai l'autobiographie qui va être publiée, d'abord en langue originale en Suède, et qui est plus intime.[2] La semaine prochaine, nous espérons que nous

1. *Le Amerigo : récit d'une erreur historique*, de Zweig, fut publié en 1942 aux Etats-Unis par Viking Press.

2. L'autobiographie de Zweig sera publiée en septembre 1942 à Stockholm par Bermann-Fischer.

pourrons savoir s'ils décident de renouveler notre bail pour le bungalow – nous n'aimons guère déménager, et nous nous sommes habitués à ce quartier ; vous savez combien il est important d'avoir autour de soi des gens gentils et fiables, surtout ici, où les portes et les fenêtres restent ouvertes jour et nuit. Il est vrai que nous ne possédons rien de précieux, mais pour les gens d'ici, même de vieux pantalons constituent un trésor. Pardon de n'avoir parlé que de nous, mais vous savez que toutes nos pensées vous accompagnent, et Lotte vous en écrira plus. Mon affection, pour vous tous.

Stefan

*

34 Rua Gonçalvez Dias Petropolis, 1er février 1942

Chers Hanna et Manfred,

J'ai très peu de choses à écrire, en dehors de quelques ajouts à la lettre de Stefan. Ma santé n'est vraiment pas mauvaise, et je regrette que ce qu'il écrit doive vous faire penser le contraire. C'est vrai que j'ai perdu à peu près un kilo, mais il est le seul à s'en apercevoir, et dans un pays en guerre, on me trouverait sans doute particulièrement bien nourrie, par comparaison. Quoi qu'il en soit, pour lui faire plaisir, le médecin va me faire quelques piqûres dans le foie. Du côté de l'asthme aussi, ça n'est pas allé trop mal dernièrement, et j'ai pu offrir à Stefan le plaisir de quelques nuits paisibles. Depuis que nous sommes à Petropolis, je n'ai eu qu'une seule attaque, et très faible, juste de quoi nécessiter une piqûre et m'octroyer le luxe d'une journée au lit. Ce sont les piqûres de puces qui me dérangent le plus en ce moment. Depuis environ une semaine, les puces de Plucky se sont mises à migrer vers Stefan et moi, et il semblerait que mon goût leur plaise particulièrement, car j'ai dix boutons quand Stefan n'en a qu'un. J'espère maîtriser cette invasion d'ici peu. Par chance, ma bonne n'est pas une de ces mijaurées, et je peux lui parler et lui demander de l'aide librement, sans hésiter.

Officiellement, nous sommes à présent au cœur de la haute saison, mais c'est loin d'être aussi terrible que nous le pensions. Contrairement aux stations estivales européennes, les gens ne sortent pas beaucoup, et quand ils le font, c'est juste pour se rendre en voiture d'un endroit à un autre. Si nous allions au casino, ou à l'unique café à la mode, nous rencontrerions sans doute tous les gens que nous avons connus à Rio. Mais comme nous ne le faisons pas, nous ne voyons pas tellement plus de monde que pendant la basse saison. Nous avons reçu quelques nouveaux visiteurs dernièrement, et rencontré des Français charmants, que Stefan a trouvé cultivés, mais dans l'ensemble notre vie continue comme avant.

Une mission qui devrait te prendre une heure, je t'en prie, chère Hanna, la prochaine fois que tu te rendras à Bath. De temps à autre, des gens abordent Stefan, pas pour lui faire des propositions, mais pour se renseigner, sur les droits cinématographiques de ses livres plus anciens, et comme nous n'avons absolument aucun document ici, je te serais très reconnaissante si tu arrivais à mettre la main sur le dossier contenant les contrats de cession de droits cinématographiques – il se trouvait autrefois dans mon secrétaire, dans le bureau, il s'agit d'une mince pochette en carton, à moins que la pochette ne se trouve à l'intérieur de la grosse boîte qui renferme tous les contrats – et si tu pouvais juste me faire une liste des contrats de cession de droits sur les films qui s'y trouvent, 1) nom de l'œuvre, 2) nom de la société, 3) s'il s'agit de droits internationaux, ou s'ils sont limités à une langue, 4) – c'est le plus important – si la durée des cessions est limitée dans le temps. J'espère que ça ne te donnera pas trop de travail, car il n'y a pas beaucoup de contrats, je pense autour d'une douzaine, à peu près.

Comme il s'est encore écoulé quinze jours sans que nous recevions de lettre de vous, nous recommençons à attendre impatiemment, et nous observons consciencieusement la ronde du facteur, chaque jour, et, tout aussi consciencieusement, lorsqu'il ne s'est pas arrêté chez nous, nous essayons, tous les deux, de comprendre ce qui a pu retarder l'arrivée de votre lettre. Quoi qu'il en soit, la meilleure façon d'éviter les longs intervalles entre vos lettres serait, comme vous le faites d'ordinaire, d'écrire souvent, même lorsqu'il y a peu de choses à raconter.

Nous avons meilleur temps maintenant, et apprécions grandement de ne plus contempler le passage de la pluie à la brume et au brouillard à longueur de journée. La Conférence a entraîné de nombreux, et très longs, articles dans les journaux, mais dans l'ensemble, n'a eu absolument aucune incidence sur la vie de tous les jours. Dans quinze jours Rio célébrera son fameux carnaval, et bien qu'en principe nous évitions toutes les festivités, nous irons passer une journée à Rio, pour regarder le carnaval populaire, dans la rue, qui est, paraît-il, un spectacle unique.

Moi aussi je n'ai écrit que sur nous. Mais à quoi bon poser des questions, vous savez parfaitement que le moindre petit détail, même insignifiant en soi, nous intéresse grandement, moi surtout, et que vous n'avez qu'une chose à faire, vous asseoir et écrire.

Avec toute mon affection,

Lotte

Je n'ai malheureusement jamais reçu la lettre de Komendis[1]. Transmettez mes meilleures pensées à Eisemann. Stefan

*

11. II 1942
PETROPOLIS (BRÉSIL)
(34 RUA GONÇALVEZ DIAS)

Chers Hanna et Manfred, Nous n'avons pas de nouvelles de vous depuis des lustres mais nous savons que ce n'est pas

1. Ferenc Körmendi, voir p. 289.

de votre faute – le courrier de New York aussi est interminablement retardé, peut-être que tous les avions ont été réquisitionnés pour la conférence, ou peut-être qu'il y a maintenant beaucoup plus de courrier à renvoyer, à cause du fait que toutes les lettres destinées aux derniers pays neutres d'Europe ne passent plus directement par Lisbonne, mais transitent par-dessus les Etats-Unis. Donc nous avons l'impression d'être plus loin de vous que jamais. Comme nous aimerions vous avoir ici, seulement pour un jour (plutôt pour plus – Lotte), vous ne pouvez imaginer comme c'est beau les jours d'été, l'air, lumineux et dégagé, les montagnes, magnifiques, la végétation, splendide – tout serait parfait si nos pensées ne venaient l'obscurcir. Nous faisons paisiblement notre travail, sans être très actifs, il y a quelque chose dans l'atmosphère qui rend paresseux, et puis aussi, l'idée qu'un livre, alors que se prennent des décisions qui nous dépassent, n'est qu'un infime détail, vient entraver tout effort. Nous préférons nous dire qu'il faut profiter de ces jours paisibles, sereins et superbes, dans un pays sans rationnement, comme quelque chose dont nous nous souviendrons plus tard avec envie et regret, aussi ne sommes-nous pas aussi actifs que nous devrions, et passons-nous plus de temps à jouer avec le petit chien que des gens raisonnables ne le feraient, en temps normal. Maintenant c'est la haute saison, et nous voyons des amis, et la semaine prochaine nous descendrons à Rio pour une journée afin de voir le carnaval populaire (pas le chic)[1] ; on est bien sûr un peu réticent à assister à pareille explosion de joie à une époque où, presque partout dans le monde, les explosions tuent des gens, mais il serait stupide de ne pas assister à un spectacle aussi unique (cela fait plus d'un an que nous ne sommes pas allés au théâtre, ni au concert, et presque jamais au cinéma). Seule

1. Le carnaval « populaire » était un spectacle de rue, dont le centre se trouvait à Praça Onze, un quartier ouvrier, à dominante afro-brésilienne, du centre de Rio de Janeiro, également connu pour sa population juive, établie là-bas de longue date. L'événement « chic » avait lieu pour l'essentiel au Theatro Municipal de la ville.

votre lettre me rappelle l'existence de la maison de Bath, car pour ma part, j'ai presque oublié que nous en avions une autrefois : ce qui est difficile, ce n'est pas d'oublier les choses du passé, de se résigner, mais d'essayer en vain de se figurer le monde qui nous attend. J'aimerais que vous puissiez voir notre vie paisible et sereine, Lotte supporte magnifiquement la monotonie de cette existence et apprécie le décor splendide ; notre vie serait assez triste, dans un village d'Amérique du Nord, mais ici, l'œil se réjouit, même si c'est en interrompant sa lecture d'un journal, à la vue de cette nature radieuse. Pardonnez-moi de ne parler que de moi, mais nous n'avons rien à dire sur vous, car vos lettres ne sont pas encore arrivées jusqu'à nous. Auriez-vous la gentillesse de transmettre la lettre ci-jointe à Leni Hermann[1], je voudrais lui envoyer quelques mots seulement. A jamais vôtre,

Stefan

*

Petropolis, 10 février 1942

Chers Hanna & Manfred,

Il s'est encore écoulé près d'un mois sans lettre de vous, ni de mère, et des Etats-Unis non plus nous n'avons pas reçu de courrier depuis presque quinze jours. Chaque matin, nous passons une heure, entre 11 heures et midi, assis sur les escaliers, à guetter l'arrivée du facteur – en vain, hélas. Beaucoup de choses peuvent expliquer le retard du courrier, et nous nous les énumérons mutuellement, mais cela n'atténue pas notre impatience. J'espère que vous n'avez pas vécu la même chose, et que vous êtes en contact continu avec Eva. Il me tarde de savoir comment vous allez, ce que vous faites, s'il y a des changements dans votre vie, c'est-à-dire, si Manfred a trouvé un travail, ou si Hanna travaille avec Anna

1. La femme de l'écrivain allemand Max Herrmann-Neiße, voir p. 287.

Freud, ou d'autres choses, etc., etc., et nous aimerions presque autant savoir ce que deviennent tous nos amis et connaissances. Nous avons passé un peu plus de temps à voir des gens, ces dernières semaines, et ça nous a plutôt plu, après quatre mois de solitude presque complète. Nous avons fait la connaissance de quelques autres couples européens, des gens agréables et de culture, et ma pauvre bonne doit même subir une contrainte de plus, une source d'agitation supplémentaire, des invités à déjeuner – les invités pour le thé n'entraînent plus aucune agitation chez elle, c'est déjà devenu un travail de routine. Sinon, il a fait beau temps ces dernières semaines, un vrai temps d'été, chaud pendant la journée, et frais la nuit, mais malgré cela nous n'avons pas encore réussi à atteindre notre objectif : nous lever à six ou sept heures, comme le font la plupart des Brésiliens, pour profiter de ces belles matinées. Nous avons aussi dû réduire la fréquence de nos promenades à cause du plus grand nombre de visites et d'invitations, et notre chien, que j'ai emmené à Rio, l'autre jour, pour le faire toiletter, et qui a à présent l'air parfaitement grotesque, n'est pas très content de ses maîtres, qui ne le sortent que le soir. Mais qu'y faire, il fait trop chaud pour faire de grandes promenades pendant la journée, et les chiens ne sont autorisés ni dans les trains ni dans les bus. Je suppose que ces quelques détails vous donnent une idée de ce qu'est notre vie, plus calme, même en pleine saison, que tout ce nous avions pu imaginer. Mais je suis convaincue que les marches qui mènent à notre maison découragent de nombreux visiteurs de passer à l'improviste, et comme nous évitons soigneusement les deux ou trois endroits où on peut voir tout le monde, nous ne rencontrons que les gens que nous avons vraiment envie de voir. Stefan s'est rendu à la réception du prefeito[1] de Petropolis l'autre jour (par erreur ils ont oublié de m'inviter) mais il semble qu'il soit resté dans un coin, avec quelques amis, et ce n'est qu'en lisant plus tard dans le journal la liste des

1. Le maire.

invités qu'il a découvert toutes les connaissances qu'il avait ratées. Il continue à travailler, et du coup moi aussi j'ai de quoi faire, mais à une échelle un peu réduite, le matin nous passons la moitié du temps à attendre le courrier, et l'après-midi il y a souvent des visiteurs, parfois aussi le soir, je jouis donc de semi-vacances, que j'emploie à essayer de nouvelles recettes. Je n'ai pas pu faire de Linzertorte pour l'instant, car notre four est si mauvais que notre propriétaire m'en a même promis un nouveau, mais mentalement je suis prête à en faire, et aussi à tricoter un nouveau chandail pour Eva, dès qu'elle m'aura dit si le cardigan est arrivé, et s'il lui va. Comme vous voyez, plus ça va, plus je me rapproche de la mentalité de ces femmes qui autrefois m'ennuyaient à mourir, et de plus, je comprends maintenant les femmes d'écrivains qui ne veulent pas toujours écouter la conversation intelligente de leur mari, mais préfèrent discuter entre elles, de problèmes de femmes. Il faut absolument que je règle ces détails infimes, comme le fait que ma bonne, quand elle a eu besoin de papier sulfurisé pour un gâteau, ait utilisé le papier d'emballage d'un fromage de Tilsit, ou bien qu'elle utilise le peigne du chien pour son propre usage (heureusement, ils sont tous les deux très propres), et d'autres choses passionnantes, et je manque cruellement de quelqu'un avec qui discuter de soucis d'habillement, ou de coiffure, et de tous les insectes dans la maison, et ainsi de suite. Pour l'instant je n'ai pas encore trouvé la femme qu'il faudrait pour tout cela, car la plupart de nos amis européens n'ont pas à s'occuper d'une maison, et en général ils nous connaissent depuis si peu de temps qu'ils préfèrent parler ou écouter Stefan, plutôt que de bavarder sur de petites choses. Donc je me décharge d'une partie de ces problèmes sur Stefan, qui écoute avec une grande patience et, comme les conditions de vie ici sont totalement différentes, avec même un peu d'intérêt. Aussi, inutile d'avoir trop pitié de moi.

Envoyez je vous prie cette lettre à mère, elle pourra voir que je n'ai vraiment rien de spécial, ni d'intéressant, à raconter, et j'attends d'avoir de ses nouvelles pour lui écrire plus longuement (comme je l'ai fait il y a trois semaines, en joignant une lettre pour mon frère Jan[1]).

Lotte

Stefan veut que je vous dise que nous allons garder cette petite maison pour une période plus longue, et que c'est là que nous allons passer ce qu'ils appellent l'« hiver ».

*

[21 février 1942 – cachet de la poste indiquant le 26 février 1942]

PETROPOLIS, (BRÉSIL)
(34, RUA GONÇALVES DIAS)

Ma très chère Hanna,

En m'en allant ainsi, je n'ai qu'un souhait, que tu parviennes à croire que c'était la meilleure chose à faire, pour Stefan, qui a tant souffert, toutes ces années, aux côtés de ceux qui souffrent de la domination nazie, et pour moi, avec ces crises d'asthme incessantes. Je regrette que nous n'ayons pas pu en faire plus, nous-mêmes, pour Eva, la prendre avec nous tout le temps, mais d'un autre côté je suis profondément persuadée qu'il valait mieux qu'Eva reste avec Mme Schaeffer[2], dont l'amour compréhensif, et les méthodes d'éducation, sont si semblables aux tiens. Si nous l'avions gardée auprès de nous, elle aurait ressenti nos états d'âme, se serait probablement sentie seule, et aurait eu, j'en suis certaine, beaucoup de mal à s'adapter à un environnement si différent. Vous pouvez compter sur Mme Sch., j'en suis convaincue, comme si elle faisait partie de la famille. Ma belle-sœur va également s'occuper d'Eva, et peut-être même proposer de l'accueillir elle-même, ou de l'envoyer ailleurs. Mais moi, qui te connais, et connais ta façon de penser, je

1. Hans (Jan) Altmann, voir p. 281.
2. Olga Schaeffer, voir p. 293.

te conseillerais de laisser Eva chez les Schaeffer. Espérons que tu n'auras pas à attendre trop longtemps pour la reprendre à la maison.

Merci mille fois pour ce que tu as été pour moi, pardonne-moi de vous faire de la peine, à toi et à Manfred. Croyez-moi, c'est mieux ainsi.

Lotte

Chers Hannah et Manfred, vous nous comprendriez mieux si vous aviez vu combien Lotte a souffert au cours des derniers mois, à cause de son asthme, et moi, de mon côté, je me sentais oppressé par cette existence nomade qui ne me permettait pas d'avancer dans mon travail. Nous avons énormément aimé ce pays, mais ça a toujours été une vie provisoire, loin de chez nous, de nos amis, et pour moi, à soixante ans, l'idée de devoir attendre encore des années, en des temps si terribles, est devenue insoutenable. Si Lotte avait été en meilleure santé, et si nous avions pu prendre Eva avec nous, cela aurait eu un sens de continuer, mais à force de vivre ainsi de pensées, en sachant que les autres sont loin, et sans le moindre espoir de goûter à cette vie paisible que j'attendais avec impatience, et de voir Lotte rétablie (la longue cure de piqûres n'a eu aucun effet) nous avons décidé, unis dans notre amour, de ne pas nous quitter. Je ressens une responsabilité, envers vous et envers la mère de Lotte, mais en même temps vous savez quelle harmonie parfaite a régné entre nous toutes ces années, et que nous n'avons pas eu un seul instant de désaccord. Espérons que vous reverrez bientôt votre fille et qu'elle pourra vous donner tout l'amour que vous méritez ; j'ai écrit à mon frère et je suis sûr qu'ils feront tout leur possible pour elle. Notre ami dévoué, mon éditeur Abrão Koogan, vous racontera, un jour, nos dernières heures, et il vous dira que nos pensées vous ont toujours accompagnés.

Stefan

QUATRIÈME PARTIE

Post-scriptum
Lettre d'Ernst Feder

5 mars 1942

Dr Ernst Feder[1]
Petropolis, 5 mars 1942
(Estado do Rio)
Rua Major Ricardo 133

Cher docteur,

Je n'ai pas l'honneur de vous connaître personnellement. Cependant, je ressens le besoin urgent de vous communiquer des précisions concernant les dernières [semaines] de la vie de votre beau-frère et de votre sœur, puisque ma femme et moi étions les seuls compatriotes qui ayons continué à entretenir un échange d'idées régulier et intensif avec M. et Mme Zweig, jusqu'à la veille de leur mort. Les informations que je vais vous donner seront un peu désordonnées, car nous sommes encore profondément sous le choc de leur disparition, et avons du mal à croire que cela s'est réellement produit. Veuillez recevoir nos très sincères condoléances.

Lorsque nous sommes arrivés de Rio dans notre résidence estivale de Petropolis, le 1er décembre, les Zweig étaient là depuis plusieurs mois. Ils habitaient à à peu près cinq minutes de chez nous. Comme vous le savez, ce n'est pas tant la chaleur qu'il fuyait, que ses nombreuses connaissances, et les mondanités. Dès notre première visite au couple, nous avons remarqué la dépression de M. Zweig. Votre sœur faisait toujours preuve d'une amabilité constante,

1. Voir p. 284.

bien qu'une ombre semblât peser sur elle aussi. Nous nous voyions deux ou trois fois par semaine, trois ou quatre heures. Lorsqu'ils venaient chez nous, M. Zweig se traitait de « parasite » parce qu'ils restaient toujours très longtemps. Nous venions les voir sur la véranda qui surmontait leur humble petite maison, puis ils nous raccompagnaient chez nous. La beauté des nuits, sous ce ciel du Sud constellé d'étoiles, les poussait parfois à sortir faire une promenade. « Nous vous transformons en oiseaux de nuit », plaisanta un jour votre beau-frère. Avec l'aide de votre sœur, nous tentions souvent de lui remonter le moral avec des plaisanteries. Il souriait, et ce n'est que plus tard que nous nous sommes rendu compte que nous n'avions jamais ri ensemble. Votre sœur nous demandait toujours de venir plus souvent car il n'avait guère de conversations stimulantes et ne rencontrait que très peu d'âmes sœurs ; il ressentait cruellement le besoin d'échanger des idées en allemand.

De mon côté, j'ai déployé toutes les ressources de ma conversation pour combattre sa dépression et son pessimisme. Il restait silencieux, mais n'avait pas l'air convaincu. Il se sentait plutôt bien au Brésil. Ce qu'il formula un jour de cette manière : « Nous sommes dans la partie du bateau où il y a le moins de roulis. » Autre circonstance anecdotique, qui aggrava encore son état d'abattement, la pluie incessante, inhabituelle, même à Petropolis, connue pour son climat humide. Le temps ne s'est pas amélioré avant mi-janvier.

Il était profondément affecté par la situation [générale]. « Atroces », voilà comment il décrivait les horreurs de la guerre. Il n'y eut, cependant, aucun signe particulier annonçant l'extrémité à laquelle il se préparait. Il me disait souvent qu'ils hésitaient entre rester à Petropolis ou retourner à Rio pour l'hiver. « Et vous, quand rentrez-vous ? », me demandait-il souvent, d'une manière qui indiquait qu'il se posait la même question. Ils visitaient tous deux fréquemment d'autres maisons, pour le cas où leur propriétaire ne renouvellerait pas leur bail. Il parlait longuement de ses projets littéraires. Il voulait écrire un roman situé pendant la période de l'inflation, et m'avait demandé si je pouvais lui fournir des renseignements factuels. Il était profondément attristé d'être obligé d'abandonner son projet de livre sur Balzac, parce que toute sa documentation était restée à Bath. Il consacrait la majeure partie de son temps à une biographie sur Montaigne. Comme il lui manquait quelques volumes de l'édition complète de Montaigne, je lui ai laissé la mienne. Sa dernière œuvre achevée est *Le Joueur d'échecs*. Il me l'a envoyée, en me demandant des commentaires, et m'a ensuite exprimé son infinie gratitude, avec la courtoisie que vous lui connaissez. En outre, votre sœur a dit qu'elle regrettait beaucoup que je n'aie pas pu relire son autobiographie avec lui. Il avait cruellement ressenti le besoin d'un compagnon avec qui discuter de littérature.

Samedi 14 février, nous sommes allés prendre le thé chez eux, avec M. et Mme Strowski[1], et un Brésilien, M. Braga[2], de Paris. Votre beau-frère les tenait tous trois en grande estime. Nous sommes restés tous les sept jusqu'à environ 7 heures du soir.

La vivacité des conversations les avait de toute évidence ragaillardis, lui et votre sœur. Ils nous demandèrent vivement à tous les deux de prolonger notre visite, et nous sommes restés ensemble jusqu'à minuit. C'est la seule fois où j'ai eu le sentiment d'arriver à le sortir un peu de sa mélancolie. « Pensez-vous vraiment qu'il nous sera possible de revenir en Europe ? », m'a-t-il demandé cette nuit-là. « Aussi sûrement que vous êtes assis à cette table, je suis fortement convaincu qu'un jour vous serez assis à votre table, à Bath, peut-être avec nous. »

Mardi 16 février, son éditeur M. Koogan[3], nous a [tous] emmenés en voiture au carnaval de Rio. Il était curieux de découvrir le célèbre festival de Rio, mais il voulait surtout particulièrement faire plaisir à votre sœur. Je suis sûr qu'il n'avait pas encore pris sa décision définitive, à ce moment-là.

1. Fortunat Strowski, voir p. 294.
2. Domenico Braga, qui avait travaillé à la commission internationale de coopération intellectuelle à la Société des Nations à Paris.
3. Abrahão Koogan, voir p. 289.

Dans la voiture, il nous a parlé d'une réponse à une note parue dans *Correio da Manha*[1]. Tandis que nous parcourions en voiture les faubourgs, tout endimanchés, et croisions les premiers chars du carnaval, il nous raconta son projet d'article pour le *Reader's Digest* avec une telle précision que je fus saisi d'admiration. A Rio, nous sommes partis chacun de notre côté, et nous ne nous sommes plus revus.

Il est rentré à Petropolis le mardi soir ; je suis rentré plus tard. C'est le mercredi, ou le jeudi, qu'ils ont dû tous deux prendre leur décision. Le vendredi, il est retourné à Rio (habituellement, il n'y descendait qu'en de rares occasions. S'il y avait quelque chose à faire, des commissions par exemple, c'est souvent votre sœur qui s'en chargeait). De toute évidence, ils voulaient prendre leurs dispositions, pour l'avocat, l'éditeur, la banque.

Dans la soirée du samedi 21 février, il nous a téléphoné pour nous inviter chez eux. Quand nous sommes arrivés, votre sœur nous a salués depuis la véranda. Elle était très grave, et ne se sentait pas très bien. Elle avait eu des crises d'asthme à Rio pendant le carnaval. Lui, nous l'avons trouvé à son bureau, en train d'écrire. D'ordinaire, il n'écrivait pas le soir. Bien sûr, je ne pouvais me douter qu'il était en train d'écrire ses lettres d'adieu. Il était encore plus abattu que d'habitude. Votre sœur était encore plus silencieuse qu'à l'accoutumée ; tous deux étaient pareils à eux-mêmes, aimables, attentionnés, et à l'écoute. Il nous est rarement arrivé de rencontrer des gens comme votre sœur et votre beau-frère, pour qui nous ayons ressenti tant de sympathie, et dont nous soyons devenus proches si rapidement.

Il nous a dit qu'il avait peu dormi les nuits précédentes, et beaucoup lu. Le *Napoléon* de Bainville fut sa dernière lecture[2]. Il m'a donné le livre, parce qu'il savait que je travaillais sur de nouvelles archives autour de la Révolution française. Je ne pouvais bien sûr pas deviner que c'était à ses

1. Un quotidien de Rio.
2. Jacques Bainville, *Napoléon* (Paris, Fayard, 1931).

yeux un cadeau d'adieu. Il m'a rendu mon Montaigne. Quand je lui ai demandé s'il s'était procuré les éditions complètes, il est resté évasif. Je n'ai pas insisté. Votre sœur a rendu à ma femme un livre de recettes autrichien qu'elle lui avait emprunté pour préparer les plats préférés de Stefan de temps à autre. Nous avons joué aux échecs, comme nous le faisions d'habitude. Votre beau-frère a lu un de mes travaux, très attentivement. C'est lui qui m'avait demandé de l'apporter, et il m'a fait d'excellentes remarques. Rien ne permettait de deviner qu'il s'agissait de derniers adieux. A notre horaire habituel, 23.30, nous nous sommes préparés à rentrer chez nous. Ses dernières paroles furent : « Je vous prie d'excuser mon humeur. C'est la faute de ma bile. »

Le dimanche, votre beau-frère et votre sœur n'ont plus vu qui que ce soit. Ils ont consacré leur journée à l'écriture, et à des promenades, sans doute dans tous les endroits qu'ils avaient aimés. Quand nous avons reçu le coup de téléphone, le lundi soir, nous avons tous les deux été complètement abasourdis. Quand nous sommes arrivés [chez eux], quelques connaissances, et de nombreux journalistes, s'y trouvaient déjà. Votre beau-frère et votre sœur étaient restés absolument les mêmes, dans leur dernier repos ; ils semblaient même joyeux. Il était allongé sur le dos, elle, à sa droite, l'enserrait de son bras gauche. Vous savez bien sûr que l'enterrement a donné lieu à des manifestations [de soutien] bouleversantes, issues de toutes les strates de la société de Petropolis ; que toutes les boutiques ont fermé spontanément, pendant la cérémonie ; que la mort de Stefan Zweig et de sa jeune épouse a eu des répercussions à travers tout le Brésil ; que des milliers d'articles ont rendu hommage à son importance unique, en tant qu'écrivain, et en tant qu'être humain, et à l'amour et au courage de sa « dernière héroïne » ; que [les autorités] veulent donner son nom à une rue, et ériger un monument en son honneur.

Si vous, cher docteur, ou votre chère mère, ou épouse, souhaitez connaître davantage de détails, je reste à votre complète disposition. M. et Mme Zweig ne parlaient que rarement de famille. Lorsque votre sœur parlait de sa mère, de son frère, ou de sa belle-sœur, c'était toujours avec l'affection la plus tendre. A Rio, on m'a dit que votre beau-frère était allé consulter deux fois un neurologue. Cependant nous n'avons rien remarqué chez lui qui indique une maladie.

Puissiez-vous, cher docteur, ainsi que votre femme et votre mère, trouver la force de supporter ce terrible coup, qui a si violemment atteint tant de gens. Chaque jour, nous découvrons à quel point le peuple les aimait. Une fois, un inconnu a laissé une pleine brassée de roses à la porte de leur jardin. Votre sœur est descendue, a ramassé les roses, les a pressées contre son visage, et a remercié l'étranger avec ces mots : « Grand pays chéri, Brésiliens généreux et hospitaliers[1]. » Des scènes de ce genre se produisirent à maintes reprises. Votre beau-frère et votre sœur n'en parlaient jamais.

Je vous salue, vous et ceux que vous aimez, très chaleureusement, en mon nom et en celui de ma femme et vous prie de recevoir mes sentiments les plus distingués.

Sincèrement vôtre,

Ernst Feder.

Si vous souhaitez vous procurer des journaux ou des magazines, n'hésitez pas, je vous prie, à me contacter. Je joins, imprimé, [l'article] que j'ai écrit sur votre beau-frère et votre sœur.

1. En français dans le texte (NDT).

Dramatis personae

Altmann, Eva, *née à Berlin en 1929.*
Fille unique de Manfred et Hannah Altmann, Eva Altmann était la nièce de Lotte Zweig. En 1933, elle émigra en Angleterre avec sa mère, rejoignant son père qui était déjà installé à Londres. Bénéficiant d'un arrangement privé, elle fut évacuée vers les Etats-Unis en 1940 et retourna à Londres en 1943. Elle fit des études de médecine, suivant les traces de ses parents, et devint professeur d'épidémiologie clinique.

Altmann (née Mayer), Johanna (Hannah), *née à Ettlingen, en Allemagne, en 1898 ; morte à Turtmann, en Suisse, en 1954.*
Epouse de Manfred Altmann, Hannah Altmann était la belle-sœur de Lotte Zweig. Elle fit la rencontre de Manfred lorsqu'ils travaillaient tous deux comme médecins à Berlin. Accompagnée de sa fille Eva, elle suivit son mari en exil à Londres en 1933 ; contrairement à lui, elle ne passa pas les examens qui lui auraient permis d'exercer la médecine là-bas. En Allemagne, elle avait commencé à se spécialiser en psychiatrie et, à Londres, elle travailla pendant un moment avec Anna Freud. Elle mourut dans un accident de voiture en compagnie de son mari et du théoricien politique Franz Neumann (un ami proche, qui avait connu Manfred à Kattowitz).

Altmann, Hans (Jan), *né à Kattowitz, en Allemagne (aujourd'hui Katowice, en Pologne), en 1895 ; mort à Londres en 1980.*
Jan Altmann était un frère aîné de Lotte Zweig. A la suite de l'indépendance de la Pologne en 1918, il choisit de rester

à Katowice pour s'occuper de l'entreprise familiale. Il arriva en Angleterre en 1938, sans son épouse, qui elle n'était pas juive. Trouvant qu'il était extrêmement difficile de s'installer là-bas, il fit de vaines tentatives pour émigrer au Brésil et aux Etats-Unis.

Altmann, Manfred, *né à Kattowitz, en Allemagne (aujourd'hui Katowice, en Pologne), en 1900 ; mort à Turtmann, en Suisse, en 1954.*
Manfred Altmann était un frère aîné de Lotte Zweig. Après des études de médecine en Allemagne, il travailla essentiellement à Berlin. Quelques mois après l'arrivée au pouvoir des nazis en 1933, il émigra en Angleterre, où il ne tarda pas à être rejoint par sa femme, Hannah, et leur fille, Eva. Là-bas, il repassa ses examens de médecine et, en 1934, s'installa comme généraliste à Golders Green. Sa clientèle était constituée d'un grand nombre de réfugiés germanophones habitant ce quartier. Par la suite, il suivit une formation en radiologie et radiothérapie et abandonna la médecine générale pour se spécialiser dans ce domaine. Manfred et Hannah Altmann furent les principaux héritiers de Stefan Zweig. Cet héritage comprenait les droits d'auteur et la maison de Bath.

Altmann (née Hirsch), Therese, *née à Francfort en 1868 ; morte à Londres en 1949.*
Therese Altmann était la mère de Lotte Zweig. A la mort de son mari, elle quitta l'Allemagne pour Londres, dans le but d'y rejoindre Lotte ainsi que son fils Manfred et la famille de ce dernier. Elle était la petite-fille d'un rabbin célèbre, Samson Raphael Hirsch, qui défendait l'idée selon laquelle la religion orthodoxe pouvait être pratiquée dans un contexte séculier. C'était une juive orthodoxe pratiquante, contrairement à sa fille et à ses trois fils. A Londres, elle vécut près de Manfred et Hannah dans le quartier de Golders Green, sauf pendant la période des bombardements allemands sur Londres, où elle se réfugia à Harrogate, dans le Yorkshire.

Asch, Scholem, *né à Kutno, dans l'Empire russe (aujourd'hui en Pologne), en 1880 ; mort à Londres en 1957.*
Scholem Asch était un romancier, dramaturge et essayiste d'expression yiddish fortement influencé par la Haskala (les Lumières juives). Asch émigra aux Etats-Unis dès 1910, où il obtint la citoyenneté américaine. Il retourna plus tard en Pologne avant de s'installer en France, puis de nouveau, en 1938, aux Etats-Unis. Stefan Zweig le fréquenta à Salzbourg, Nice et New York.

Beheim-Schwarzbach, Martin, *né à Londres en 1900 ; mort à Hambourg en 1985.*
Martin Beheim grandit à Hambourg, où il devint écrivain. En 1939, il fuit en Angleterre, où il demeura jusqu'en 1946 et où il travailla pour la BBC. Après la guerre il officia dans la Commission de contrôle britannique en Allemagne. Son premier ouvrage littéraire fut publié en 1927. On lui doit un grand nombre d'essais, de nouvelles et de biographies, ainsi que des livres sur les échecs.

Budberg (née Zakrevskaya), Maria Ignatievna, *née à Saint-Pétersbourg en 1892 ; morte à Florence en 1974.*
Née dans une famille aristocratique, la baronne Maria Budberg fuit la Russie postrévolutionnaire, en 1921, pour l'Estonie, où elle rejoint ses enfants d'un premier mariage. Là-bas, grâce à un mariage de convenance avec un baron germano-balte, elle acquiert la citoyenneté estonienne, et le titre qu'elle gardera jusqu'à la fin de ses jours. On la connaît surtout comme une « Mata Hari » en raison de ses relations avec le diplomate et agent secret britannique Sir R. H. Bruce Lockhart, avec Maxim Gorky (pour qui elle fit office d'interprète lorsque Stefan Zweig vint lui rendre visite en Italie en 1930) et avec H. G. Wells. Budberg était aussi traductrice de littérature russe, écrivain et agent littéraire.

Cahn, Alfredo, *né à Zurich en 1902 ; mort à Córdoba, en Argentine, en 1975.*
Alfredo Cahn était le traducteur en espagnol de Stefan Zweig

et son agent littéraire en Argentine. D'origine juive, il s'installa à Buenos Aires en 1924 après de courtes études en Espagne. Cahn était aussi univesitaire et devint professeur de littérature allemande à l'université nationale de Córdoba.

Eisemann, Heinrich, *né à Francfort en 1890 ; mort à Londres en 1972.*
Heinrich Eisemann était vendeur de manuscrits et de livres anciens dans le quartier Maida Vale, à Londres, et un ami de la famille Altmann, en particulier de Therese, la mère de Lotte. Ce Juif orthodoxe était un spécialiste du judaïsme. Stefan Zweig lui acheta un nombre non négligeable de manuscrits, mais fit preuve d'une méfiance grandissante à son égard, trouvant ses prix excessifs. Il aida Eisemann et sa famille à obtenir des visas pour Cuba, où finalement ils ne se réfugièrent pas.

Feder, Ernst, *né à Berlin en 1881 ; mort dans cette même ville en 1964.*
Ernst Feder était rédacteur en chef du *Berliner Tageblatt*, mais, en 1933, il quitta l'Allemagne pour la France, où il travailla pour le *Pariser Tageblatt,* journal destiné aux Allemands en exil. En 1941, il s'enfuit au Brésil, où il signait un éditorial sous le pseudonyme de « Spectator » dans le journal de Rio de Janeiro *A Noite*. Feder fut l'une des dernières personnes à voir Stefan et Lotte Zweig avant leur suicide. En 1957, il retourna en Allemagne, où il demeura jusqu'à sa mort.

Ferro, António, *né à Lisbonne en 1895, mort dans cette même ville en 1956.*
António Ferro était un journaliste portugais, défenseur d'un « fascisme cosmopolite », qui écrivit plusieurs ouvrages dont *Viagem à roda das ditaduras* (1927), apologie de l'autoritarisme. En 1933 il fut nommé directeur de la culture et de la propagande du gouvernement de Salazar. Stefan Zweig le rencontra en 1938 lors d'une visite à Estoril en compagnie de Lotte. Ferro permit à Zweig d'obtenir pour son ex-femme

Friderike un visa pour le Portugal et, de là, de rejoindre les Etats-Unis en bateau. Après la guerre il fit une brève carrière de diplomate, comme ambassadeur du Portugal en Suisse (1950-54), puis en Italie (1954-56).

Fleischer, Victor, *né à Komotau, en Autriche-Hongrie (aujourd'hui Chomutov, en République tchèque), en 1882 ; mort à Londres en 1952.*
Victor Fleischer était dramaturge, éditeur de livres d'art et fondateur de la maison d'édition allemande Frankfurter Verlagsanstalt. Fleischer, qui était l'un des plus proches amis de Zweig, émigra en Angleterre en 1938. Sa femme (dont il divorça) était la productrice de théâtre et réalisatrice de cinéma Leontine Sagan (on lui doit notamment *Jeunes filles en uniforme*, sorti en 1931).

Flower, Walter Newman, *né à Fontwell Magna, en Angleterre, en 1879 ; mort à Blandford, en Angleterre, en 1964.*
Sir Walter Newman Flower était un éditeur influent et un écrivain. En 1927, il acheta Cassell & Compagny, qui publiait beaucoup d'œuvres biographiques importantes, dont celles de Stefan Zweig. Parmi les ouvrages écrits par Newman Flower, on peut citer ses études sur Haendel (1923) et Schubert (1928).

Freud, Anna, *né à Vienne en 1895 ; morte à Londres en 1982.*
Benjamine des enfants de Sigmund et Martha Freud, Anna Freud quitta Vienne pour Londres en 1939 avec sa famille. Elle y fonda des crèches de guerre, les Hampstead War Nurseries. Après la guerre, elle lança le Hampstead Child Therapy Course and Clinic, institution à but non lucratif, qui visait à faire des recherches et pratiquer la psychanalyse de l'enfance.

Friedenthal, Richard, *né à Munich en 1896 ; mort à Kiel, en Allemagne, en 1979.*
Richard Friedenthal était un ami proche de Stefan Zweig. En 1938, il fuit l'Allemagne pour l'Angleterre, où, en dépit

de son passé d'opposant au nazisme, il est interné comme « étranger ennemi » pendant les premières années de la guerre. Après la mort de Zweig, Friedenthal assuma le rôle officieux d'exécuteur littéraire. Cet universitaire se chargea de l'édition posthume de la biographie de Zweig consacrée à Balzac, ainsi que de plusieurs volumes de sa correspondance. Il fut lui-même auteur de romans, de nouvelles et de divers autres écrits, notamment de biographies de Luther, Goethe et Léonard de Vinci.

Frischauer, Paul, *né à Vienne en 1898 ; mort dans cette même ville en 1977.*
Paul Frischauer était un écrivain autrichien, qui émigra en Angleterre en 1934 avec son épouse, Maika Ivana (Maritza). En 1940, il se rendit au Brésil où il avait été chargé, apparemment par le Departamento de Impresa e Propaganda (DIP) de la dictature, d'écrire une biographie de Getúlio Vargas, le président brésilien. Le livre qui en résulta, *Presidente Vargas*, fut publié à New York par Random House en 1942 et à São Paulo par la Companhia Editoria Nacional en 1944. En 1945, Frischauer émigra aux Etats-Unis, avant de retourner, en 1955, en Autriche. Hormis cet ouvrage, Frischauer fut l'auteur de biographies et de romans historiques prenant notamment pour thème Garibaldi (1934) et Beaumarchais (1936).

Fülöp-Miller, René, *né à Karansebesch, en Hongrie (aujourd'hui Caransebeş en Roumanie), en 1891 ; mort à Hanover, aux Etats-Unis, en 1963.*
René Fülöp-Miller était un romancier, historien et sociologue austro-roumain, qui avait été ami avec Stefan Zweig à Vienne. Fülöp-Miller et son épouse, Erica, fuirent l'Autriche pour la France en 1939, avant d'émigrer la même année pour les Etats-Unis. Quand les Zweig louaient, l'été, une maison à Ossining, les Fülöp-Miller étaient leurs voisins, à Croton-on-Hudson.

Grubb, Kenneth, *né à Oxton, en Angleterre, en 1900 ; mort à Downton, en Angleterre, en 1980.*
Kenneth Grubb était un missionnaire anglican et l'auteur d'ouvrages largement diffusés, des pamphlets et d'autres publications relatives à l'évangélisation, aux peuples indigènes et aux voyages en Amérique centrale et en Amérique du Sud. Parmi eux, *South America, The Land of the Future* (« L'Amérique du Sud, terre d'avenir »), paru à Londres en 1930, auquel Stefan Zweig emprunta son titre pour son livre sur le Brésil. Au début de la Seconde Guerre mondiale, Grubb devint directeur du département sud-américain, nouvellement créé, du ministère britannique de l'Information.

Hernández Catá, Alfonso, *né à Aldeadávila, en Espagne, en 1885 ; mort à Rio de Janeiro en 1940.*
Diplomate, journaliste, essayiste et nouvelliste cubain, il devint en 1938 ambassadeur de son pays à Rio de Janeiro. Là-bas les Zweig se lièrent d'amitié avec lui et il se démena pour obtenir des visas à leurs amis et aux membres de leur famille restés en Europe ; il fournissait aussi Stefan Zweig en cigares cubains. Hernández Catá mourut dans une collision d'avions au-dessus de la baie de Botafogo à Rio de Janeiro.

Herrmann-Neiße, Max, *né à Neiße, en Allemagne (aujourd'hui Nysa, en Pologne), en 1886 ; mort à Londres en 1941.*
Max Hermann-Neiße était un poète et dramaturge, étroitement associé au mouvement expressionniste de Berlin. Cet opposant non juif au nazisme fuit l'Allemagne en 1933, d'abord pour la Suisse, puis pour l'Angleterre, où il mourut en exil. Stefan Zweig, qui était son ami proche, rédigea une nécrologie qui parut dans *Aufbau*, influente revue culturelle et politique publiée à New York destinée aux Juifs germanophones.

Honig, Camille (Rachmil), *né à Tomaszów Mazowiecki, dans l'Empire russe (aujourd'hui en Pologne), en 1905 ; mort à Londres en 1977.*

Fils d'un commerçant juif orthodoxe, Camille Honig s'installa à Varsovie en 1920 afin de se lancer dans la carrière de journaliste. Pour élargir ses horizons, il partit pour Londres au début des années 1930. Là-bas, Stefan Zweig l'aida quand ses activités d'écrivain ne lui permettaient pas de joindre les deux bouts. En 1938, Honig épousa Patricia Hamilton-Moore (issue d'une famille de la bonne société anglaise), qui se convertit au judaïsme. Au début de la guerre, le couple émigra en Australie par mesure de sûreté ; Honig y leva des fonds au sein de la communauté juive en faveur l'effort de guerre allié. Rappelé en Angleterre pour y accomplir son service militaire, il fit escale à New York, où il rencontra de nouveau les Zweig.

Huebsch, Benjamin W., *né à New York en 1876 ; mort à Londres en 1964.*
Fils d'un célèbre rabbin américain originaire de Slovaquie, Benjamin Huebsch commença à travailler comme lithographe dans la minuscule imprimerie de son frère, qu'il transforma petit à petit en une importante maison d'édition, B. W. Huebsch Co. En 1925 l'entreprise fusionna avec Viking Press, et Huebsch devint le nouveau vice-président et le directeur éditorial de la société ainsi formée. Il avait un penchant particulier pour la littérature européenne et fut le premier éditeur américain de James Joyce et D. H. Lawrence. Il fit également traduire les ouvrages d'auteurs majeurs, tels qu'August Strindberg, Anton Tchekhov, Maxim Gorky et Stefan Zweig.

Kahn (née Mayer), Martha, *née à Ettlingen, en Allemagne, en 1887 ; morte à Londres en 1983.*
Sœur aînée de Hannah Altmann, Martha Kahn rejoignit les Altmann à Londres, aux alentours de 1935, à la suite du décès de son mari. Là-bas, elle vécut d'abord avec Hannah et Manfred, puis avec les Zweig, dont elle fut la gouvernante à Bath. Après leur départ pour l'Amérique, elle continua de s'occuper de Rosemount. Après leur suicide, elle retourna auprès de Hannah et Manfred, restant avec eux jusqu'à leur

mort. Elle rejoignit alors la famille d'Eva comme gouvernante.

Koogan, Abrahão, *né en Bessarabie, dans l'Empire russe (aujourd'hui en Moldavie et en Ukraine), en 1911 ; mort à Rio de Janeiro en 2000.*
Abrahão Koogan émigra en 1920 au Brésil avec ses parents. En 1930, alors qu'il était âgé d'à peine dix-neuf ans, il fonda une maison d'édition, avec son beau-frère, Nathan Waissman, et quatre ans plus tard, il acquirent Editoria Guanabara, maison spécialisée dans les livres médicaux. Sous leur impulsion, Editora Guanabara se développa au-delà du domaine médical, publiant des traductions, notamment des ouvrages de Freud et, à partir de 1937, de Stefan Zweig.

Körmendi, Ferenc, *né à Budapest en 1900 ; mort à Bethesda, aux Etats-Unis, en 1972.*
Ferenc Körmendi était un romancier et journaliste hongrois. A Budapest, Körmendi travailla pour le journal *Pesti Napló* et, en 1939, il émigra à Londres, où il rejoignit le département hongrois du service international de la BBC. Son roman *Escape to life* (« Fuite vers la vie ») remporta, en 1932, un concours international organisé par les grands éditeurs londoniens. Parmi ses autres romans traduits en anglais, on compte *The Happy Generation* (« La Génération heureuse ») (1934, 1945 pour la traduction anglaise) et *That One Mistake* (« Cette seule erreur ») (1938, 1947 pour la traduction anglaise).

Landau, Jacob, *né à Vienne en 1892 ; mort à New York en 1952.*
Jacob Landau était le fondateur et directeur de la Jewish Telegraphic Agency, établie à New York en 1917, comme le Jewish Correspondence Bureau, dans le but de rassembler et de faire circuler les informations relatives aux Juifs de la Diaspora comme à ceux de Palestine.

Landshoff, Fritz, *né à Berlin en 1900 ; mort à Haarlem, aux Pays-Bas, en 1988.*
Fritz Landshoff était l'un des propriétaires de la maison d'édition Gustav Kiepenheuer, établie à Potsdam, et qui comptait, dans son catalogue, Bertolt Brecht, Heinrich Mann et Arnold Zweig. En 1933, Landshoff partit s'installer à Amsterdam, où il cofonda un magazine littéraire et la maison d'édition Querido pour les écrivains exilés. Après l'invasion des Pays-Bas par les Nazis, Landshoff fuit aux Etats-Unis, où il poursuivit ses activités d'éditeur.

Loon, Hendrik van, *né à Rotterdam en 1882 ; mort à Old Greenwich, aux Etats-Unis, en 1944.*
Hendrik van Loon était un journaliste, et un historien populaire américano-hollandais. Dans son livre de 1938 *Our Battle – Being One Man's Answer to « My Battle » by Adolf Hitler* (« Notre combat. Une réponse à *Mein Kampf* d'Adolf Hitler »), paru en 1938, il poussait les Américains à combattre le totalitarisme. Il fit campagne en faveur de Franklin Delano Roosevelt lors de l'élection présidentielle de 1940. Durant la Seconde Guerre mondiale van Loon fit des émissions radio pour la Hollande occupée et vint en aide aux réfugiés européens aux Etats-Unis.

Maass, Joachim, *né à Hambourg en 1901 ; mort à New York en 1972.*
Joachim Maass était un journaliste, poète, romancier et essayiste qui, à la fin des années 1920 et dans les années 1930, reçut de vifs encouragements de la part d'écrivains comme Hermann Hesse, Thomas Mann et Stefan Zweig. En 1939, il émigra aux Etats-Unis, où il enseigna la littérature allemande et écrivit ses romans les plus connus.

Mannheim, Karl, *né à Budapest en 1893 ; mort à Londres en 1943.*
Karl Mannheim est le fondateur de la sociologie classique. Après la chute de la République des conseils de Hongrie, il fuit en Allemagne. La loi sur la restauration de la fonction

publique de 1933, qui exclua les Juifs de la fonction publique en Allemagne, lui fit perdre son poste à l'université et il émigra en Angleterre, où il enseigna à la London School of Economics. A Londres, Mannheim faisait partie du cercle d'amis de la famille Altmann, dans lequel il avait été introduit par Franz Neumann, ami d'enfance de Manfred Altmann, qui s'installa à New York en 1936 pour travailler à l'Institut de Recherche sociale de Francfort (en exil là-bas).

Maugham, Somerset, *né à Paris en 1874 ; mort à Nice en 1965.*
Somerset Maugham était un romancier, nouvelliste et dramaturge anglais, l'un des plus connus et des plus riches de son temps. De la Côte d'Azur, où il résidait au moment où la Seconde Guerre mondiale éclata, il gagna les Etats-Unis, où il s'installa pour la durée du conflit. Là-bas, il continua à écrire, travaillant en particulier sur des scénarios de films pour Hollywood, et il fit campagne pour que les Etats-Unis aident la Grande-Bretagne dans la guerre.

Mayer, Heiner, *né à Ettlingen, en Allemagne, en 1889 ; mort à Londres en 1947.*
Heiner Mayer était un des frères d'Hannah Altmann. En 1933, avec son épouse Alice (née à Berlin en 1902 ; morte à Londres) et leur fille Ursula (voir ci-dessous), il fuit l'Allemagne, où il possédait une entreprise de chromage et d'argenture. La famille trouva d'abord refuge dans le nord de l'Italie, avant de s'arranger pour gagner l'Angleterre, en 1939. Au début de la guerre, Heiner fut interné sur l'île de Man par les autorités britanniques, qui voyaient en lui un « étranger ennemi ». A sa libération, il finit par trouver un travail de libraire. Bien que les Zweig aient essayé de l'aider à obtenir un visa américain, il n'en reçut jamais un.

Mayer, Ursula (Ursel), *née à Berlin en 1927.*
Fille de Heiner et Alice Mayer et nièce de Hannah Altmann, Ursula accompagna ses parents en Angleterre en 1939. Peu après le début de la guerre, on l'envoya, avec sa cousine Eva

Altmann, auprès des Zweig, à Bath. Comme elle n'avait pas encore le statut de sujet britannique, elle ne put accompagner Eva aux Etats-Unis. Elle resta donc à Bath, où elle fréquenta l'école pour filles de cette ville jusqu'à ce qu'on juge qu'elle pouvait retourner chez ses parents à Londres en toute sécurité.

Mistral, Gabriela, *née à Vicuã, au Chili, en 1889 ; morte à Hempstead, aux Etats-Unis, en 1957.*
Gabriela Mistral était le pseudonyme de Lucila de Maria del Perpetuo Socorro Godoy Alcayaga, poétesse, éducatrice, diplomate et féministe chilienne. Elle était consul du Chili à Petrópolis depuis 1941, quand elle apprit, en 1945, qu'elle allait être le premier écrivain sud-américain à recevoir le prix Nobel de littérature.

Neumann, Robert, *né à Vienne en 1897 ; mort à Munich en 1975.*
Après avoir étudié la médecine et la chimie, Robert Neumann émigra en Angleterre en 1934. Peu après le début de la guerre, les Britanniques l'internèrent comme « étranger ennemi ». Il devint écrivain, et choisit pour thèmes de prédilection les Juifs et le fascisme. Il était considéré comme un maître de la parodie et très admiré d'auteurs comme Thomas Mann et Stefan Zweig.

Philby (née Kohlmann), Litzi (Alice), *née à Vienne en 1910 ; morte dans cette même ville en 1991.*
Litzi Philby était une communiste autrichienne, d'origine judéo-hongroise. A la suite de la répression menée par le gouvernement autrichien contre les activistes d'extrême gauche en février 1934, elle épousa le communiste britannique (et futur espion soviétique) Kim Philby, dont elle avait fait la rencontre par ses activités clandestines pour le Komintern. En avril 1934 ils fuirent Vienne pour l'Angleterre. Dans les faits, leur mariage prit fin peu après, mais ils ne divorcèrent pas avant 1946. A Londres, Litzi devint une bonne amie des familles Altmann et Smollett (voir ci-dessous). Elle

commença à partager la vie de Georg Honigmann (1903-84), communiste allemand réfugié lui aussi à Londres, et en 1947 le couple partit s'installer à Berlin Est, où Honigmann devint rédacteur en chef au *Berliner Zeitung* ; Litzi resta à Berlin Est jusqu'en 1984, date à laquelle elle retourna à Vienne.

Romains, Jules (né Louis Henri Jean Farigoule), *né à Saint-Julien-Chapteuil en 1885 ; mort à Paris en 1972.*
Le poète et écrivain français Jules Romains fut le fondateur du mouvement littéraire connu sous le nom d' « unanimisme ». Après l'occupation allemande de la France, Romains partit en exil aux Etats-Unis, où il participa à des émissions de radio à destination de la France sur Voice of America. En 1941, il s'installa au Mexique, où, avec d'autres réfugiés français, il créa l'Institut français d'Amérique latine.

Schaeffer (née Kurnik), Olga, *née à Glauchau, en Allemagne, en 1899 ; morte à Croton-on-Hudson ?, aux Etats-Unis, en 1949 ou 1950.*
Olga Schaeffer était la propriétaire de Amity Hall, le foyer de Croton-on-Hudson pour enfants réfugiés, où Eva Altmann (la nièce de Lotte Zweig) séjourna. Olga était mariée à l'écrivain et poète Albrecht Schaeffer (né à Elbing, en Allemagne, en 1885 ; mort à Munich en 1950), un ami de Stefan Zweig. Albrecht Schaeffer était spécialiste de mythologie antique et médiévale. Par ailleurs, on lui doit des traductions, notamment d'Oscar Wilde, de Paul Verlaine et d'Homère. Le couple, opposé à la politique nazie, émigra avec ses enfants aux Etats-Unis, arrivant à New York en avril 1939. En 1950, peu après la mort d'Olga, Albrecht retourna en Allemagne, où il mourut la même année.

Sforza, Carlo, *né à Montignoso di Lunigiana, en Italie, en 1873 ; mort à Rome en 1952.*
Diplomate italien antifasciste, le comte Carlo Sforza refusa de servir sous Mussolini. Il vécut en exil en Belgique, d'où il s'enfuit pour rejoindre les Etats-Unis en 1940. Après la

guerre, Sforza retourna en Italie ; il y fut ministre des Affaires étrangères de 1947 à 1951.

Smollett (née Hans Peter Smolka), Peter, *né à Vienne en 1912 ; mort dans cette même ville en 1980.*
Né dans une riche famille juive, Peter Smolka (plus tard Smollett) arriva en Angleterre en 1933 pour y travailler comme correspondant du journal viennois *Neue Freie Press* avant de collaborer aux *London Continental News* et à *Prager Presse*. Invité en Union soviétique en 1936, il publia des articles et un livre sur son voyage, qui attira l'attention du *Times* à Londres, ainsi que celle du Bureau des Affaires étrangères britannique. Il louvoya dans le monde ténébreux de l'espionnage et du contre-espionnage, travaillant pour les Britanniques, en tant que chef de la section soviétique du ministère de l'Information et, apparemment, également pour les Soviets. Après la guerre, il retourna vivre à Vienne ; là-bas il fut d'une aide vitale pour Graham Green, qui faisait des recherches pour le roman et le scénario du *Troisième Homme* (1949). Peter Smollett et sa femme Lotte (née à Slobodzia Banila, en Autriche-Hongrie [aujourd'hui en Ukraine], en 1913 ; morte à Vienne en 2000), étaient des amis des Altmann et, avec Litzi Philby, membres de leur cercle. La famille Smollett, comme la famille Altmann, ont toujours affirmé que c'était Peter Smollett qui avait présenté Lotte à Stefan Zweig.

Strowski, Fortunat, *né à Carcassonne en 1866 ; mort à Cervières en 1952.*
Né dans une famille juive originaire de la province austro-hongroise de Galicie, Fortunat Strowski grandit en France. Professeur de littérature française, il accepta, en 1939, un poste à l'Université du Brésil, à Rio de Janeiro, établissement créé quelques années auparavant. Il est surtout connu pour ses éditions critiques de l'œuvre de Montaigne.

Tabori, Paul, *né à Budapest en 1908 ; mort à Londres en 1974.*

Auteur et journaliste formé en Hongrie, en Suisse et en Allemagne, Paul Tabori s'installa à Londres en 1937. Il travailla au départ dans le journalisme, notamment pour le *Daily Mail* et la BBC, et écrivit plus tard pour le théâtre et le cinéma. Ses nombreux romans furent traduits dans plusieurs langues. Pendant de nombreuses années, Tabori fut un membre actif du PEN.

Thompson, Dorothy, *née à Lancaster, aux Etats-Unis, en 1893 ; morte à Lisbonne en 1961.*
Influente journaliste américaine, Dorothy Thompson fut expulsée d'Allemagne en 1934 en raison de ses écrits antinazis. Aux Etats-Unis, elle fit beaucoup pour attirer l'attention du public sur le sort des réfugiés juifs en France et partout en Europe.

Undset, Sigrid, *né à Kalundborg, au Danemark, en 1882 ; mort à Lillehammer, en Norvège, en 1949.*
Sigrid Undset était une romancière, essayiste, historienne et traductrice norvégienne, qui reçut le prix Nobel de littérature en 1928. Elle fuit son pays pour la Suède en 1940, à la suite de l'invasion allemande, et passa le reste de la guerre aux Etats-Unis à plaider la cause de la Norvège occupée et des Juifs persécutés.

Viertel, Berthold, *né à Vienne en 1885 ; mort dans cette même ville en 1953.*
Après une carrière prometteuse dans le théâtre, Berthold Viertel devint scénariste et réalisateur de cinéma, et, en 1928, il partit s'installer à Los Angeles pour acquérir de l'expérience dans l'industrie du film. De 1928 à 1947, il travailla comme réalisateur, essentiellement en Grande-Bretagne et aux Etats-Unis. En 1947, il retourna en Europe et travailla à Zurich, Vienne et Berlin. C'était un ami proche de Stefan Zweig et, en 1940, il travailla avec lui et Lotte sur son dernier scénario, pour le film *Das Gestohlene Jahr*, qui fut finalement tourné à Vienne en 1950.

Wells, H. G., *né à Bromley, en Angleterre, en 1866 ; mort à Londres en 1946.*
H. G. Wells était un auteur anglais de science-fiction, connu également pour ses positions pacifistes et socialistes. Il rendit plusieurs fois visite à Stefan Zweig à Salzbourg et leur amitié se poursuivit à Londres, en partie en raison de leur soutien commun au PEN, l'organisation d'écrivains dont Wells fut président.

Wiener, Paul Lester, *né à Leipzig, en Allemagne, en 1895 ; mort à New York (?) en 1967.*
Paul Wiener émigra aux Etats-Unis en 1913 et revint en Europe peu après avoir obtenu la nationalité américaine, en 1919. Il étudia l'architecture et travailla à Berlin, Vienne et Paris, retournant aux Etats-Unis en 1928. Le gouvernement brésilien le chargea de concevoir l'intérieur du pavillon brésilien pour la Foire internationale de New York de 1939-40, en collaboration avec Oscar Niemeyer et Lúcio Costa. En 1940, il dessina les plans de la Cidade dos Motores, une ville nouvelle de l'Etat de Rio de Janeiro. Wiener était marié à Alma Morgenthau Wertheim (1887-1953), fille de Henry Morgenthau senior, homme d'affaires et haut diplomate américain d'origine juive allemande.

Zweig, Alfred, *né à Vienne en 1880, mort à New York en 1977.*
Alfred Zweig était le frère aîné de Stefan Zweig. Il s'occupa de l'entreprise familiale dans la région des Sudètes, dans l'ouest de la Tchécoslovaquie. Il demeura là-bas jusqu'à l'*Anschluss* et l'annexion de la Tchécoslovaquie en 1938-39, après quoi il fuit aux Etats-Unis avec sa femme, Stephanie.

Zweig (née Burger), Friderike Maria, *née à Vienne en 1882 ; morte à Stamford, aux Etats-Unis, en 1971.*
Friderike Zweig était la première femme de Stefan Zweig, qu'il avait épousée en 1920. De mère catholique et de père juif, elle fut élevée dans la religion catholique. En 1906 elle épousa Felix von Winternitz, un fonctionnaire autrichien

avec lequel elle eut deux filles, Alix Elisabeth (1907-86) et Susanne Benedictine (1910-98). Elles ne furent jamais ni l'une ni l'autre très proches de Stefan Zweig. Friderike et ses filles quittèrent l'Autriche pour la France après l'*Anschluss*. Au début de la guerre, elles fuirent au Portugal, d'où elles émigrèrent à New York. Stefan et Friderike Zweig divorcèrent en 1939.

Remerciements

Beaucoup de personnes nous ont permis de mener à bien ce travail. En premier lieu, nous aimerions remercier Eva Altmann, la nièce de Lotte Zweig et la fille de Hannah et Manfred Altmann. Non seulement elle nous a donné un accès à la correspondance de Lotte et Stefan Zweig et son accord pour la réimpression des lettres de Lotte, mais elle s'est toujours montrée généreuse de son temps et a fait preuve de patience, répondant à nos nombreuses questions et interrogations et commentant l'ensemble du manuscrit. Nous aimerions aussi remercier Sonja Dobbins et Williams Verlag, qui ont accepté que nous réimprimions les lettres de Stefan Zweig. L'aide de Michael Simonson, des Archives du Leo Baeck Institute à New York, qui nous a fourni des informations sur le legs d'Ernst Feder, nous a également été précieuse.

D'innombrables bibliothécaires et archivistes nous ont aidés à réunir les renseignements qui nous ont permis de replacer les lettres dans leur contexte. Nous aimerions remercier le personnel de l'Österreichische Exilbibliothek (à Vienne), de la British Library et des National Archives (à Londres), de la bibliothèque de la Senate House (université de Londres), de la Biblioteca Nacional et de la Fundação Getúlio Vargas (à Rio de Janeiro), de la Biblioteca Central Municipal Gabriela Mistral (à Petrópolis), de la New York Public Library, de la bibliothèque de l'université de Miami et de la Daniel A. Reed Library de l'université de l'Etat de New York à Fredonia.

Nous remercions également les nombreuses personnes qui nous ont fait part de leurs suggestions et de leurs encouragements et ont répondu à nos interrogations. Ce sont leurs témoignages d'intérêt et leurs conseils qui nous ont convaincus de l'importance de mener à bien ce projet. Nous tenons à remercier tout particulièrement Jeffrey B. Berlin, Leslie Bethell, Alberto Dines, Michael Hall,

Zuleika Henry, Majorie Lamberti, Peter et Liselotte Marshall, Oliver Matuschek, Klemens Renoldner, Carol Rifel et Ursula Trafford, ainsi que les deux lecteurs anonymes du manuscrit. John McCarthy et Mario Higa nous ont donné de précieuses indications pour la traduction des vers de Camões en épigraphe. Ashley Kerr nous a aidés très efficacement à classer et à organiser beaucoup de ces lettres. Jo Marcus et le Dr Virgínio Cordeiro de Mello furent des guides délicieux à Petrópolis, ils nous ont fait partager leurs souvenirs vivaces de la ville dans les années 1940, et le Dr Virgínio Cordeiro de Mello nous a également éclairés sur le problème de l'asthme dans la région.

Darién Davis souhaiterait aussi remercier le Middlebury College de l'avoir aidé à financer ses voyages à Londres, Vienne et Rio de Janeiro.

Ce fut un plaisir de travailler avec Haaris Naqvi, notre éditeur chez Continuum Books. Tout au long du processus de publication, Haaris a été une grande source d'encouragements et a toujours montré un grand enthousiasme pour le livre.

Nous sommes redevables enfin à Karin Hanta et Margaret Doyle pour leur soutien. Dès le début du projet, Karin nous a fait des commentaires sur le manuscrit et a effectué des traductions de l'allemand en anglais, tout en nous fournissant des explications sur les spécificités de l'allemand viennois. Margaret nous a fait de nombreuses suggestions utiles, en particulier pour l'introduction qu'elle a relue attentivement. Sans le soutien de Karin et Margaret cet ouvrage aurait été bien plus difficile à achever.

Et pour l'édition française :

La France était un pays important pour Lotte et Stefan Zweig et nous sommes très heureux que cet ouvrage soit publié en français. Nous tenons à remercier toute l'équipe de Grasset et les traducteurs Adrienne Boutang et Bastiste Touverey grâce auxquels ce livre voit le jour. Par rapport à l'original anglais, il y a quelques variantes : nous avons pu remettre en ordre certaines lettres et déchiffrer quelques mots que nous n'arrivions pas à lire. Un grand merci à Olivier Matuschek, le biographe de Stefan Zweig qui a généreusement partagé avec nous des détails concernant les études de Lotte en Allemagne qui se sont brutalement interrompues à l'arrivée des nazis en 1933.

Cette édition comporte également de nouveaux éléments sur Lotte et Stefan en Argentine et en Uruguay en 1940 provenant de discussions que nous avons eues avec Andrew Graham-Yooll.

Enfin, il convient de signaler qu'Hannah et Manfred Altmann ont déposé une copie numérique des lettres originales à la Bibliothèque de l'Etat de New York, à Fredonia, où elles peuvent être consultées.

TABLE

Cet ouvrage a été imprimé
par CPI BRODARD ET TAUPIN
72200 La Flèche
pour le compte des Éditions Grasset
en octobre 2012

Composé par PCA à Rezé

PAPIER À BASE DE
FIBRES CERTIFIÉES

Grasset s'engage pour
l'environnement en réduisant
l'empreinte carbone de ses livres.
Celle de cet exemplaire est de :
450 g Èq. CO_2
Rendez-vous sur
www.grasset-durable.fr

N° d'édition : 17436 – N° d'impression : 70231
Dépôt légal : novembre 2012
Imprimé en France